[美] 玛丽亚·康妮科娃 著 孙鹏 译

Maria Konnikova

操纵大师

The Confidence Game

Why We Fall for It . . . Every Time

九州出版社

JIUZHOUPRESS

目 录

引　言

他们是犯罪界的贵族。

——戴维·莫勒[1]（David Maurer）

加拿大皇家海军军医约瑟夫·西尔医生走上了"卡尤加"号战舰的甲板。那是在 1951 年 9 月，"卡尤加"号在三八线以北，紧贴朝鲜海岸线航行。那天早晨一切顺利，没有人生病，也没有人受伤。但到了下午，瞭望员发现了异常情况：一艘细小、狭窄的朝鲜平底船向战舰快速驶来，船上的人挥舞着一面旗帜。

不到一小时，这艘破烂的小船就在"卡尤加"号旁停了下来。船上横七竖八，总共躺着 19 个人。他们挤在一起，浑身脏污不堪，看上去奄奄一息。船上满是受伤的躯体、染血的头颅和错位断折的四肢，其中大多数人不过还是孩子。很快，一名朝鲜联络官对"卡尤加"号的船员解释了眼前的场景。这些人遭遇了伏击，船上四散的弹痕和他们身上的枪伤就是证明。西尔医生因此被从下层甲板召唤上来。他是船上唯一具备行医资格的人。他必须采取行动，而且

---

[1] 戴维·莫勒（1906—1981），主要研究犯罪团伙黑话等亚文化语言，代表作有《大骗子》（*The Big Con*）。——译者注

要快。如果他不抓紧时间，这 19 个人很可能会全部死亡。西尔医生迅速开始准备医疗工具。

现在只有一个问题：西尔医生没有医学学位，更不具备在航行的船舶上进行复杂手术的资质。实际上，他连高中都没毕业。他的真名也不是西尔，而是费迪南德·沃尔多·德马拉（Ferdinand Waldo Demara）。后来，在罗伯特·克赖顿（Robert Crichton）1959 年所著的《伪装大师》（*The Great Impostor*）一书中，他被冠以"伪装大师"之名，被称为史上最成功的欺诈高手之一。德马拉的行骗生涯横跨数十载，伪装形象遍及各行各业，但他最拿手的伪装还是人类生命的主宰——医生。

在接下来的 48 小时里，德马拉成功做完了所有手术。他靠的是一本医学教科书（他说服安大略的一名医生编写了这本书，理由是自己能在没有医生的时候"帮助士兵们"）、大量抗生素（为病人准备的）、酒精（为他自己准备的）以及对自身能力无与伦比的信心。毕竟他以前也假扮过医生。他还扮过心理医生、大学教授、修道士（实际上他扮过很多次）和一所神学院的创办人。所以这次扮个外科医生又能出什么问题呢？

德马拉在大海上创造着医学的奇迹，他的病人被绑在临时搭建的手术台上，以免随着波浪起伏而翻滚。这时，一名充满热情的新闻官正在甲板上漫步，构思他的报道。后方的办公室正在对他施压，他们需要好稿子。他也需要好稿子。几周以来，没发生过什么值得注意的事。他对船上的战友开玩笑说，对新闻的渴望已经快让他渴死了。朝鲜人被救起来的消息在船员间传开后，他几乎难以掩饰心头的狂喜。西尔医生的故事太棒了，简直可以说是完美。没人要求西尔去救助敌人，但高尚的天性让他必须这样做。而且结果是多么成功啊：19 次手术，19 个人离开"卡尤加"号时，身体状况比他们上船时大为好转。这位好医生会愿意接受采访，记录这起一周以来发生的最重大的事件吗？

德马拉怎么能抗拒这种诱惑呢？他对自己的伪装无比自信，对约瑟夫·西尔医生的身份无比自信，根本无惧媒体的关注。再说，这些手术确实做得漂亮——如果这么说不算太骄傲的话。于是，关于西尔医生事迹的新闻报道迅速在加拿大传开了。

真正的约瑟夫·西尔医生逐渐失去了耐心。1951 年 10 月 23 日，他安静地坐在埃德蒙森的家中，竭力试图踏踏实实地读一会儿书，但电话疯狂地响个不停。每次他一挂断，下一通电话就又响起了。好心的来电者想问清楚，他是不是那位朝鲜战场上的西尔医生。那位医生是他的儿子吗？是他的亲戚吗？不是，不是，他对来电者不停地解释。他与那位医生毫无关系。姓西尔的人多的是，叫约瑟夫·西尔的也不少。那个人不是他。

几个小时后，西尔又接到了一个电话。这次是他的一位好友，他在电话里为他念了"奇迹医生"的履历。同名同姓的人也许很多，但这个人的背景竟然也和他一模一样。到了这个地步，单纯的巧合已经无法解释了。西尔让朋友帮他找来了一张照片。

一定是哪里搞错了，他认识照片上的人。"等等，这个人是我的朋友。这是基督教要旨兄弟会的约翰·佩恩兄弟。"他的声音里透着惊讶。和西尔结交的时候，佩恩兄弟还是个新进信徒。他在脱离世俗生活后改用了这个名字。西尔清楚地记得，佩恩兄弟在世俗生活中和他一样，也是个医生。他记得，这个人的原名应该是塞西尔·B.哈曼。但就算又回到行医的世俗生活去了，为什么他要用自己的名字呢？他明明也有过硬的医学背景。就这样，德马拉的骗局很快就开始露馅了。

虽然骗局被拆穿，德马拉也最终被海军除名，但这远远不是他行骗生涯的尾声。海军深以此事为耻——海军肩负着国防的重任，却连自己的人事安全都无法保障——因此并未提出控告。化名为西尔的德马拉被不事声张地开除了，并被要求离开加拿大。他满意地遵从了这样的安排。虽然这件事为他带来了短暂的恶名，但他接下来又接连化身成为各种各样的专业人士：从监狱的典狱长到学校里"智力迟钝"学生的导师，从贫寒的英语教师到土木工程师——最后一个身份几乎让他获得了一份在墨西哥建造大桥的合约。德马拉在 30 多年后去世，西尔医生不过是他一生数十个化身之中的一个。这众多身份之中，还包括他自己的传记作者罗伯特·克赖顿。在传记出版后不久，他就冒用了克赖顿的身份。那时距离他行骗生涯的结束还有很长时间。

德马拉——知道他真面目的人都叫他弗雷德——一次又一次地身居高位，在教室里掌控着学生的思想，在监狱里掌控着犯人的自由，在"卡尤加"号的甲板上掌控着伤员的生命。他一次又一次被揭穿，但每次都能卷土重来，再次成功地把周围的人骗得团团转。

他为什么总能成功？是因为他总是选择软弱、容易受骗的人下手吗？我可不认为能用这样的词来形容得克萨斯州的监狱系统——那是全美最严酷的监狱系统之一。是因为他的形象格外值得信赖、令人难以抗拒吗？恐怕也不是。他身高 1.86 米，体重超过 110 公斤，长着一个橄榄球运动员式的方下巴和一对小眼睛，这对眼睛总是在愉悦和诡诈之间闪烁不定。克赖顿 4 岁的小女儿莎拉第一次见到德马拉时，曾被他的表情吓得哇哇大哭，害怕得缩成一团。

那么他之所以能屡屡得手，是不是因为别的什么原因——某种更为深刻、根本的原因呢？也许这种原因能够对我们自身以及我们看待世界的方式做出更多的解释。

这是一个最古老的故事。这个故事关于信仰——这个基本的、不可抗拒的、普遍的人类需求。人们需要去相信那些能给生命带来意义的事情，去相信那些能够让我们对自己、这个世界以及我们在世界中所处位置感到确定的事情。据说，伏尔泰曾这样说："当世界上第一个坏蛋遇到第一个笨蛋的时候，宗教就出现了。"这听上去还真像伏尔泰说的，他对宗教机构没有什么好感。不过也有人说，这话是马克·吐温说的，还有人说是卡尔·萨根① （Carl Sagan）或杰弗里·乔叟② （Geoffrey Chaucer）说的。总之，在某个时候、某个地点，一定有某个人说过这样的话。

这话听上去有道理，最重要的原因是它触及了一个深刻的事实，这个事实就是我们对信仰的那种绝对、完全的需要。从产生意识的那一刻起，我们就具备了某种信仰——从一个婴儿对自己会得到喂养和呵护的不变信心，到一个成年人对世间终有正义和公道的不改信念。从某种意义上说，像德马拉这样的欺诈高手去行骗，简直是易如反掌。我们已经替他们把大部分的工作完成了；我们自己想要相信他们的话。他们的天赋就在于能发现我们想要相信什么，并把自己伪装成实现这种信念的绝佳媒介。

像德马拉这样的伪装者会在有需求的地方，以这个地方最急

① 卡尔·萨根（1934—1996），美国天文学家、科幻与科普作家。——编者注
② 杰弗里·乔叟（1343—1400），英国作家，主要作品有小说集《坎特伯雷故事集》。——编者注

需的身份现身：海军医生严重短缺时，就伪装成资历过硬的志愿医生；无人愿意看管重犯时，就化身为主动请缨的典狱长；到了资金紧缺、市场不稳时，庞氏骗局的策划者就会带着大笔投资适时出现。还有在其他人都一筹莫展时在克隆技术领域实现突破的学者、在收藏家踏破铁鞋无觅处时送上罗思科①名画的艺术品交易商、为被某个棘手问题困扰多年的城市贡献解决良方的政客、为顽疾带来完美疗法和药物的医师，以及为某个重要观点送上关键事实证据的记者。

20世纪50年代，语言学家戴维·莫勒开始发前人未发之覆，对诈骗犯的世界展开深入研究。他简单地把他们称为"犯罪界的贵族"。硬性犯罪——简单粗暴的偷窃、入室盗窃、暴力犯罪和威胁恐吓——这些都与欺诈高手们无关。欺诈游戏是依赖软性技巧的活动，靠的是信任、同情与口才。真正的欺诈高手从不强迫他人做任何事，却会让人成为自掘坟墓的同谋。他们不偷不抢，我们却自愿献出财物。他们不用威胁任何人，我们却编出故事来自己骗自己。我们相信，是因为我们自己愿意相信，而不是因为他人强迫我们这样做。所以，我们甘愿任他们予取予求，双手奉上金钱、荣誉、信任、名声、地位和支持，而丝毫意识不到事情的真相，直到一切已经太晚才追悔莫及。我们迫切需要信仰，我们渴望接受能为我们的世界提供解释的事物。这种需求与渴望无处不在，强烈无比。只要稍加指引，我们就会愿意相信任何事，信任任何人。无论是对阴谋论、超自然事件还是对巫师灵媒，我们轻信的程度似乎是没有底线的。正如一位心理学家所说："轻信也许是人类行为中根深蒂固的

---

① 美国抽象派画家马克·罗思科（Mark Rothko，1903—1970）。——编者注

一部分。"这是因为我们的思想是由一个个故事组成的。我们渴求着故事，而如果没有现成的故事，我们就自己去编造。这些故事讲述的是我们的根源、我们的意义，以及世界是这般模样的原因。人类不喜欢含糊不清或模棱两可的状态。如果发现一些无法理解的事情，我们就想对其做出解释。如果我们不明白发生了什么事、为什么要发生这种事以及这种事是怎么发生的，我们就想找到答案。这时，一名欺诈高手会非常乐意前来帮忙——他最大的专长就是精心编织一个故事。

有一个关于法国诗人雅克·普列维（Jacques Prevert）的人们耳熟能详的故事，可能是杜撰的。

一天，普列维遇到一位盲人。盲人手中举着一块木牌，上面写着："我是个没有养老金的盲人。"普列维停下脚步，和这位盲人聊了起来。"怎么样，人们愿意帮忙吗？""不太好，"盲人答道，"有人给钱，但不多。大多数人没给钱就走过去了。"

"我能借你的木牌用一下吗？"普列维问道。盲人点头答应了。

诗人拿过木牌，反过来在背面写了一句话。

第二天，他又遇到了这位盲人。"现在怎么样？"他问。"太棒了，"盲人答道，"我从来没收到过这么多钱。"

普列维在那块木牌上写的是"春天要来了，我却无法看见"。

听到一个动人的故事时，我们就会敞开心扉，怀疑的态度会让位于信任。同样的一种方法，可以让一个盲人获得大量施舍，也可以让我们更容易接受几乎任何富有说服力的信息，无论这样做的结果是好是坏。

观看魔术表演时，我们会自愿被骗。我们想被假象蒙蔽双眼，让这个世界变得更加奇妙，更加非凡。从很多意义上看，魔术师与伪装大师们的手法一模一样，只是不会像后者那样造成恶果。"魔术是一种有意的、自愿的骗局。"迈克尔·舍默（Michael Shermer）如是说。他是一名科学史学者，也是一位作家。他花费了数十年的时间，致力于拆穿超自然和伪科学骗局。他在一个 12 月的下午对我说："你在看魔术时上当了，不能说明你脑子笨。如果你没上当，就说明魔术师做错了。"

舍默是怀疑者协会（The Skeptics Society）和《怀疑者》（Skeptic）杂志的创始人。他曾深刻思考过，人们自愿接受魔术的欲望是如何发生转变，让他们容易受到没那么美好的另一种"魔术"的欺骗的。"比如佩恩和特勒①（Penn and Teller）的'杯子藏球'魔术吧。我就算把这个魔术的原理告诉你，你还是猜不到球在哪个杯子里。关键不仅在于知道原理，这不是纯粹的障眼法，而需要一整套技巧和表演的技术。关键全在一张嘴——所以这个魔术才百试百灵。"从根源上看，魔术和骗局都有一个共同的根本宗旨：去操纵人们的信任感。魔术在视觉最基本的层面进行控制，对我们观察、体验现实的方式进行操纵。魔术能在瞬间改变我们对可能性的认识。不夸张地说，魔术利用了我们的双眼和大脑的弱点，创造出了一个截然不同的世界。骗子做的是同样的事，但要深入得多。像三牌赌局②这种快速骗术的手法，与魔术师的日常练习并无二致，但其目的却充满了恶意。长期的骗局往往需要几个星期、几个月甚至几年才能奏效。这种骗局会在较高层面操纵现实，利用的是我们对人性和这个世界最基本的信念。

---

① 美国魔术师组合，真人秀节目主持人。——译者注

② 一种街头骗术，行骗者快速移动三张纸牌后让受害者指出指定的牌。行骗者会使用障眼法作弊，让受害者无法猜中而输钱。——译者注

真正的欺诈游戏依赖的是人们对奇迹的渴望，挖掘的是人心中对非同凡响、更具意义的时刻的无尽向往。但是，这并非意味着我们甘心追求这种被骗的感觉——至少我们自己不这么认为。只要对奇迹的渴望还在，对那种高于我们平凡人生的现实的追求还在，欺诈游戏就将继续畅行无阻。

"诈骗"（confidence game）描述了一种古已有之的现象，人们认为这个名称第一次出现在1849年对威廉·汤普森（William Thompson）的审判中。根据《纽约先驱报》（New York Herald）的记载，汤普森举止优雅，他曾在曼哈顿的街道上向过往行人搭讪。随后，他会提出一个特殊的请求："你是否信任我，可以把你的手表交给我保管到明天？"这个问题看似异想天开，但直接关系到个人的体面。结果，很多人都把手表交给了这个陌生人。就这样，"欺诈师"这个职业诞生了。这是一群利用他人信任达到其个人目的的人。你能信任我吗？你能给我点什么来证明你的信心吗？

骗局的形式多种多样：像臭名昭著的三牌赌局或隐豆戏法这种小型骗局靠的是眼疾手快、虚张声势。此类骗局至今仍活跃在曼哈顿的大街小巷。大型骗局则费时费力，从伪装身份到庞氏骗局，再到虚构一种现实——新的国家、新的技术、新的疗法——这些骗局在互联网世界里如鱼得水，同时依旧在现实世界中横行无忌。很多骗局拥有奇特的名称。比如"袋中之猪"：这个骗局可以追溯到1530年，理查德·希尔（Richard Hill）在其"备忘录"中写道："交易猪崽时应打开口袋"，以免袋中之物并非小猪。又如"西班牙囚徒"：《纽约时报》在1898年发明了这一说法，这种骗局被称为"警方所知晓的最古老、最诱人，或许也是最成功的骗局之一"，至少在 16 世纪就出现了。还有"魔法钱包""金砖骗局""绿色货物""审判官""大型商店""电报骗局""报酬骗局""破布骗局"等。各种名称可谓多姿多彩。

诈骗是最古老的活动，但骗局与时俱进的程度也十分惊人。飞速发展的科技催生了骗局的又一个黄金时代。在社会发生快速变化的时期，新生事物不断涌现，再用旧眼光看世界已经不够了。在这种时期，骗局往往会得到迅猛发展。因此在美国的淘金热和西进运动时期，各种骗局如雨后春笋般层出不穷；在革命、战争、政局动荡的时期，各类骗局都会大行其道。过渡时期是骗子们的天堂，因为过渡会孕育不确定性。骗术高手最喜欢利用的就是我们在熟悉的世界将要发生转变时产生的不安。我们可能会小心地抓住过去不放，但与此同时，我们也对意料之外的新生事物保持着开放的态度。谁又能说某种做生意的新门路不会成为未来的潮流呢？

在 19 世纪，我们经历了工业革命。当今世界上的很多欺诈套路就诞生于那个时期。今天，我们正在经历技术革命。而从某种意义上说，这个时期对骗局的发展最合适不过了。有了互联网，一切都发生了改变。从最基本的事物（我们与他人交流、联系的方式）到我们的日常生活（我们购物、饮食、安排会议和约会以及计划度假的方式）都被改变了。如果你在这种变化前退缩了，那么你一定有技术恐惧症或别的什么问题。（你们怎么认识的？网上？现在你们……要结婚了？）但是，如果毫无顾忌地接受这一切，那么你每次打开 iPad，就会面临落入骗局的危险，而在从前，这种危险只会在有限的情况下出现——在纽约坚尼街路过一张三牌赌局的小桌，或是在俱乐部里被人推销某种"投资机会"，等等。

正因如此，不管出现了多少被我们视为社会进步标志的技术发展或是科学发现，都不会也不能减少骗局的发生。

　　曾在美国西部蛮荒地区的商店里发生过的骗局，如今正在你电子邮件的收件箱里上演；曾通过电报发送的欺诈指令如今正侵扰着你的手机——像是家人发来的短信、医院打来的紧急电话、被困海外的表弟发来的社交网络信息。电影《猫鼠游戏》(Catch Me If You Can) 的主角弗兰克·阿巴内尔 (Frank Abagnale) 年轻时曾在从航空公司到医院的很多机构中行骗。后来有人问他，他的行为在现在这个技术发达的世界中是否还行得通，他听后哈哈大笑。"现在要比以前简单太多了，"他说，"50 年前我还是个孩子那会儿做的事，如果放在现在，大概要容易 4000 倍。就是因为科技，科技会催生犯罪。以前是这样，以后也还会是这样。"

　　科技不会让我们变得更加世故或博学。科技不会保护我们。它只不过是让利用信任这一古老犯罪手段的环境产生变化而已。你最信任什么？欺诈高手会找到你最难以动摇的信念，然后以之为基础，神不知鬼不觉地对你身边的世界进行改造。但你对那个基础毫不怀疑，因此也就无法察觉周遭的变化。

　　2008 年以来，美国针对消费者的欺诈案件上升了超过 60%。网络骗局数量则上涨了一倍多。在 2007 年，网络骗局数量占所有诈骗案的五分之一。到了 2011 年，这一比例已经上升到了 40%。仅在 2012 年一年中，美国互联网犯罪举报中心就收到了近 30 万起网络诈骗举报，涉及金额高达 5.25 亿美元。

　　根据美国联邦贸易委员会（FTC）最近一次统计，在 2011—2012 年间，约有 2560 万人成为诈骗案的受害者，这一数字约占美国成年人总人口的 10%。诈骗案件总数比受骗人数还要高，约为 3780 万件。在这些案件中，占比例最高的是虚假减肥产品骗局，受害的成年人超过 500 万。排名第二的是奖品推广骗局，受害成年人约有 240 万。第三的是买家俱乐部骗局——就是你常常丢进垃圾箱的讨厌邮件，在这种骗局中，一开始的免费承诺会突然变成无止境的高昂会费，你甚至不知道自己是怎么签字同意入会的——共有 190 万成年人受骗。接下来是未经授权的网络账单骗局（190 万）和在家办公项目骗局（180 万）。在这些案件中，大约有三分之一是通过网络发起的。

据估算，2014 年，约有 58% 的英国家庭接到过诈骗电话。骗子自称银行、警察局、电脑公司或其他听上去很可靠的行业的员工。很多接到电话的人都能识破骗局，但这些电话仍然骗取了近 2400 万英镑。在前一年，这个数字还仅为 700 万英镑。

还有更多的案件没有被上报。实际上，有人估计，未被上报的案件占绝大多数。美国退休人员协会（AARP）最近的一项调查显示，在超过 55 岁的受害者中，仅有 37% 的人承认自己受过骗。在 55 岁以下的受害者中，也仅有半数承认受过骗。没人愿意承认自己上当了。大多数骗子甚至不会被告上法庭，他们压根就不会被捕。

无论使用何种手段或是伪装，所有骗子都有一个共同的核心基本原则，那就是操控他人的信任。骗子不会被告发，甚至不会被察觉，就是因为我们都不愿承认自己最基本的信念是错误的，不管我们面对的是庞氏骗局还是杜撰的数据，捏造的证据还是误导信息，伪造的艺术品还是可疑的医疗索赔，对历史的歪曲解读还是对于未来的虚假承诺。在根本的心理层面，所有这些都是信任问题，或者说是利用他人的信任达到自己目的的手段。

这本书讲的不是骗局的历史，也不是对每一个骗局巨细靡遗的翔实记录。这本书探索的是骗局背后共通的心理学原理。从最原始的圈套到最复杂的阴谋，从设计之初到得手之后，每一步都以这些原理为基础。

欺诈游戏始于人类心理学的基础原理。从骗子的角度来看，需要解决的问题是确认受害者的身份（料敌机先）：他是谁，他想要什么，我要如何利用他的欲望得到我想要的东西？这就需要建立共情关系（动之以情）：在实施计划，启动骗局之前，一定要先建立感情基础。在此之后，骗子才能吸引对方进入自己的逻辑，并将其说服（请君入瓮）：实施方案（完美故事），拿出证据，引导思考，所有这些都是按照对受害者有利的方式设计的（取信于人）。这时，骗局已经带来了真正的利益。此时，如同落入蛛网的飞虫，受害者越是挣扎，就越难以从圈套中脱身（欲擒故纵）。到了产生疑心的时候，受害者已经在情感和实际行动方面付出太多，会开始自己欺骗自己。受害者甚至会加深参与骗局的程度，即使事情已经开始不妙（得寸），因此，当受害者被彻底骗得身无分文时（进尺），还不明白到底是什么原因导致了这般结果。骗子甚至不用说服受害者不要声张（逃之夭夭与斩草除根），受害者很可能自己就保持沉默了。毕竟，我们自己骗自己才是最有效的。在欺诈游戏的每一步，骗子操控受害者信任的手法和花招层出不穷。随着骗局的步步深入，受害者越陷越深，他们自己就会为骗子提供更多的心理材料，任其予取予求。

人人都听过这样的话："如果有些事看上去太好，完美得不像真事，那么很可能确实是假的。"或者："天下没有免费的午餐。"但如果这种事发生在自己身上，我们就会产生侥幸心理。这种好事可能确实不是真事，但如果发生在我身上，可就说不定了。我应该得到财富；我应该得到艺术上的突破，我在画廊工作了大半生，现在是收获的时候了；我应该得到真爱，我之前的情路已经够坎坷了；我应该得到高额投资回报，我等得够久了，这些年我已经积累了足够的经验。"好事难成真"与"我应该得到"这两种想法是矛盾的，但当我们自己要采取行动、做出决定的时候，我们却往往忽视了这种矛盾。当我们看到他人谈论他们不可思议的奇遇或是从天而降的横财时，我们会马上意识到他们被耍了。但当事情发生在自己身上，就变成了"我只是运气好，再说我也该翻身了"。

此外，我们还会认为自己不会受骗，并因此扬扬自得。看看那些受骗的庸碌之辈，我们如此聪明，比他们高明得多。我们可以尽情嘲笑那些可怜虫，竟然落入了这么明显的圈套。与此同时，我们知道自己头脑敏锐，聪明智慧，老成练达，洞察世事，这难道还不值得骄傲吗？他们也许会上当。我？绝对不会。

然而，在骗子眼中，人人都是潜在的受害者。我们深信自己不会受骗，这没有用——或者不如说，正是因为这种心理，我们才都会上当。这就是欺诈高手的天才之处：他们真称得上艺术家，凭借自己能言善辩的魅力能够征服最有眼力的行家。一位理论物理学家、一位好莱坞知名电影公司的总裁、一位把自己的退休金都花在永远不会兑现的投资机会上的80岁佛罗里达州退休老人——在骗局面前，三者并无分别。一位精明的华尔街投资家和一位初入市场的新手一样容易受骗，一位以办案为生的检察官也并不比你那位以为《洋葱新闻》[①]报道的是真实新闻的邻居高明多少。

这些骗子是怎么做到的呢？是什么让我们相信谎言，骗子又

---

① 美国一家幽默讽刺媒体，以用严肃方式报道虚构新闻为特色。——译者注

是怎么从中渔利的呢？在某个时候，人人都会受骗，每个人都会成为某类骗子的牺牲品，每个人都会上当。真正的问题是，为什么会这样？你能对自己的思维有足够的了解，在一切太迟之前抽身而去吗？

第一章
骗与被骗

> 他不会回答问题，或是会顾左右而言他；他只会胡言乱语，用大脚趾蹭着地面，发着抖，面无血色，用手指揉搓着发根。
>
> ——《一个骗子的画像》（*Profile of a Liar*），公元前 900 年

如果有人问我，我是否受过骗，我会实话实说：我也不知道。我从未向庞氏骗局投过资，也没有被不可能赢的三牌赌局骗过钱——这些我知道。当然，我也上过一些小当，但这些谎言算不算成熟的骗局还有待商榷。但关键在于，最好的骗局是不会被发现的。我们受骗而不自知，只怪自己运气不好，于是白白蒙受损失。

魔术师通常不愿两次表演同样的戏法。一旦不再感到惊讶，观众就会有余力去注意其他事情，也就更容易识破诡计了。但最棒的手法是可以无数次重复的。这些手法被打磨得圆润成熟，根本没有破绽可循。著名魔术师，同时也是骗局揭秘高手的哈里·霍迪尼（Harry Houdini）曾夸口说，他只要看过任何魔术三次，就一定能

拆穿其手法。但据说，有一天晚上在芝加哥的大北方酒店（Great Northern Hotel），他的一位同行、魔术师戴·弗农（Dai Vernon）向他展示了一个纸牌魔术。弗农从一沓纸牌的顶部拿起一张牌，并请霍迪尼在牌的角落写上了他的姓名缩写"H.H."。随后，弗农把这张牌插入那沓纸牌的中部，随后打了个响指。奇迹出现了，霍迪尼签名的纸牌跑到了最上面。正如这个魔术的名字所示，这张纸牌是一张"雄心之牌"，无论你把它插进哪里，它总能回到最上面来。弗农重复了7次，霍迪尼7次都没看出门道。真正高明的手法是不需要隐藏的。（这个魔术靠的是娴熟的手上技巧，现在有经验的魔术师基本都掌握了这种手法，但在当时还是非常新奇的。）

对骗局来说，同样的法则仍然适用。最高明的欺诈游戏是不会被拆穿的。或者像德马拉的骗局那样，虽然被察觉了，但受害者羞于声张。假设霍迪尼和弗农的故事发生在不那么公开的场合，如果霍迪尼对他不能识破弗农手法的事保持沉默，我是不会感到惊讶的。实际上，一个人反复落入同样的圈套并不稀奇。一位名叫詹姆斯·富兰克林·诺夫利特（James Franklin Norfleet）的得克萨斯州农场主先被骗了2万美元，不久以后又被同样的一帮人以同样的手法骗走了2.5万美元，他从未意识到第一次是个骗局。我们之后还会看到他的故事。戴维·莫勒也讲过一个故事：一个人成了一起著名电报骗局（骗子谎称能在播报比赛结果前数秒钟提前获知结果，可以让下注者稳赢）的受害者。多年之后，他在街上看到了那群骗子，向他们跑过去。骗子们的心一沉，觉得他一定会去告发他们。结果完全不是这样。他跑去问他们能否再让他下一次注。他确信这次自己一定会时来运转。那些骗子兴高采烈地同意了。

伯尼·麦道夫 ① （Bernie Madoff）行骗至少 20 年而未被察觉。骗局破产时，他已达 70 高龄。如果他在被抓住之前就死了怎么办？不难想象，只要新的投资人不断加入，受害者就不会识破骗局。

2007 年 6 月，《石板》（Slate）杂志的记者贾斯廷·彼得斯（Justin Peters）打算想个办法，买到去意大利的低价机票。他手头很紧，但仍然很想去国外休息几个月。然后他想出了一个好办法。他打算从有意出售航空里程的人手里买点里程，然后用这些里程来获得优惠。他立即上网搜索，看是否有人愿意出售里程。他运气不错，很快就找到了一个名叫克里斯·汉森的人。这名飞行员手里有大量里程数，放在网站克雷格列表（Craigslist）上出售。彼得斯很快就在他的帖子下面做出了回复——千万不能让他人抢先一步。他们通了电话。汉森机长听上去博学多闻，亲切友好。"我们的对话使我相信，他是诚实可靠的。"彼得斯后来写道。两人很快达成了交易：650 美元，10 万英里 ②，用贝宝（Paypal）支付。就这么简单。

然而，贝宝拒绝了交易申请。彼得斯想，这可真奇怪。他向汉森发邮件说明了错误情况，但机长却没有回应。

彼得斯着急了。他预定的行程日期近在眼前，但他仍然没买到机票。于是他又开始了搜索。他找到了弗兰克·波尔加，待售里程卖家。波尔加很快回复了他的请求，还在回信中附上了驾照的照片。他证明自己确实真有其人，并不是什么骗子。通过电话后——那是一次"非常愉快的交谈"——两人开始交易了。在绿点

---

① 纳斯达克前主席，美国历史上最大的诈骗案的制造者。——译者注
② 1 英里约合 1.6 千米。——编者注

卡（Green Dot card）里存上700美元，里程就是彼得斯的了。（绿点卡是骗子的最爱，这是一种礼品卡，随便在美国任何一个超市或是便利店都能买到。这种卡可以进行充值，任何知道账户的人都能使用卡上的额度。用这种方式转账可以省却电汇的麻烦。）

四天过去了，里程还没到账。彼得斯终于明白，自己可能上当了。但就在这时，失联的飞行员又出现了。他解释说自己出国了，无法收发电子邮件。但他还留着给彼得斯的里程。妥了，彼得斯当然还要——特别是在遭受了冷酷无情的诈骗之后。他向汉森倾诉了自己的遭遇，汉森对此深表同情。互联网上真是危机重重。为了让彼得斯安心，汉森还给他寄去了一份合同。他是诚实可靠的，彼得斯早就知道了。

贝宝还是不能用，彼得斯把说好的650美元电汇了过去。

故事讲到这里，除了彼得斯，人人都明白结局会怎样。三天过去了，里程还没到。四天、五天、六天过去了。没有里程，也没有邮件。彼得斯在一周内被同样的手法骗了两次。在这起案例中，有清楚的证据证明那是个骗局：没有里程。但在涉及概率的情况，像炒股、押注体育比赛或是金融投资中，谁能一口咬定受害者不仅仅是不走运呢？

19世纪的美国马戏团经理人P. T. 巴纳姆（P. T. Barnum）也许从未说过"每分钟都有一个白痴出生"这种话（他很可能真没说过），但在20世纪早期的骗子中确实流传着另一句箴言："每分钟都有一个白痴出生，还有一个人去修理他们，一个人去敲打他们。"总有坑等着人去跳，也总有人掉进坑里。

谁是受害者，谁又是骗子？这个世界上的伯尼·麦道夫与汉森机长都是什么样的人？诺夫利特和彼得斯这样的人又有什么共同的内在特点？是否有典型的骗子——与典型的猎物？

▼

国家大街 18 号是一座小小的、仅有两扇窗宽的奶油色房子，墙上有蓝白相间的百叶窗。嫩草从房子周围的水泥石板中冒出芽来。一个小小的蓝色与奶油色相间的车库，外墙上固定着一个篮球筐。这就是一位伪装大师居住过的地方，尽管他会尽力让你忘掉这一点。

费迪南德·沃尔多·德马拉二世——我们的老朋友，朝鲜战场上的海军军医西尔医生——于 1921 年 12 月 12 日出生在马萨诸塞州的劳伦斯。他是当地一个富裕家庭的第二个孩子，也是第一个男孩。他的母亲玛丽·麦克奈利来自马萨诸塞州萨勒姆，是在最严格的爱尔兰天主教家庭中长大的。他的父亲老费迪南德是法裔加拿大人，也是南下美国的第一代移民。他来美国寻找财富，到小弗雷德①出生时，他已经在电影业挖到了第一桶金。开始时，他只是罗得岛州普罗维登斯的一个小小的电影放映员。但几年以后，他就攒下了足够的钱，开始梦想能拥有自己的电影院。在劳伦斯，他遇到了一位愿意资助他的当地人。不久后，图米－德马拉娱乐公司（Toomey-Demara Amusement Company）的第一家电影院——皇宫电影院就开业了。这家影院大获成功，老弗雷德似乎天生就是成功人士。后来，德马拉的母亲回忆说，他是"少有的那种拄着手杖、穿着鞋套还不像个白痴的人"。

---

① 费迪南德的昵称。——译者注

弗雷德可并非出生在国家大街上那所简陋的房子里。他出生于时髦的杰克逊大街。他在艾米丽·G.韦瑟比学校的同学大多是磨坊工人之子，他因而显得与众不同。他比他人在社会阶层上高出一头，在身高上也一样。那时他就是个大个子了。

弗雷德并不特别受人欢迎，因为他总摆出一副自命不凡的样子。但他也没有特别招人讨厌，直到有一天，一个男孩认为他去向老师打了小报告。"我们会在午饭时逮住你。"这名男孩和一个新成立的小帮派对他保证。弗雷德在课间休息时迅速回了家。但在午饭前，他又回到了学校。被那些男孩包围后，他掏出了一把决斗用的手枪。"我要把你的肠子打出来。"他威胁道。后来老师从他的书包里又发现了两把枪。弗雷德被停学了。

他的行为很快就变得更加难以控制，于是父母就让他转到了一所天主教学校——圣奥古斯汀学校。正是在这里，他收敛了直接的暴力，改用了一种更加狡猾的行为方式。

圣奥古斯汀学校有一项情人节传统活动。每个八年级学生都要给一名七年级的男孩准备一份小礼物。这是个简单的、仪式性的交换活动，象征着八年级生的成熟转变。然而，弗雷德上到八年级时，他家的财务状况开始急转直下。在他11岁生日后不久，图米－德马拉娱乐公司就倒闭了。再见了，杰克逊大街。取而代之的是市郊的一所老旧的住房。国家大街。

德马拉无论如何也不想受穷。"耶稣基督，圣母玛利亚啊，"他祈祷道，"请不要让我们变穷。如果你实现了我的愿望，我这辈子每晚都会念一遍《玫瑰经》。"但他的祈祷没有得到回应。

在那个2月的清晨，德马拉想要一鸣惊人，让这些穷苦的天主教孩子看看真正的绅士是什么样的。于是，他来到了杰克逊大街上的面包和糖果店。这里距离他以前的家不远。他知道，他家在店里还能记账。他订购了最大的心形礼盒，装满巧克力，让店员在 3 点钟准时送到学校去。

结果礼盒没来。也许是订单被弄丢了，也许是店主怀疑德马拉家已经付不起账。不管原因是什么，如果还有比贫穷更让德马拉痛恨的，那就是被人称为"大话精"的耻辱。他夸口说要带来学校有史以来最大的礼物，但最后却两手空空。他发誓要挽回局面，怒气冲冲地回到了店里。这次，他不仅订了大礼盒，还为同年级的每个孩子都订了一份小礼盒。记在他的账上。

这次没有搞错。这孩子有胆量下这么大的订单，他家里人当然会为他付账。他必定后顾无忧，否则不可能如此自信地做出这种事。礼盒很快就送到了。一辆满载巧克力的大号手推车来到了圣奥古斯汀学校。当然，德马拉一家是没有办法付账的。

从那时起，直到 15 岁辍学进入一系列宗教团体为止，弗雷德·德马拉都被人称为"糖果屠夫"。也正是在那时，他距离首个完善的骗局已经仅有一步之遥：盗用一个毫不知情的学生的证件，试图进入海军服役。

伪装者的生涯是否是他的命运？他是一个天生的骗子吗？

▼

骗术高手都是邪恶之徒，他们心怀鬼胎，毫无道德——真是这样就好了，这会让世界变得简单得多。我们可以很容易地找出坏人，然后就能无忧无虑地生活了。然而，现实却比这麻烦得多。

在《欺骗是一门精密的科学》（*Diddling Considered as One of*

the Exact Sciences）中，埃德加·爱伦·坡（Edgar Allan Poe）指出了骗子的特点："谨小慎微、自私自利、不屈不挠、足智多谋、胆大包天、冷漠无情、别出心裁、傲慢无礼还有皮笑肉不笑。"[①] 现代心理学尤其赞同其中一点，即冷漠无情。一般来说，人类已经进化成为相互协作的物种。我们互相信任，互相依赖，就算带着装满钞票的钱包走在街上也不必担心有陌生人会来行抢，上床睡觉时也十分笃定不会在梦中被人杀害。天长日久，我们的情感也随之进化，变得支持这种人际关系。我们对他人施以援手，自己也会感到温暖舒适。反之，如果我们说谎、欺骗或是伤害了他人，自己也会感到耻辱与内疚。当然，我们时不时也会脱离常规，但在大多数情况下，我们都正派、体面——或者说，表现了冷漠无情的对立面。在大多数情况下，我们关心他人，也知道他人会给予我们相当程度的关心。若非如此，整个社会将分崩离析。

　　然而，有一种人是例外。有极小的一部分人可能进化成了另一种生物，他们利用他人的善意攫取利益，凭借着冷漠无情的特质成了骗子。这些人对他人毫不关心，他们对自己造成的痛苦完全无动于衷，只要获利即可。这其实很合理：如果你身边的大多数人基本上都正派体面，那么你就可以尽情说谎、欺骗、偷窃，并与他人和平相处。但这只在少数人采用这种手法的情况下有效——如果人人都这样做，社会就会自我毁灭，所有人都没有好下场。只有在少数人具备精心规划的冷漠无情这种特质时，它才能算作一种生存策略。正如研究反社会行为的宾夕法尼亚大学心理学家阿德里安·雷恩（Adrian Raine）所说："当在社会中占比重较低时，持续的不道

---

① 此处引文出自华东理工大学出版社 2010 年版本，朱振武译。——译者注

德行为可被理解为一种可选的、有利于进化的策略。阻止不道德行
为的情感体验的缺失，以及对欺骗和摆布等手段的运用，可以让一
个人在一生中持续行骗而不被发现。"

有一个词被用来定义这种精心规划甚至是与生俱来的冷漠无
情特质——精神变态（psychopathy），意味着从根本上缺乏对其他
人的同情心。这是生物学上对极致的冷漠无情的定义。但是骗子真
的符合这种描述吗？把德马拉这样的骗子说成医学上的精神病真的
公平吗？还是说，他们只不过和我们一样，只是更加阴险狡诈一些
罢了？我们日常生活中的小谎言与骗子所设的骗局之间有本质区别
吗？还是说，两者只是程度不同而已？

罗伯特·黑尔的"精神病态症状清单（修订版）"（Robert Hare's
Psychopathy Checklist-Revised）是鉴定反社会与精神变态行为时最
常用的评估工具。这份清单对责任感、悔恨感、病理性说谎、控制
欲、狡猾心理、性滥交、冲动情绪、外在魅力、浮夸外表等特点进
行评估，如果得分很高，就说明受测者属于精神变态，或者具有
"受苦的灵魂"——很多人会这样说。精神变态者的一个显著标志就
是无法像其他人一样处理感情。对于一个真正的精神变态者来说，
他人的痛苦毫无意义。他们没有同情，没有悔恨，没有内疚。面对
会让大多数人感到震惊的事物，如可怕的图片时，精神变态者的脉
搏保持平稳，汗腺分泌正常，心跳不会加速。在一项对临床精神变
态的研究中，面对困难的道德抉择时——例如，假设掐死一个哭闹
的婴儿就能拯救整个村庄，而不这样做的话，包括婴儿在内的全村
人都会遭遇不幸——精神变态者无法与非精神变态者产生相同的情
感活动。对绝大多数人来说，这是一个让人心力交瘁的选择。在寻
求答案的思维过程中，大脑中负责感情的区域会与负责功利性思考

的区域交战，而精神变态者的大脑中则不会有这种交战。他们会显示出极端的冷漠无情。

黑尔指出，精神变态者大约占男性人口的 1%，而在女性中则极其少见（但并非为零）。这意味着在你遇到的每 100 名男性中，就有一个人可能在临床上被诊断为精神变态者。但这个人是否也会是天生的骗子呢？

从某个层面上看，数据似乎显示骗子和精神变态者之间有着直接而紧密的关系。一个有趣的事实是：如果一个人身上存在与精神变态相关的神经缺损，他们就会表现出显著的精神不正常行为——同时也会表现出显著的骗子式行为。在创伤研究中，早期受过额叶极皮层和腹内侧前额叶皮层——这些区域与精神变态相关——损伤的人会表现出与精神变态者和骗子极为相似的行为和性格变化。比如，有两位此类患者在研究中出现了说谎、操控他人及破坏规则的行为。他人对他们的描述是"缺乏同情、内疚、悔恨、恐惧等，对其行为的违法性毫不关心"。如此看来，精神变态这种生物学上的病态体质可以导致很多骗子式行为的出现。

但这还不是问题的全部。精神变态只是所谓"黑暗三角"人格特征的一部分。另外两个特征——自恋（narcissism）与马基雅弗利主义（Machiavellianism）——也能够解释我们在骗子身上所常见的很多特点。

自恋会导致浮夸、自命不凡、自我膨胀、过高的价值感和操控他人等。简言之，这似乎说的就是弗雷德·德马拉。他不甘屈于人下，迫切需要成为众人瞩目的焦点，并不惜一切代价去达到这个目的。自恋者会不择手段地维护自己的形象。正是因此，弗雷德才会去糖果店行骗，以避免在同学面前丢丑——这算不上什么伟大的骗局，而是这种自我中心倾向的后果。

不过，也许能更准确描述他行为的是"马基雅弗利主义"——这种人格几乎与欺骗画等号，在马基雅弗利的《君主论》和最著名的骗术高手的故事中都能找到这种特征，两者都冷酷无情而极具成效。

在心理学语境中，"马基雅弗利主义"指的是一系列特定的属性，具备这种属性的人会为达成其目而操控他人——这几乎是对骗子教科书式的定义。北卡罗来纳大学市场学教授理查德·卡尔霍恩（Richard Calhoon）在 1969 年曾发表论文，将马基雅弗利主义者定义为"采用侵犯、操控、剥削他人等不正当手段以达到个人或组织目的"的人。1970 年，为研究领导者操控人心的倾向，两名心理学家——理查德·克里斯蒂（Richard Christie）和弗洛伦斯·盖斯（Florence Geis）发明了一种名为"马基雅弗利主义量表"的测试方法。在这份问卷中得到高分的人，即"高危马基雅弗利主义者"，在社会中往往也是操控他人的高手。在一系列研究中，当一名高危马基雅弗利主义者与一名低危马基雅弗利主义者处于相同环境下时，前者几乎在所有情境中都领先于后者。后者会受到感情的阻碍，而前者则不容易受到类似的困扰。

一项早期研究以 11 名不同的马基雅弗利主义者为样本，其中有学生、大学教师、父母、孩子、运动员、精神病院员工、商业公司雇员等。研究发现，这些人更喜欢虚张声势，欺诈哄骗，讨价还价，迎合他人。同时，这些人在做这种事时也更容易成功。在另一项研究中，具备马基雅弗利主义思维方式的人比其他人所说的谎言更具说服力：人们观看受试者否认自己偷过东西（一半人确实没偷过，另一半人在撒谎）的录像，在马基雅弗利主义量表中得分较高的人获得信任的次数远远高于其他人。在第三项研究中，商学院的学生要决定是否要付给某人回扣。这种行为往往被认为是不道德的（也是违法的）。他们会分别得到一个给出回扣的理由。当这个理由的成本效益较高时，在马基雅弗利主义量表中得分较高的人会更容易接受并给出回扣。

由此或可见，马基雅弗利主义和精神变态一样，使人们更倾向于做出骗子式的行为，并让他们精于此道。加拿大不列颠哥伦比亚大学的心理学家德尔罗伊·保卢斯（Delroy Paulhus）专门研究黑暗三角人格。他指出，"马基雅弗利主义者"的概念比"精神变态者"更能准确描述骗子的特性。"显而易见，道德水平低下的股票经纪人，如伯尼·麦道夫之流，并非精神变态者。"他写道，"他们是一群马基雅弗利主义者，利用蓄意的、有策略的手段从他人身上攫取利益。"

那么真相到底是什么，骗子到底是精神变态者、自恋狂还是马基雅弗利主义者？抑或三者都是呢？德马拉似乎同时具备这三种特性。常有人说医生扮演着上帝的角色，德马拉把这一说法发扬到了奇特的极致。一个人要多么自负和自信，对他人的生命多么漠不关心，才敢在毫无资质的情况下伪装成医生，进行多台手术，成为全船数百人唯一的医疗资源？这已不仅仅是自恋，而且是精神变态到极点的行为了：他手握无数人的生杀大权。这个人又具备多强的马基雅弗利主义心态，才有本事欺骗整个国家的军队，操控其他医生、船长和士兵，让他们相信他是货真价实的医生？

德马拉并未因他在朝鲜战场上被揭穿的经历而气馁。恰恰相反，他变得越发胆大妄为。罗伯特·克赖顿开始为他写作传记时，这位伪装者花了好几天时间说服克赖顿让自己为其怀孕的妻子接生。他向克赖顿担保，自己会比任何人都做得更好。明明可以找到专业人士，为什么还要靠一个骗子呢？当然，克赖顿心知肚明，德马拉没有受过任何医学教育。但他也确实救了那些士兵的命，而且他还读了那么多医书——可能比一般的医生读得还认真。德马拉越是花言巧语，克赖顿禁止他接近自己妻子的决心就越是动摇。最后，是克赖顿的妻子朱蒂拒绝了这个建议——德马拉诚心诚意地直接对她提出了由他接生的请求。

实际上，真正的"艺术"体现在这里：就在这起不愉快事件发生后，朱蒂告诉罗伯特，不要再让弗雷德踏进他们的家门。但她的决心最终也被感化了。就在这位伪装大师离开他们家几年以后——这期间他还控告克赖顿和兰登书屋拒绝向他支付稿酬——朱蒂竟然放心地把自己年幼的女儿交给德马拉照顾。

▼

但是，德马拉这样的人只是少数。事实证明，一个人可以具备全部的黑暗三角人格特征，甚至有更多的性格缺陷，却不会走上诈骗的道路。在骗子中不乏精神变态者、自恋者和马基雅弗利主义者，但这些人在很多合法行当中同样比比皆是。正如莫勒所说："诈骗犯是法外之徒，但同样要记住，在我们这个社会中，很多身家清白的栋梁之材和他们也相去不远。"在领导者与知名人士、华尔街高管、政治家、法律精英等群体中，如果进行测试，你会发现精神变态者与黑暗三角人格的拥有者所占比例之高，会让黑尔估计的 1% 显得天真。

谢尔比·亨特（Shelby Hunt）与劳伦斯·琼科（Lawrence

Chonko）对一千名职业市场营销人员进行了马基雅弗利量表测试，结果发现超过 10% 的人得分都在最高的范围之内，这一比例远远高于平均值。换句话说，这些人是最易具备操控他人与欺骗等特质的。然而，他们所在的行业却是合法的。他们之中没有任何一个人是罪犯，更遑论"犯罪界的贵族"了。

具有黑暗三角人格者更容易走上操控他人的道路——克里斯蒂与盖斯发现，医生这一行中的高危马基雅弗利主义者总是选择成为精神科医生。这个领域的核心就是精神控制。而在另一项针对学生的研究中，马基雅弗利主义者选择商业和法律专业的比例比其他专业都高得多——但这并不意味着他们会把对他人的控制行为发展到一般人无法接受的程度。

有些人可能会认为，我举出上面这些事实只是进一步证明了自己的观点——政治家、律师、商人、广告人、市场销售人员不是和骗子差不多吗？但真相是，真正的骗子不是天生的，他们也是后天环境造就的。科学界流传着一句谚语："基因装填子弹，环境扣下扳机。"这些人格特质其实可以被轻松地用在不那么阴暗的地方。成为骗子并非命中注定。马基雅弗利主义、精神变态或是自恋情结也不比领袖气质或铁石心肠等性格更容易造就一名骗子。

詹姆斯·法隆（James Fallon）无意中发现自己是一名精神变态者。当时他在同时进行两项研究：一项是对阿尔茨海默病患者的脑部扫描图的大型研究，在这项研究中，他把自己和家人的脑部扫描图片作为"正常"的对照组；另一项较小型的研究则是针对精神变态者的脑部扫描图片的。他在翻阅阿尔茨海默病患者的扫描图片时，有一张引起了他的注意。这张图片中的大脑具备了精神变态者的全部特征。很显然，有人搞混了，把精神变态者的脑部扫描图放进了阿尔茨海默病患者的资料里。

通常，实验室研究的结果都是匿名的，以防实验员知晓受试者的身份。但这次法隆决定破例行事。他需要知道这幅扫描图主人的身份，以便把这份资料放到它应该去的地方。他请一位技术人员找出了扫描图主人的身份。

后来，故事的结局被法隆写进了《天生变态狂》（*The Psychopath Inside*）一书。结果没有错，这份扫描图就是他本人的。

法隆曾是精神变态基因决定论的坚定支持者。他曾声称，精神变态与否和其他众多身心条件一样，在很大程度上都是运气决定的。如果你有个精神变态的大脑，只能说明你抽到了下下签。然而，在自己的大脑出现了这种问题后，他决定对此进行更深入的研究。事实是否像他一直以来认为的那样，一切都是命中注定呢？

现在，法隆仍然认为基因确实起了作用，但一个人童年的某个重要时期——也许会显示出一些征兆但没有具备全部特征的时期——却能决定这个人是否会成为完全的、临床意义上的精神变态者。如果运气好，这个人就会像法隆或者这本书中提到的部分骗子那样，成为一名高功能精神变态者。而抽到了下下签的人则会成为一名暴力精神变态者，成为被关进监狱甚至坐上电椅的重犯。

我们现在知道，胎儿在子宫内的时期对于基因组表观遗传标记（即决定基因表达方式的甲基化模式）的发展至关重要。法隆认为，除了这个时期以外，从出生到三岁的时期对一个人在未来是否会成为精神变态者也有非常关键的影响。在这段时期，儿童会自然掌握所谓复杂适应行为，如处理恐惧情绪、微笑、与周围的人和事物进行互动的能力。但有时这种发展过程会被打断，特别是在面对压力的时候。理论上，在家中或学校里发生的某个造成创伤或形成压力的事件可能在打断正常发育的同时，让一个人基因中先天带有的精神变态特征凸显出来。德马拉在家道中落、被迫搬出童年居所后就显现出了这种特征。但如果没有发生类似事件，一个本来会成为职业骗子的人就有可能成为一名广受尊敬的神经科学家。

对大多数人来说，要从合法营生发展到行骗，需要同时具备三个条件：首先是先天条件，即由精神变态、自恋和马基雅弗利主义等特质所决定的潜在犯罪倾向；其次是机遇；第三是一个貌似合理的原因。举例来说，在公司欺诈案中，极少有人会平白无故地实施诈骗。一项研究表明，大约三分之一的犯罪者并非单纯想去跨越法律的边界（犯罪倾向），他们会察觉到有竞争性的销售环境（机遇），并决定做些什么让自己脱颖而出（理由）——这一问题的症结在于试图偷工减料抄近路，并把这种举动合理化、必要化的企业文化与氛围。

犯罪倾向与机遇同时出现时，骗子就诞生了。据一些消息人士透露，这就是史蒂文·科恩（Steven Cohen）现在已经恶名昭著的对冲基金 SAC 资本顾问公司内长期充满内幕交易——金融人士变成骗子——的原因之一。"你会觉得那并不太坏，因为他人都试图分一杯羹。"一名熟悉这家基金公司的消息人士透露说，"我觉得不太可能案发，不然的话现在早就该有人被抓走了。"对于 SAC 公司，他说："公司高层从未有人用小孩子都能明白的语言说过这样的话：'别去犯法。别去骗，别去偷——我们不能这样做。'""有传闻说，一名应聘者曾在其上一家公司进行内幕交易，但他还是被雇用了，尽管公司的合规官对此表示反对。结果被录用后没过几周，他就开始进行内幕交易了。"

对于这种结果，实验早有预见。一项针对市场人士的研究发现，企业的道德体系会对其中具有较高行骗本领的人（特别是马基雅弗利主义者）是否会真正采取行动造成影响。与那些结构松散、道德标准不明确的公司的员工相比，道德标准更高、组织结构更严谨、不轻易允许员工任意妄为的公司的员工进行欺诈活动的可能性要低得多。

一家公司的行为标准、文化或者说环境——什么可以做，什么不该做——必须用清楚明白、毫不含糊的方式传达给员工。否则，那些有欺骗倾向的人就会很容易把罪恶念头付诸行动。"高层的态度至关重要。"以处理欺诈案手段强硬著称的纽约南区检察官普利特·巴拉拉说，"虽然是老生常谈，但这是千真万确的。"尽管在职业骗子中，有相当一部分人无论身处何地都会自己创造机会行骗，外部环境仍然是很重要的。在一个监管不严的基金公司中实施欺诈的交易员在其他地方却可能是正直清白、遵纪守法的。

我们都在意自己在他人眼中的形象。如果认为大多数人会对我们的行为感到不满，我们就不会去违反规则。与其说这是"己所不欲，勿施于人"，倒不如说是"若要人不知，除非己莫为"。

这种情况在企业中并不鲜见。USIS 公司曾为超过三分之二的美国情报机构提供安全调查工作，但这家公司被发现伪造了数千份调查报告。一开始，似乎只是一名行为不端的员工上报了 1600 份伪造的信用报告；一个坏苹果并不能代表整棵苹果树。但到了 2014 年 1 月，调查结果显示，坏苹果并非只有一个。根据美国司法部的诉讼，这只是一桩巨大丑闻的冰山一角：整个公司在 2008 到 2012

年间伪造了超过 50 万份背景调查报告，超过全部背景调查报告的
40%——这让加拿大皇家海军录用德马拉的失误显得微不足道。这
不是一个坏苹果的问题，而是整棵苹果树的问题。有这样的树，才
能长出这样的苹果。

骗子为自己的所作所为找出的理由可以说是其犯罪倾向与机遇
相辅相成的结果：一个有犯罪倾向的人在察觉到好机会后，就会找
个理由采取行动。有大约半数诈骗犯表示，其所处竞争环境非常不
公，无论是市场环境还是企业环境。他们只是想让游戏更加公平，
并说服自己，进行欺诈是他们为数不多的选择之一。

德马拉一次又一次地靠把自己的欺诈行为解释成好心办坏事而
逃脱罪责。他否认自己是个骗子，声称自己只是运气不好，但本心
是好的。他没有扮成一位寻找生命意义的得道高人去欺骗不幸的宗
教团体成员，而只是想传播信仰的教义。以本·W. 琼斯之名冒充得
克萨斯州的典狱长？那是因为因犯需要他这样的人。冒充外科医生
加入加拿大海军？那是因为他们需要专业医疗人员，而他不过是想
救死扶伤而已。他为自己的罪行找借口的本领实在高超，以至于克
赖顿把他描绘得更像个受害者而不是个罪犯，骗局发生在他身上只
是因为命运不公而已。

会导致自找理由与行动的不仅是机遇。在全球范围内，一些国
家的文化对我们所理解的欺诈行为与理由也更加宽容。一项研究显
示，无论出于什么原因，一些国家的学生比美国学生更容易给出回
扣。他们所成长的社会的准则不同，行为标准也不相同。在美国人
眼中不甚道德的事在其他人看来也许只是世道如此。在俄罗斯，抄
袭者不会受到谴责，就连伪造材料的人也可以为所欲为，只要其行
为的目的是正当的。

对一些人来说，将欺诈合理化的行为甚至是善意的。有超过20%的行骗者声称，他们只是想掩盖坏消息。他们没有做出应有的表现，为此感到羞愧，并真心相信只要留出一些余地，他们就能回到正轨，他人根本不需要知道他们曾做过坏事。当然，他们描述的情况并不总会发生。

一名律师在开始私人执业后为一家小型电脑创业公司的首席财务官（CFO）辩护。当时是在 20 世纪 90 年代末期，经济有下滑的迹象。这位 CFO 决定要伪造一个季度的财务报表。"他是个非常正派的人，甚至有点天真，"这位律师回忆道，"他是那种会去观看孩子棒球赛的好男人。在开始接受调查后，他会坐在会议室里——我为他感到痛心——看上去就像要哭出来一样。他真的非常难过。"这位 CFO 辩称自己只想做一次假账。下个季度情况一旦好转，他就打算回去更正自己的错误。"但下个季度并没有好转。再下个季度也没有。而此时他已深陷其中，难以自拔。"一次假账之后又是一次假账。这本非无可避免。但它就是这么无可避免地发生了。

他算是个骗子吗？大多数人会给出否定的答案。他只是做出了错误的选择，走了霉运，一时失足而已。他确实做了坏事，但没有什么坏心。像他的律师一样，很多人甚至会对他产生同情。他走了歪路，但本质上还是个好人。他只是想办好事而已。

然而，这件案子恰恰揭示了故事的另一面：没有一个骗子像他们表现的那样无辜。那家公司彻查了此事的全部细节，以确定这名 CFO 不法行为所造成的损失。"结果发现，他在第一次伪造财报后不久就开始盗用公司信用卡，挪用公款数额高达数十万美元。"那名律师说，"我对他的看法发生了改变。他在我眼中本来是一个竭力想挽回失误又不想弄丢工作的人。然而，在犯下第一个错误后，再犯接下来的错误就很容易了。"

骗子就是这样诞生的。在道德的路上是不能抄近道的。一旦你决定踏上快车，翻过山头，再想刹车就太晚了。开始时总是一点小事：糖果店的虚假信用账户、财务报表中的几行假账，或是引用文献时稍加篡改，让你的观点更具说服力。没人注意到你的小动作。然而，尽管你因为情况特殊或是事态紧急，决心只做这一次，但不知怎么，情况永远不会好转。你总是时间不够，资金不足，或是精力不济。要做的事情太多，然而资源太少。一旦你行骗得手，那种让你再次出手、骗取更多、花样翻新的诱惑就会与日俱增。这时骗术已经不再是抄近路的权宜之计，而是供你利用的有效工具了。这就好像是黑手党电影里常有的情节：第一次杀人是最难的。在那之后，杀再多人也不过是小菜一碟。

那么，到底什么样的人才能被称作骗子呢？骗子会显示出受黑暗三角人格影响的行为，一旦机会来临就立刻行动。和其他不那么阴险的人不同，这种人会把一切行为都合理化为情非得已。然而，尽管有这些共性，骗子往往还是难以区分，并常能让我们大吃一惊。有些人符合上面的描述，有些人则不那么符合。不同研究对骗子的描述也可能大不相同。一项针对 2011 年到 2013 年间全球 78 个国家近 600 起公司欺诈案的研究发现，部分犯罪者——不是全部——的性格特点符合黑暗三角人格的描述。的确，有些人完全符合。五分之一的人承认其欺诈行为的原因是"就因为我能这样做"。这可谓是最纯粹的黑暗三角人格的表现。超过 40% 的人行骗是出于贪欲，但更多的人——近 50%，是出于一种优越感，这是自恋情结的标志。他们自我感觉高人一等，因此理应得到更多。很多人声称没有得到足够的报酬和认可，于是受到愤怒情绪的驱动而行骗：你算老几，竟然不懂欣赏我？我会给你点儿颜色看看。

但其他人似乎没有这么阴险，在骗取利益的过程中也没有这么冷血。研究评估称，这些犯罪者中三分之一的人性格外向，35% 的人相当友好。大约 40% 的人受到同事的尊敬，不过只有五分之一的人被描述为"智慧过人"或是"杰出的商人"。

还有一些骗子满怀同情与悲悯。在 2015 年 3 月，莎拉·卡尔接到了美国国税局打来的电话，告知她有欠税待缴。莎拉哭了起来。她解释道，自己已经怀胎九个月，不知去哪里筹钱缴税。"别激动。"电话那头的人安慰道，听起来也甚为不安。他坦率地对莎拉说，这不过是个骗局。实际上，我们知道，在美国，每年春天，这种假冒国税局的伎俩都会盛行。人们总会惊慌失措，老老实实地交钱。但这次，猎物哭哭啼啼的故事让骗子放弃了计划。她因有孕在身而免受无妄之灾。她遇上了一位有良心的骗子。

▼

事实上，骗子之所以难以被准确地识别，是因为在某种程度上我们都具备欺骗的潜质。作为一种有感情的生物，我们每个人都会在一生中的某个时刻说谎骗人。从爬行动物到人类，动物王国充斥着骗子。一些蛇类甚至懂得装死，以完成其罪恶的目的。还有杜鹃，这种鸟会把自己的蛋生在其他正在孵蛋的不幸鸟类的巢中。如果只混进一个蛋，那样的骗局就太容易被拆穿了。但杜鹃实在是真正的骗术高手，它们会在同一个鸟巢下好几个蛋。这样一来，其他鸟就无法分辨哪些是自己的孩子，哪些是混进来的异种了。

2009 年，由弗朗西丝卡·巴尔贝罗（Francesca Barbero）率领的一组来自都灵大学的科学家发现，一种霸占蚁穴的毛虫会比蚁穴里的蚂蚁获得更多的食物，得到更好的照料与保护。这些毛虫会把自己伪装成蚁后。它们发现了工蚁与蚁后发出的声音之间的区别，于是它们的蛹和幼虫就通过进化，能够发出类似蚁后的声响。即使是在蚁穴内食物短缺的情况下，这些伪装者也能得到优先的待遇。毕竟，它们在蚂蚁眼里可是蚁后。从那时开始，研究者已经发现了至少 12 种蝴蝶的幼虫会采用同样的方式获得给养。伪装成蚁后，就可以被舒舒服服地抬进蚁穴，连腿脚都不用动，翅膀都不用摇。

在动物王国中，伪装者随处可见：竹节虫会装成不起眼的小树枝；枯叶虫则会装出有花植物的轮廓。竹节虫目昆虫被古希腊人称为"幽灵"——刚刚还在眼前，转眼消失无踪。这种隐身术与大自然本身一样古老。

在人类世界里，欺骗也同样普遍。从事相关研究长达 40 多年的心理学家罗伯特·费尔德曼（Robert Feldman）指出，我们在与陌生人或仅有点头之交的人谈话时，平均每 10 分钟就要说谎 3次。在这短短 10 分钟里，几乎没有人能够不说一句谎话，还有的人可能说谎多达 12 次。比如，我可能会提起与对方见面是多么愉快——而实际上我根本不这样想。我可能会接着说，我是在波士顿长大的——这严格说来也是个谎话，因为我实际上是在距离波士顿大约 40 分钟车程的一座小镇长大的。我可能还会说，对方的工作听起来非常吸引人，而实际上并非如此。要不然，我就会夸赞他的（死气沉沉的）领带或是（难看至极的）衬衫。如果对方提到自己很喜欢市中心的一家餐馆，而我在那里吃饭的经历却非常糟糕，我很可能会点头称是：啊，那家餐厅真不错。相信我吧：我们在说谎的时候往往没有经过深思熟虑。用研究情感表达，特别是谎言的心理学家保罗·艾克曼（Paul Ekman）的话说，"谎言无处不在"。

我们会在几乎任何情况下说谎——费尔德曼的研究发现，从最亲密的关系（婚姻）到完全的陌生人之间都充满了频繁的谎言。一些谎言无关紧要（"你看上去瘦了一点儿"），一些谎言则相当严重（"我没和她上床"）。这些谎言有时是无害的，有时则不然。

我们从很小的时候就学会了说谎。在一系列针对 3 岁儿童的研究中，发展心理学家们让每个孩子单独待在一个房间里，在他们背后放上一个新玩具，但不许孩子们回头看玩具是什么样子的。很少有孩子能抵抗住诱惑，坚持不回头（在 33 个孩子中只有 4 个做到了），而超过一半的孩子谎称自己没有回头看。接下来的测试换上了年龄稍大的孩子。这些 5 岁孩子的表现更加糟糕：所有人都看了，所有人都撒谎了。

我们长大成人后，这些习惯被保留了下来。有些时候我们说的谎话比"你穿这件裙子真好看"恶劣得多。保险研究委员会指出，四分之一的成年人认为，为了补偿免赔额而提高索赔额是正当的。这看上去也许没什么问题，但实际上也是一种欺诈——软性欺诈。在填写纳税申报单的时候要一点花招算不算欺诈呢？你也许会说，这是对政府苛捐杂税的反抗，而且他人肯定做得更过分——瞧瞧那些大企业的逃税花招吧！但是，只要你故意瞒报，哪怕是一美元，也算是不折不扣的欺诈行为。

连一些正规职业都难以避免给人留下不诚信的印象。每年 11 月，英格兰坎布里亚的小镇桑顿布里奇（Santon Bridge）都会举办一项名为"世界吹牛大赛"的比赛。来自世界各地的吹牛高手在小镇中心的酒馆内齐聚一堂，要在 5 分钟内讲出最最荒诞离奇但又可信的故事，讲出最让人信服的故事的人将会获得冠军。但是这项比赛对参赛选手的身份有特殊规定：律师、政客、推销员、地产中介与新闻记者禁止参加比赛。这些人被认为具有优势，对其他人不公平。他们歪曲事实的本领太过熟练，与外行人比试吹牛实在胜之不武。

如果有合适的机会，你会成为一名骗子吗？可以试试这个小测验：举起你的食指，放在额头上，写一个字母 Q。

做完了吗？你的字母 Q 是朝向哪边的——那个小尾巴是向右还是向左？著名无神论者、心理学家理查德·怀斯曼（Richard Wiseman）详细描述了这项测试。他表示，这个测试可以测出一个人的"自我监视"倾向。如果你画的 Q 尾巴向左，也就是方便他人认出来，那就说明你是一个有高度自我监视意识的人。这意味着你更在意自己的形象与感知——在意他人如何看待你。为了达到目的，你可能会更愿意操控现实——哪怕只是轻度的——来给他人留下更好的印象。从某种意义上说，骗术高手不过是在我们日常的无害谎言上更进了一步而已。剽窃者、谎话精、话术大师和伪装者会尽一切可能给他人留下好印象，展现出最有魅力的一面，然后利用这一点获取利益。

▼

你能在茫茫人海中一眼认出骗子，把他从与你产生交集的人中分辨出来吗？是否有某种征兆，可以让骗子泄露身份，让人知道他品行败坏、试图欺骗他人？既然我们人人都有欺骗的潜质，也都有过欺骗他人的经历，你也许会认为我们都慧眼如炬，能轻易地识破他人的谎言，从人群中揪出骗子。就好像小时候，妈妈总是能知道我们何时在说谎——我确定我妈可以看透我的思想，于是就藏在家具或书本后面，以防她的"精神射线"穿透我的脑壳——因此我们长大以后，也相信自己很有把握能拆穿他人的谎言。

多年以来，人们传说面部表情和身体上的小动作可以泄露内心的秘密。这个传言近年来已被实践检验。得克萨斯基督教大学的心理学家查尔斯·邦德（Charles Bond）自 20 世纪 80 年代起开始研究谎言心理学。他在 2006 年召集了一个研究团队，对来自 75 个国家的受访者进行了调查。这些受访者使用 43 种不同的语言。他的目标是要发现是否存在普适性的谎言特征——也就是能让无论文化背景如何的绝大多数人一致认为属于说谎者的特征。在其中一项以来自 58 个国家的受访者为对象的研究中，调查者对超过 2300 人提出了一个同样的问题："你如何知道他人在说谎?"结果，超过三分之二的人都提到了"回避注视"。说谎的人不敢看对方的双眼。28% 的人提到说谎者神态紧张，四分之一的人提到说谎者前言不搭后语，还有四分之一的人表示说谎者会做出让自己露馅的动作。略超过五分之一的人认为面部表情与叙述不连贯出卖了说谎者。近五分之一的人则认为说谎者会使用"呃""啊"这样的语气词，而且说话结结巴巴。同时，他们还会脸红，他们的不诚实会表现在脸上。

另一项实验过程相反。在这项测试中，受试者要从一系列行为中找出他们认为与说谎有关的行为。结果，近四分之三的人选择了回避注视，三分之二的人选择了改变姿势，另有三分之二的人选择触碰自己身体或是搔痒。62% 的人指出，说谎者会把故事讲得很长。参与这项测试的人来自 63 个国家。

的确，来自不同国家的人对谎言有着普遍的认识。唯一的问题是，这种认识是错误的。加州大学伯克利分校的心理学家利安娜·滕·布林科（Leanne ten Brinke）主要研究欺诈行为。她指出："实证文献无法证明这些认识的正确性。"这些认识之所以长期存在，是因为它们符合我们对说谎者表现的预期。我们希望说谎者能表现出坐立不安、吞吞吐吐、支支吾吾、前言不搭后语、脸红心跳等等特征。我们希望说谎者眼神飘忽不定。他们理应感到羞耻，想拼命躲藏。5 岁的儿童都知道，东张西望是说谎的标志。实际上，如果事先知道某人在说谎，我们会更容易发现这个人故意避免注视我们，但这种预期与说谎者的实际行为不符。我们希望他们感到羞耻，并不意味着他们就会有这种感觉，也不意味着他们不能把这种感觉完美地隐藏起来。

我们对说谎者的预期与现实之间存在着很大差距——按滕·布林科的说法，"匹诺曹的鼻子"是不存在的。我们虽然很有信心，但分辨谎言的成功率其实跟掷硬币也差不了多少。这种差距显然就是造成我们辨别谎言能力不高的原因之一。

保罗·艾克曼的研究不仅限于谎言的流行程度。他的工作更多地集中在研究辨别欺骗行为的能力上。在长达半个多世纪的研究工作中，他向超过 1.5 万人播放过录像片段，录像中的人或在说真话，或在说假话，话题范围涵盖感情问题、对目击的盗窃行为的描述、政治看法和未来规划等方方面面。结果受试者辨别真假的成功率约为 55%，而这些真话或谎言的内容对成功率几乎毫无影响。

艾克曼发现，有一个特征确实对分辨谎言来说是有效的：微表情，即持续时间极短的面部表情运动。微表情的持续时间平均仅为二十分之一到十五分之一秒。要有意识地控制自己的微表情是非常困难的。微表情背后的理论其实很简单：说谎比说真话更难。因此，在说假话时我们的思维会更紧张，因此可能出现"漏洞"，也就是这些不顾我们自身意志而瞬间暴露的表情。

但是，微表情十分复杂，而且持续时间过短，未经训练的人难以发现。在艾克曼的1.5万名研究对象中，只有50个人能够持续发现微表情的存在。大约95%的普通人会完全忽略微表情。而在这个充满了网络虚拟骗局和电话骗局的世界里，微表情对识别骗子更是毫无助益。而且事实证明，就算我们能够解读每一个微小的特征，也不意味着我们就能更好地分辨出我们之中的说谎者——如果这些说谎者技艺精湛，具备伪装大师的资格，就更难以辨别了。

去年夏天，我与艾克曼研究中那50个"人类测谎仪"中的一人进行了交谈。这位女士名叫蕾妮，她表示自己的工作十分敏感，无法透露更多信息。现在，她在为执法部门做顾问，并为相关人员提供辨别谎言的培训。她承认，在面对经验丰富的骗子时，她也不是百战百胜。她现在要对付的人不是心理研究录像带上的说谎者，而是以说谎为生的人，这些人是真正的欺诈高手。"这些人并不容易看透。"她告诉我。他们可不是门外汉，而是行家里手。对他们来说，说谎并不会让他们不舒服或劳神，或者让他们感到任何不习惯。说谎是他们的本行，并逐渐成了他们的习性。以精神变态者为例，蕾妮表示："聪明的精神变态者是说谎的大师。"比如泰德·邦迪①（Ted Bundy）。"他让我害怕，感到不舒服，"蕾妮耸耸肩说，"像他这样的人有一种令人信任的魔力，但其实冷酷无情。智

---

① 美国连环杀手。据估计，有35人为其所杀。他于1989年被执行死刑。——译者注

慧过人的精神变态者是我真正的对手。"她还提到了其他几个人，包括绰号"冰人"的著名连环杀手理查德·库克林斯基（Richard Kuklinski）。"你看过他的采访就知道，他真是冷酷到了骨子里。"蕾妮说。通常，她对自己的判断力很有自信。但即使是对最敏锐的判断者来说，这些最厉害的说谎者也很难对付。

蕾妮的技能并不容易学习。"我不认为自己的能力是可以通过培训教给他人的，"她承认，"如果可以的话，我们早就这样做了。我能教给他人这方面的知识，但他们无法达到我的水平。"

艾克曼还指出，不只是说谎，很多其他情况也可能造成精神负担。所以即使有微表情这个武器，也无法百分之百地确定一个人是否在说谎。我们能够发现对方正承受着极大的压力，却无法确知这种压力从何而来。我们可能会因为其他事情而感到担心、紧张或者焦虑，这也正是测谎仪不可靠的原因之一。我们的生理机能与面部表情一样会被压力影响，但这种压力不一定来源于说谎。这种情况有时预示着谎言，有时则预示着其他方面的精神负担，比如紧张、疲劳或是情绪沮丧。无论在哪种情况下，我们都不可能完全确定精神负担的来源。

如果对象是一名欺诈高手，测谎工作就更困难了。艾克曼表示："谎言是在不进行告知的前提下对目标的蓄意误导。"更何况，一个人说谎越多，就越不会表现出哪怕是最微小的破绽。

那些以测谎为职业的专业人士也并不总能胜任这份工作。2006年，斯蒂法诺·格拉齐奥利（Stefano Grazioli）、卡里姆·贾马尔（Karim Jamal）和保罗·约翰逊（Paul Johnson）设计了一个电脑模型来审查财务报表的真伪——通常，这是审计员的工作。他们的软件对假账做出通报的正确率为85%。作为对比，审计员们只发现了不到一半（45%）的假账，尽管他们对自己的专业水平颇具信心，而且对常见的假账特征也烂熟于胸。结果发现，审计员的感情成了阻碍他们做出正确判断的绊脚石。他们在发现一份可能的假账后，总会回想起以前也有过类似的案例，而当时存在完全合理的解释，于是他们认为这次也是可以解释的。他们这种假设会给做假账者不应有的宽容。他们的逻辑是：大多数人不会行骗，因此这个人也不会。

实际上，即使你知道自己在找什么，也可能会发现结果不尽如人意。2014 年 8 月，康奈尔大学的戴维·马科维茨（David Markowitz）与杰弗里·汉考克（Jeffrey Hancock）对社会心理学家戴德里克·斯塔佩尔（Diederik Stapel）的论文进行了分析。他们选择斯塔佩尔是有原因的。在三年前的 2011 年 9 月，斯塔佩尔被揭发存在大规模的学术造假行为。2012 年 11 月调查结束后，有明确的证据表明他的 55 篇论文存在造假行为。这些论文中，有的数据经过篡改，而在部分极端案例中，整篇论文都是捏造的。斯塔佩尔从未进行过他所声称的大量研究，他只是对自己的理论无比自信，并编造出了支持这些理论的研究结果。

马科维茨与汉考克对这些造假论文的语言进行了研究。结果发现，与正常论文相比，捏造的论文会用大量篇幅来描述研究工作本身——研究对象与研究方法——以及研究结果的准确性。由于没有实质内容，作者就会努力让论文看起来像那么回事：运用华丽的辞藻不厌其烦地详细解释，试图转移他人对空洞内容的注意。（我们在大学写论文时可能都做过类似的事来掩盖自己读书不认真的证据。）不过，这种语言分析的方法虽然十分有效，但也不是万无一失的。在斯塔佩尔的论文中，有近三分之一不符合马科维茨和汉考克的分类方法。28% 的正常论文被误认为是捏造的，另外 29% 的伪造论文没有被检测出来。一个真正的骗术高手，即使在论文中也能出色地掩盖造假的痕迹。即使我们对他造假的方法了如指掌，在利用这种方法搜索欺骗的证据时，也常常会感到力不从心。

为什么会这样呢？如果我们能更准确地识别骗子，无疑就能更好地保护自己，避免让我们的信任被他人利用以达到其不可告人的目的了，难道不是吗？

▼

一个简单的事实是：大多数人是不会骗你的。我们不善于识别骗局，是因为信任他人对我们更有利。比起熟练地拆穿骗局，信任是更具进化优势的道路。人是天生容易相信他人的，我们必须如此。在婴儿时期，我们必须要相信，抱着我们的大人会照料我们，满足我们的需要和欲望，直到我们长大，可以自己照顾自己为止。我们一生都不会放弃这种信任。斯坦福大学的心理学家罗德里克·克莱默（Roderick Kramer）在一项研究中要求学生们玩一个信任游戏。一些学生直接参与游戏，另一些则被告知，他们的伙伴是不诚实的。结果克莱默发现，我们的本能是去相信他人。比起一无所知的学生，那些得到特别提醒的学生会对可能的不诚实行为予以更多的注意。实际上，游戏参与者的表现一直没变，但这种表现在不同人眼中却有不同的解读：除非被特别提醒，不然大家都认为这种表现是诚实的。

这种本能是有好处的。研究表明，这种所谓"普遍信任感"越高的人，身体一般也越健康，同时也越容易感到幸福。人民具有高度信任感的国家经济发展得更快，其政府机构也更加稳定。容易相信他人者更可能去创业或做志愿工作。此外，一个人越聪明，也就越容易相信他人。两名牛津大学的心理学家在 2014 年进行的一项调查发现，普遍信任感、智力、健康与幸福感之间存在着强烈的正相关。与一般人相比，语言能力较强的人相信他人的可能性要高34%；理解能力较强的人相信他人的可能性要高 11%。具有较高信任感的人身体健康的可能性要比一般人高 7%，感到"非常幸福"的可能性也要高 6%。

至少在大多数时候，这种对他人过于乐观的态度不失为一件好事。睁一只眼闭一只眼往往比面对事实更好接受。你穿什么都好看。你今天容光焕发，即使昨晚失眠。对方没有接受你的邀请真的是因为无法脱身。你的投稿或是想法遭到拒绝并不是因为它们不够出色，而只是因为"不太合适"。还有很多类似的无害谎言，我们每天都要听几十遍而不会去过多琢磨。它们会起到"社交润滑剂"的作用。

对谎言睁一只眼闭一只眼不但能让我们感觉良好，还会让我们表现得更好。1991 年，乔安娜·斯塔莱克（Joanna Starek）和卡洛琳·基廷（Caroline Keating）对纽约州北部的一支大学游泳队进行了跟踪观察。她们想知道，那些更善于自我欺骗、忽视负面刺激、把模棱两可的证据当成好消息的选手会不会比那些诚实敏感的人表现更好。她们让每位选手填写了关于自我欺骗的调查问卷。这份问卷是心理学家鲁本·古尔（Ruben Gur）和哈罗德·萨基姆（Harold Sackeim）在 20 世纪 70 年代设计的。填写问卷后，选手们要接受"双眼拮抗"（binocular rivalry）测试。在这项测试中，选手的两眼会同时看到不同的单词，他们要快速说出自己看到的词。最后，她们让教练公布了获得东海岸游泳与跳水比赛参赛资格的选手名单。

两名研究者发现，那些擅长自我欺骗的选手更可能获得参赛资格。最成功的人不是把这个世界看得最清楚的人，而是那些善于把这个世界看成他们心里想要的样子的人。而这种符合心目中理想的世界正是骗子竭力想让我们相信的。

这是多么具有讽刺意味：有利于我们获得成功的特点也恰恰能让我们更容易成为骗子的猎物。我们天生容易相信他人。越是容易相信他人的人就越容易成功，同时也越容易不自觉地成为欺诈游戏的理想参与者——也就是完美的猎物。

▼

人们常说，诚实的人不会受骗。但在精心策划的骗局面前，这句话没什么道理。诚实与否和会不会受骗并无关联。毕竟，诚实的人也往往最容易相信他人。而我们已经知道，在骗局中，信任恰恰是受害者最大的弱点。

人们还常说，每分钟都有一个白痴出生。白痴、傻瓜、笨蛋、蠢货……人们给这种人起了各种各样的称呼，但到最后，只有一种称呼是最合适的：受害者。骗子的猎物并不比其他人更贪婪，也不比我们之中常常反躬自省的人更不诚实。他们只不过是普通人而已。

罗宾·劳埃德并不想一夜暴富。她不过是一个可怜的大学生，认为自己一时交了好运。1982 年，罗宾第一次来到纽约市。她自小在乡下长大，当时在马萨诸塞州西部的史密斯学院念书。她从未憧憬过大都市的生活，不过一位在布朗克斯区长大的纽约同学邀请她到城市过周末时，她还是很兴奋的。虽然囊中羞涩，但她还是觉得值得去玩一趟。

在这次旅行的头一天，罗宾和她的朋友从布朗克斯区走到了百老汇。这段旅程充满了喧嚣与吵闹，令她十分兴奋；同时还有一点危险，这也让她感到有点刺激。"要记住，当时是 20 世纪 80 年代，纽约还没成为像现在这样干净整洁的全球性大都会。"罗宾在与我共享纽约式咖啡时这样说，此时她早已成为一名纽约人。所有的一切都是崭新的，充满了希望，她从未发现还有这种生活方式。就在那时，她们发现人行道上有个大嗓门的男人坐在一个纸壳箱旁边。他用手中的三张纸牌玩着一套把戏，两手上下翻飞地把纸牌翻来覆去。这把戏还能赚钱，看上去是某种赌博，如果你眼力够好，似乎就可以轻轻松松地让赌资翻倍。你只要看准纸牌，押对正确的那张——他们的说法是"跟着女士走"。"我记得自己就像看马戏的小女孩，被他的花言巧语迷住了。他向我们展示赢钱是多么容易，只要下注 20 美元，就能轻松翻倍。"罗宾并没有轻易地做决定。她口袋里只有两张宝贵的 20 美元钞票，而这点钱是她两天旅行的全部预算。"当时我连冬天的大衣都没有。"她回忆道，"我甚至舍不得花 3 美元去买瓶可口可乐。"当时气温在 0 摄氏度以下，她只穿了高领衫、卫衣和牛仔外套。"我当时还算过得去，但也只是勉强能生存而已，毕竟我还是个穷学生。"

然而，这个喋喋不休的男人显得十分真诚。他简直像是看到了罗宾的难处，想要给她点儿钱，帮她渡过难关。而且罗宾还目睹了一个幸运儿轻轻松松地让自己的钱翻了一番，兴高采烈地离去的情景。她决定赌一把。她十分紧张，用微微颤抖的双手放下了一张 20 美元的钞票。"不出所料，我赢了。"她简直无法相信自己的好运。但正当她要拿走自己的收获时，那个男人叫住了她：难道不想再翻一倍吗？"当时我太兴奋了，浑身充满了力量。周围站满了人，我一心想要再赢一把，而且信心十足。"于是，她同意了男人的请求，把自己最后的20美元也拿了出来。

钞票离手的刹那，她就后悔了。"我心想，不妙，我可输不起那么多钱。"但在那一瞬间，她又真心相信自己能把所有的钱都赢回来。"结果就在那一局，我输了。"她没钱再加注了，因此尽管那个男人表示同情，劝她再来一次，转转赌运，已经身无分文的她也只能掉头走开了。那天晚上，她们去哥伦比亚大学拜访了一位朋友，几个女孩叫了中餐外卖。这本来是一件令人兴奋的事——地道的纽约人都会这样做——但罗宾满脑子想的都是一件事：她该怎么付她那份3美元的餐费呢？

三牌赌局是历史上最长寿也最有效的骗局之一。在30多年后的今天，纽约的一些街区还在上演这种骗局。我们会把这种骗局的受害者看成一帮乡巴佬：哪有脑子正常的人会上这种当？就连罗宾自己也这样想。她说自己是个傻瓜，承认自己为如此容易受骗而感到羞愧。她还说："我可能也是活该。"但这是事后诸葛亮的想法。在当时，事情可没有这么简单。罗宾受过良好教育，也很聪明——她如今是《科学美国人》(Scientific American)杂志的编辑。她看人也颇具眼光——她的专业是社会学。她生活节俭，并不会因为心血来潮而冲动行事。她不符合一个"白痴"的典型特征。但是，她所面对的力量远远超出了她的想象。和所有骗术高手一样，三牌赌局的庄家都有察言观色的能耐，同时也是演戏的行家。他们巧舌如簧，能让一切都显得合情合理、自然而然，甚至不可避免。他们知道对什么样的人该说什么样的话，知道这些话要如何出口，知道什么时候该让对方赢一把，如何让这个骗局看上去像是考验技巧的游戏——关键在于正当的技巧，而非一场冒险的赌博。对于从未听说过贝壳游戏（与三牌赌局类似，不过你要盯住的不是纸牌而是贝壳，最后要猜小球在哪个贝壳下面）或者纸牌团伙（一伙人互相配合让骗局更逼真）的人来说，这无疑是个危险的圈套。我告诉罗宾，她看到的那个赢钱的幸运儿也是个骗子，是纸牌团伙故意安插的托儿，专门为了引诱旁观者上套。她对此感到十分惊讶。时至今日，她还是没弄明白这个骗局的门道。"我心中理智的那一部分告诉自己我上当了，但还有一部分让我感觉我只是不走运。"

多年以来，很多研究者都试图找出骗子的理想猎物——容易上当的人——与不易受骗者之间的区别。人们希望准确地找出那些容易让人受骗的缺点，并一劳永逸地改掉它们。为一切形式的坑蒙拐骗注射预防针，这难道不是最好的解决办法吗？

我们总是认为，容易受骗的人有一些鲜明特征。北美商业促进会的代表们曾接受一项调查，调查内容显示了诈骗案受害者与非受害者之间的区别。调查结果显示出了一些规律。容易上当、对他人天生信任、耽于幻想与贪婪被认为是受害者有别于与其他人的几项特质。此外，受害者还被认为不太聪明、受教育程度较低、较为贫穷、容易冲动、知识水平与逻辑思维能力较低。另外，年龄较大者也更容易受骗：老奶奶总比年轻人好愚弄。但这些看法都是正确的吗？

结果发现，一个顶级骗术高手能把上面所有的看法都推翻。我们自以为对受害者的特征了如指掌，自以为知道什么样的人会成为骗子的目标——这些想法错得离谱。

2014 年，美国退休人员协会向美国 12 个州的 1.1 万余名成年人发出了调查问卷，旨在发现容易成为网络诈骗受害者的人群具有哪些特点。结果发现，受害者的一些行为具有普遍性，在特定的生活环境下尤为如此。受害者的网络活动更加活跃，在社交媒体上会透露自己的更多信息——不光是出生日期、电话号码这种隐私，还有他们的日常活动、地理位置和日程安排，包括去餐厅或商店的签到与推特信息等。这让骗子很容易就能假装认识他们。在一些案例里，骗子甚至直接冒用了他们的身份。

研究人员发现，大多数需要避免的行为都可以算是踩进了典型的网络陷阱：点击弹出的窗口（不要点），打开未知发送者发来的电子邮件（不要打开），使用在线拍卖网站（这有点复杂——有些网站是合法的），接受免费试用请求（不是个好主意），下载应用程序（除非你知道是什么程序并且信任来源，否则不要下载），以及使用在线支付网站（这个也很复杂——很多支付网站是安全的，但安全链接一旦失效就要小心了）。

问题在于，这个清单只能代表一部分非常具体的骗术，而且这些活动的应用范围远比实际的骗局大得多。研究发现了 15 种与网络欺诈相关的行为，而每 5 个经常上网的美国人中就有 1 个——也就是大约 3410 万人——进行过其中 7 种以上的行为。不过，网络诈骗受害者的人数远远低于这个数字。如果全美国五分之一的人都成了网络诈骗的受害者，那尼日利亚王子可算是全世界最幸福的人了。[①]

在判断哪些人容易受骗时，寻找其个性上的共同点是没有多大

---

① 这里指"尼日利亚骗局"，一种一度极为流行的垃圾邮件诈骗形式。关于这种骗局的具体内容，请见第 149 页。——译者注

用处的。真正起作用的因素之一是环境：关键不在于你是什么样的人，而在于你的生活当时正处于一个什么样的阶段。如果你正巧感到孤独或是无助，那么你就相对容易受骗。同样，如果你正经历失业、离婚、伤病或是其他巨变，或者遇到了财务危机，背上了债务，你也就更容易成为骗局的猎物。实际上，负债者也更容易落入与财务状况完全无关的骗局，比如购买无效的减肥产品等。

罗宾·劳埃德之所以会成为三牌赌局的受害者，原因之一就是她当时确实缺钱；更重要的是，她脱离了熟悉的生活环境。如果这两个因素有一个没有出现，她很可能会带着钱包里的 40 美元直接离开。在当时的情况下，她"相信的意愿"比平时要强烈得多——我需要钱，因此我愿意相信那些钱是触手可及的。她心中的怀疑也比平时弱得多——在新环境下，重新调整对社交信号的解读不是一件容易的事，在你此前从未接触的环境之下更是如此。在另一天、另一座城市中，罗宾可能会一笑而过；而在那一天，在曼哈顿，她却落入了陷阱。

这有一定道理。通常，头脑冷静而富有耐心的人在经历生活巨变时会变得有点儿疯狂——我们会变得更情绪化，更冲动，更爱冒险。而我们之所以能够察觉骗局，靠的正是对自己的情绪与冒险欲望的控制。一项研究表明，爱冒险的人比在风险面前相对保守的人受骗的可能性要高 6 倍。而在特定环境下，任何人都可能会铤而走险。生活跌入谷底时，人人都想尽快摆脱窘境。在这种情况下，平日里看上去荒诞不经的计划与建议也会突然变得诱人起来。在怒气冲冲时，我们会想找个方式发泄脾气。于是，平日里看上去像是赌博的事情也突然变得值得一试。受害者不一定是愚蠢或贪婪的。只是在骗子出现时，受害者恰巧正处于感情上最脆弱的时候。冒险和冲动不一定是我们性格中的固定特点，它们可能在特定环境下支配我们的情绪。

　　总体上说，受害者比一般人更容易相信他人。一项针对诈骗案受害者的研究发现，情绪脆弱的人之所以容易成为骗子的猎物，有两个主要原因：他们更加乐观，也更加虔诚。换句话说，他们相信一切都会好起来，也相信冥冥中自有天意。但话又说回来了，我们大家不是或多或少都会这样想吗？

　　你了解得越多，就越会感觉到，即使有生活巨变等特定事件和行为倾向等因素作为区分的标志，我们也未能发现一种能完美概括诈骗案受害者特点的可靠方法。猎物与骗子一样种类繁多，甚至更为多样化。在 2011 年进行的一项针对 700 多名诈骗案受害者与 1500 名非受害者的研究中，心理学家卡拉·帕克（Karla Pak）与道格·沙代尔（Doug Shadel）发现，不同类型的人会落入不同类型的圈套。不同骗局的理想猎物之间的差异相当大。伯尼·麦道夫的庞氏骗局或者投机机会骗局这种投资诈骗案的受害者一般是受过良好教育、年收入在 5 万美元以上、年龄较大的男性。而伪造彩票骗局的受害者则一般是受教育程度较低、收入较少的人。处方药骗局和冒用身份的典型对象是年收入在 5 万美元以下的单身女性。老年人更可能成为另一种骗局的受害者，欺骗他们的往往是其家人或者关系亲近的人。2012 年，"反老年投资诈骗与金融剥削项目"（Elder Investment Fraud and Financial Exploitation Program）进行的一项调查发现，在老年人面临的犯罪风险之中，排名前两位的是家庭成员实施的盗窃与财产转移，以及护理人员的盗窃行为。陌生人犯罪排在第三位。

　　在特定的骗局面前，人人都可能成为受害者，就连骗子自己也不例外。实际上，有一类骗子专门找眼高于顶、自命不凡的同行下手。骗术高手通常极为自负——谁能在我最擅长的游戏中打败我呢？——而他们往往会因为这种自负吃大亏。著名诈骗犯奥斯卡·哈策尔（Oscar Hartzell）曾在数十年间从上万人手中骗取了数百万美元，我们之后还会详细讲到他的故事。他在伦敦时，曾在报纸上读到一则有趣的广告——一个能够预知未来的水晶球降神会。这激起了他的兴趣，于是他去一探究竟。那里有一位圣约翰·蒙塔古小姐，她通过水晶球为哈策尔描述了美好的未来。很快，他就开始每周去拜访蒙塔古小姐 3 次，为她奉上数千美元的咨询费。蒙塔古意识到自己钓上了大鱼，于是雇了一名私家侦探跟踪哈策尔，结果很快发现了他的肮脏生意。在接下来的 3 年中，她利用侦探查明的信息又从他身上榨取了 5 万美元——这位见多识广的骗子就这样输给了他的女性同行。

猎物与骗子之间也可能相互转变。2003 年，一对西班牙兄弟购买了一幅美丽的油画，他们以为是戈雅的真迹。但交易完成后，他们却发现那是一幅 19 世纪的赝品。2006 年，法院判决他们可以留下这幅油画，此前支付的 2 万欧元定金不予退还——这对那幅 19 世纪的画来说是个高价了。上当受骗后，两兄弟决定吸取教训，并再拿这幅画去骗别人。2014 年 12 月，他们声称这幅画是戈雅的真迹，把画卖给了一位富有的阿拉伯酋长。一名意大利掮客自告奋勇，成了这笔交易的中间人，要为双方保管 30 万欧元的定金。两兄弟来到了都灵，把油画和佣金交给了中间人，换来了 170 万瑞士法郎的分期付款合同。两人兴高采烈地去银行收钱时才发现，合同是假的。中间人和"酋长"早已带着油画和真金白银的中介费消失了。猎物成了骗子，结果发现自己再次成了猎物。

骗子往往会成为最合适的猎物，因为他们认为自己是不会受骗的。这种错觉也出现在很多受害者身上：你越是防备周全，觉得自己不会成为受害者，就越容易信任某个骗子，从而上当。这样的结果就是，在某个领域越是多知多懂，就越容易在这个领域落入骗子的圈套。

科罗拉多州的退休人群在美国各州中受教育程度最高，对欺诈行为也最为了解。这里不像养老胜地佛罗里达那样风和日丽，在这里安度晚年的人都颇具主见。他们中的大多数人都采取了多种方式来应对日常生活中的常见骗局，包括防护软件与电子邮件过滤软件、信用卡欺诈报警系统，以及一些保护个人隐私的方法，如从不泄露电子邮件地址与手机号码等。实际上，美国退休人员协会对科罗拉多州的会员进行调查后发现，欺诈案受害者的百分比只有个位数。大约 7% 的人曾被冒用身份，6.5% 曾成为欺诈案的受害者——当然，这一比例也不算很低，但比起全美平均水平要好得多。不过，下面要说到重点了，那就是典型的投资欺诈案在科罗拉多州造成的损失远高于一般水平。在受害者中，有整整 10% 被骗取超过10 万美元，还有 21% 损失的金额在 1 万到 10 万美元之间。另有25% 损失不算太大，低于 1 万美元。有一半人甚至没有报告自己被骗的金额。他们承认自己受骗了，但不愿说出被骗了多少钱。

总体而言，这些人认为自己在投资方面所知甚广。超过 60% 的人涉足股票、债券等证券领域的投资。但这些人却恰恰落入了投资欺诈的陷阱。他们觉得能保护自己，但可想而知，他们的自我保护不堪一击。

即使是通灵巫师这种明显的骗局，上当的也不只是那些被我们认为好骗的人。"律师、职业运动员、大学教授，各行各业的人都会来报案。"专门从事通灵欺诈调查的私人调查员、前警官鲍勃·尼加德（Bob Nygaard）在电视节目《20/20》中如是说。

向通灵者寻求帮助的金融业人士也越来越多——在 2008 年金融危机后更是如此。"以前人们来问的都是爱、爱、爱，如今则是钱、钱、钱。"在华尔街颇受欢迎的通灵者玛丽·T. 布朗妮在 2008年金融危机发生后接受《纽约时报》采访时这样说。这位女士来头不小。她可不是那种利用人们恐惧的吉卜赛人。她从 7 岁起就成了通灵者，当时她看到一位已死的女人在摆放自己棺材周围的花朵。她声称自己劝阻了两名客户接受贝尔斯登公司开出的高薪职位，18个月后这家公司就倒闭了。2008 年，和她进行一场对话的价码是400 美元。

裘德·德弗鲁克斯是一名畅销浪漫小说作家。在长达 17 年的时间里，她在罗丝·马克斯身上花了 1700 万美元。后者是一名活跃在佛罗里达和纽约两地的通灵者。马克斯声称自己能把德弗鲁克斯夭折的儿子的灵魂转入另一个男孩的身体，让母子得以重聚。"现在回头想想，简直太离谱了，"德弗鲁克斯后来承认，"我当时失去了理智。"

这些受害者的共同点在哪里呢？他们都是人，而人是会犯错的。

戴维·莫勒是这样总结的："骗子会探查到人性中的弱点。因此，除非人性能够发生显著的改变，否则骗局的猎物就会源源不断地出现。"

那么，既然人人都是潜在的猎物，骗术高手要如何选出下手的目标呢？他们如何在这场欺诈游戏中选出最合适的猎物——那些上当最快、受骗最深的人呢？在茫茫人海中锁定最完美的猎物，这就是骗子最拿手的本领。这也是欺诈游戏的第一步：料敌机先。阿波罗·罗宾斯（Apollo Robbins）是精于此道的大师级人物。他在极端危急的情况下仍然手段娴熟，游刃有余，因此被人称为"绅士大盗"。他职业生涯的两大亮点，一是从美国特工处一名成员手中盗取属于最高机密的总统行程，二是在《佩恩与特勒秀》上偷走佩恩手中钢笔的笔芯。罗宾斯在一次晚餐中对我说，他在下手时从不犹豫。首先，他要观察、分析，然后，他才会开始行动。

第二章

料敌机先

我在一英里外就能发现他人的弱点。我可以在任何
地方找出最佳目标。

——西蒙·洛弗尔（Simon Lovell），英国骗术大师

黛布拉·萨菲尔德伤心欲绝。她是一名职业舞者和交谊舞教
师，日常工作是为一家位于纽约时代广场的舞蹈公司做市场销售，
这是她梦寐以求的职业。但在 2008 年 7 月的两天里，她接连失去
了工作和爱情。

萨菲尔德当时频繁往返于佛罗里达和纽约两地。她家在佛罗
里达，那里有她的房子和三个孩子，但她希望能尽快在纽约安下新
家。那里有她的工作，而且她那时的男友也已经准备好，随时都可
能求婚了。但是现在，她住在纽约西村，没有把自己在旧家的东西
搬来，反而要把放在男友家的东西搬走。她准备在第二天飞回佛罗
里达。

打包的工作在情感上是一种折磨，每样东西都提醒她，自己的
生活已经物是人非。萨菲尔德走下楼，她需要让自己清醒一下。出
去散散步会有好处。

就在这时，她看到了那座房子。那是一座时髦的三角形建筑，在第七大道南段与布里克街（Bleecker Street）交会处。住在此处的人对它十分熟悉：那是通灵者泽娜的家。深蓝色的雨棚上是一个金色的字母 Z。入口处装着一副金色的门框，里面的业务从看手相到星相占卜，无所不包。深红色与金色交织的窗帘带有厚厚的金色流苏，半遮住橱窗，似乎在邀请路人窥探一个神奇的世界。整个门脸似乎在召唤着：进来吧，你的烦恼都会得到解决。门口的招牌上用显眼的字体写着："欢迎光临！"

萨菲尔德曾无数次从这里路过。她的男友——现在是前男友了——曾警告她要远离此地。这不是什么好地方。不过现在萨菲尔德放缓了脚步。反正进去看看又不会怎样，是吧？

几乎是出于某种逆反情绪——他无权告诉她应该做什么——萨菲尔德打开了门。里面比她想象的还要富丽堂皇：小珠串成的窗帘，悬挂着的植物，从天花板垂下的装饰华丽的吊灯。屋里还有一幅广告，介绍泽娜在法国戛纳的另一间办公室。泽娜看得到她吗？萨菲尔德不禁想到。

西尔维娅·米切尔坐在楼上，等着下一位顾客。她来自康涅狄格州的米斯蒂克镇（连她自己也无法忽视家乡名字的巧合）[1]。而她已经从事这项"神秘"事业超过 10 年了。从各种意义上说，"泽娜"已经成为她的家。门开了，萨菲尔德走了进来。细高挑的身材，体态优雅，长长的金发在身后披散。她的步态带有一种行云流水的魅力——也许是个舞蹈演员？她看上去比米切尔还要大一些——这位通灵者刚过 36 岁——而且她似乎有些失落。

---

[1] 米斯蒂克英文为 mystic，有"神秘主义的"之意。——译者注

萨菲尔德看到的则是一名 30 多岁的漂亮女士，面带欢迎的笑容。"她非常有魅力，非常令人安心，非常漂亮。衣着也很得体。"她后来这样回忆道。米切尔告诉萨菲尔德，可以为她提供一项基本的通灵解读，这是接触泽娜的入门选项之一，费用只要 75 美元。

西尔维娅·米切尔小心地捧起了萨菲尔德的手掌，开始解读。一时间，似乎有某种神秘的力量掌管了她的身体。她脸上浮现出痛苦的表情。有什么别的东西在她身体里。她说，她有"极为重要的信息，可以改善萨菲尔德的生活，但萨菲尔德要交 1000 美元"。根据一名侦探的证言，米切尔对萨菲尔德这样讲。

1000 美元不是一笔小数目，但米切尔看上去是那么真诚。当然，她的时间也非常宝贵。也许这就是失业又失恋的萨菲尔德需要的让一切好转的契机。"当时我的心都要跳出胸口了。"萨菲尔德事后回忆道。她如数递上了支票。

突然间，米切尔的洞察力变得无比通透。她对萨菲尔德说，她前世是一位埃及公主。作为皇室成员，她对于物质财富的迷恋与日俱增。"她对我说，我是统治阶级的一分子，心地善良，但我也有缺点。"萨菲尔德后来对陪审团说。这种对物质的迷恋让她的生活产生了负能量，这种负能量又对她的爱情与事业造成了影响。不过，米切尔说，这是可以解决的。"为了让我的生活回到正轨，我必须做一些事情。"萨菲尔德说。她要交出 2.7 万美元，这是一种放弃财富的练习。米切尔会把钱放在罐子里替她保管。如果需要，她在任何时候都能把钱拿回去。

萨菲尔德刚刚与男友分手。她明白自己有三个孩子要养，因此需要一份财务保障，于是用房子做抵押，取出了一部分信贷额度作为"紧急资金"。她决定动用这笔钱。当时的情况似乎够得上"紧急”了。她说：“那时候我情绪非常不稳定。”再说了，米切尔保证过她可以把钱拿回去。于是，萨菲尔德又交给米切尔一张 2.7 万美元的支票。

“我当时正需要指引，而她自信满满地说能帮助我。我虽然并不是完全相信她，但我需要有人对我说些安慰的话。”她对陪审团说，“我当时情绪崩溃，失去了控制，无法振作。”

但是，第二天早晨，她就对自己的草率决定后悔了。她表示，自己的“判断力受到了影响”。稍作思考后，她来到了银行。还能阻止支票兑现吗？太晚了，支票已经被兑现了。萨菲尔德给泽娜打去了电话。能不能把钱还给她呢？她问米切尔。她已经按照指示割舍了金钱，但现在她想重新与金钱建立联系。“我马上给她打了电话，对她说我犯了个错误，需要把钱拿回去。”但米切尔对她说，这不可能。她很抱歉，但钱已经拿不回来了。

萨菲尔德决心把钱拿回来。此时她已经回到了佛罗里达。但这次损失太大了，她承担不起，她的孩子们也承担不起。她必须为此再飞去纽约。她回到了纽约，急切地想拿回自己的 2.7 万美元。她打去电话，但没人接听，于是她直接找上门去。据她回忆，她在那座房子前面站了大半天，按了 15 次门铃，但没人来应门。

萨菲尔德报了警，并立即雇了一位律师和一位私家侦探。如果她自己拿不回钱的话，也许这些人会更有说服力。

▼

“大部分人在日常生活中都靠直觉扮演着心理学家的角色——他们总是想知道他人的想法与行为背后的原因。”芝加哥大学的心理学家尼古拉斯·埃普利（Nicholas Epley）这样说。他主要研究人们是如何理解他人的，以及哪些因素使得一些人对他人的理解力超出常人。从见到他人的那一刻起，我们就对他们形成了印象：他们是谁，是什么样的人，我们是否有可能与他们友好相处。这种过程几乎是在瞬间发生的。一些研究表明，我们会在不到一秒钟的时间里做出某些判断，如是否可以信赖对方等。这种判断会随着我们与对方的谈话一直持续。它是在无意识中产生的，只要我们不是主动去观察他人，试图猜测陌生人的背景、生活与欲望——这可算一种值得自夸的消遣——这种判断就没有什么特别的原因，只是出于一种自然的本能。我们天生好奇。不管是有心还是无意，我们人人都是依靠直觉的心理学家。

对骗子来说，这种发自直觉的心理过程，这种估量对方是什么样的人、分析其背景与欲望的手段，并不是进化的副产品或者消磨时间的趣事，而是一种赖以生存的技能。他们拿手的把戏之一就是在受害者毫无察觉的情况下推测出对方生活的种种细节。这样一来，受害者根本无从知道骗子已经掌握了自己多少信息。然后，骗子会利用这些细节来对受害者施加影响，使其对自己言听计从。实际上，这种技能就是行骗的第一步：料敌机先。这是指骗术高手对猎物进行调查与选择的过程。在很多意义上，这都是整个行骗过程中至关重要的一步。只要你把对方摸透了，你卖什么，他们都会买。不管是魔法水晶、埃及咒语还是埃菲尔铁塔。如果做不到这一点，那么再高明、再诱人的计划也不过是对牛弹琴。

从 20 世纪 90 年代后期以来，埃普利一直研究直觉判断的心理基础。我们时时刻刻都在对他人的外表、行为和言语进行本能的解释——但我们是如何做到这一点的呢？我们的这种直觉又是否准确呢？埃普利指出，这一过程有两层意义。第一层是人物观感，即识别他人身份，也就是心理学家丹尼尔·吉尔伯特（Daniel Gilbert）所谓"普通识人"（ordinary personology）能力，对象包括我们看到的基本的外表特征，如性别、年龄、身高、长相、肤色、肢体语言（站姿笔直还是含胸驼背？悠然自得还是急不可耐？），当然还有衣着、服饰，等等。关于第二层，埃普利借用丹尼尔·魏格纳（Daniel Wegner）的学说，将其称为"心理猜测"（mind perception）能力，即识别他人感受、欲望、行为动机的能力。我们听取他人的言语和声音，解读他人的姿态与语气，从话语动作之间思考和推断，以求了解他人的内心世界。

当一个人做出某种手势时，我们几乎可以立即明白这个手势的意义："我不在乎"或者"我很生气"或者"我很激动"。如果某人的颧大肌（嘴两侧的肌肉，几乎不可能有意识地控制）发生了运动，我们就可以知道这个人是发自内心地感到高兴。如果某人行动急促，动作幅度很大又非常坚决，那么我们就可以知道这个人很生气或者非常激动，这取决于其具体遭遇。如果这个人昏昏欲睡，沉默寡言，这些可能是烦恼、厌倦的信号。根据保罗·艾克曼的统计，我们能够做出多达 3000 种面部表情，至少能够解读出 7 种基本表情轮廓（以及这 7 种表情不同的排列与组合）。从我们的站姿、步态到端起水杯的方式，从我们对服装与发型的选择到开门的动作，这些举动无一不透露出关于我们自身与我们思想的信息。每一步动作、每一个眼神、每一句言语都是如此。

就像一个骗子走进房间搜索他的猎物，我们也可以捕捉到这些信号。然而，我们这些外行虽然善于辨识大致轮廓，但涉及细节问题的时候，我们的解读就不那么准确了。我们清楚明显的肢体语言的含义，但很难看出他人思想流露出的暗示。我们要从单一线索中推断出整个信仰体系，要从不以现实为基础的表面线索中推断他人的性格与背景。通常，在遇到陌生人时，我们会进行快速判断——即丹尼尔·卡内曼（Daniel Kahneman）所说的"启发法"（heuristics）——得出一个肤浅的、高度套路化的印象。比如，萨菲尔德对米切尔的印象就是如此：充满魅力，令人心安，美丽动人。实际上，米切尔永远是那么优雅，着装无懈可击，头发一丝不乱，指甲精心修剪，脸上总是挂着迷人而热情的笑容。她正是要靠这些表面上的线索来获取信任，以吸引人们落入她的圈套。

很多道理我们都知道，如我们在下判断时应该多加留意，小心谨慎，多从他人的角度考虑问题，设身处地地进行思考，等等。但实际上，我们在下判断时总是以自我为中心。哲学家伯特兰·罗素（Bertrand Russell）在其著作《人类的知识：其范围与限度》（*Human Knowledge: Its Scope and Its Limits*）中指出："他人的行为在许多方面与我们自己的行为类似，因而我们假定他人的行为一定有着类似的原因。"[①] 我们都以自己作为存在、动机和行为的标准。然而，作为一个群体来说，人类却绝非千人一面。因此，当我们不可避免地脱离自己看问题的角度时，我们就往往会犯错误，这些错误有时还十分严重。埃普利及其同事在一系列研究中发现，人们在认识与自己不同的观点时总是很迟钝。如果时间紧迫，他们则完全做不到这一点。他把这种现象称为"自我锚定"（egocentric anchoring）：我们考虑一切问题时都从自我出发。我们想当然地假

[①] 此处引文出自商务印书馆 1983 年版《人类的知识》，张金言译。——译者注

定自己知道的别人也知道，自己相信的别人也相信，自己喜欢的别人也喜欢。

对于从未想过坑蒙拐骗的普通人来说，频繁的判断失误并非愚蠢的表现，反而往往是适宜的。和善意的谎言一样，总能准确解读他人的负面感觉与肮脏想法对我们自己并无好处。同样，总与他人观点针锋相对也没有好处：比起与自己不同的人，我们更喜欢与自己相似的人。让这个世界充满朋友而非陌生人难道不好吗？在对已婚夫妇的一项研究中，心理学家杰弗里·辛普森（Jeffry Simpson）、威廉·埃克斯（William Ickes）和敏达·奥莉娜（Minda Oriña）请几对夫妇指出他们婚姻中存在的某个问题，并把这个过程拍摄了下来。然后，每个人都会观看录像，记下自己在谈话过程中的感觉，并试着解读自己伴侣的感觉。结果人们发现，准确率并不如预期。在研究结束后，那些对负面情绪解读更准确的人对自己的伴侣与婚姻都更加不满。解读越不准确，对夫妻关系的满意度反而越高。我们不能成为猜测他人心思的专家，因为这种能力会对我们产生严重的不良影响。既然不准确的判断能让我们的生活变得更加美好和简单，为什么还要去追求准确判断的能力呢？

不过，对一名骗子来说，准确判断的能力是至关重要的，自我感觉反倒远没有那么重要了：对他来说，自我感觉完全建立在察觉人与人之间多样性的能力上。此外，还有一个关键因素可以压倒绝大多数不足，让我们的识人能力大大增强，那就是动力。不管是出于金钱还是个人原因，有了动力，人们在解读他人表情、动作和思维时就会突然变得准确得多。在珍妮弗·奥维贝克（Jennifer Overbeck）和伯纳黛特·帕克（Bernadette Park）进行的一系列研究中，被安排扮演领导角色的研究对象解读他人的准确性在一开始惨不忍睹。可一旦有了动力——被告知解读准确会让下属工作更积极、更有归属感——他们突然变得比以前任何时候都更独具慧眼。与其他更注重工作与生产效率的研究对象相比，这些人在判断雇员性格与能力方面准确得多。

骗子始终有这方面的动力。他们的判断力极佳，而且有着经年累月的历练。他们是料敌机先的高手：他们能判断出我们的背景、信仰、情感和这些情感的变化，甚至我们自以为深深隐藏的欲望。在萨菲尔德走进"泽娜"的一刻，在她开口之前，米切尔可能就知道她正处于情感脆弱之时。她的每一个动作，从走路的姿态到握手的方式，都出卖了她。米切尔甚至不用试探性地询问是感情困扰还是工作难题。在目光敏锐的观察者眼中，一切都写在了她的脸上。

在一个冬日的晚上，我自己去做了一次读心术，这次是用塔罗牌。我很了解冷读①（cold read）——我的外表和举止会向读心者透露我的生活状况，让他借此对我的未来做出推测。我纠结于要展示多少，保留多少。我该摘下婚戒吗？去的时候带不带包呢？我该穿什么衣服？最后，我选择以本色示人（但隐去了真名），让这个试验更加真实。读心者问我是否有侧重的问题，我选择咨询一下事业。很快，他就开始对我大谈出版业的不足、这份工作的不稳定与不确定以及数字化为这个行业带来的变化。他不停提醒我这份职业的危险性，但又给出了积极的预测：尽管有诸多不确定性，但最后一切问题都会得到解决。他甚至知道我在感到特别惶恐的时候曾想过彻底放弃这份工作。如果这个行业已经日薄西山，我能否及时退

---

① 在事先没有任何准备的情况下对陌生人做出解读。——编者注

出呢？

当然，这位通灵师的这些话并不是针对出版业的。他并不知道我是个作家。他的话适用于大部分职业，他谈论的困境也是大多数年轻女性在事业早期会面对的问题。谁不担心自己事业的前途呢？谁又不认为自己所在的行业处于不断变化中呢？谁没想过放弃一切呢？他的每一句话都适用于任何职业，但从我的角度看，他却像是真的对我所从事的工作十分了解。他给了我一个颇具宽慰意义的忠告：一切都会好的，我不用担心会失去谋生的能力——只要我不因为自我怀疑而自己打败自己。我是自己最大的敌人，只有我才能随时让自己的成功毁于一旦。我必须停止有害的思维方式，开始用更具建设性、更积极的方式思考问题。然后，我的整个世界就会豁然开朗。这种建议其实还不错，我走到街上时还在赞许地点头。也许这种经历还真的有点意思。

通灵者——以及骗子——不仅是冷读的高手和心理学家。他们通过大量练习，同时也有无穷动力去避免犯错。毕竟，在料敌机先阶段，犯错的代价高昂，会让整个骗局出师不利。事实证明，我们经过练习，也可以对他人的情况说得头头是道，甚至达到不可思议的程度。1988 年，康涅狄格大学的心理学家琳达·奥尔布莱特（Linda Albright）和她的同事们进行了三项研究，测试积极性较高的人在所谓"零了解"，即初次相遇的情况下互相判断的准确性。她发现，在外向性和自觉性两方面，人们的判断都相当准确。也就是说，不仅旁观者认同判断的准确性，就连被判断的人自己也认为他们确实会给他人留下这种印象。在另一系列研究中，有较强动力的人们在解读陌生人的表情和语气等方面表现出色。同时，他们在判断陌生人内心情感状况时也更加准确。

2010 年，尼古拉斯·埃普利和以色列班固利恩大学的泰尔·埃亚尔（Tal Eyal）发表了一系列实验的结果，这些实验的目的是提高判断他人身份与心理的技巧。这篇论文的标题是《如何让人看上去像有心灵感应能力》（"How to Seem Telepathic"）。这两名研究者发现，我们所犯的很多错误都源于我们分析自己与分析他人方式的不对等。在做涉及自我的判断时，我们会考虑到大量细节，并结合自身所处的情境进行具体分析。但是，在对他人进行判断时，我们则会在更宏观、更抽象的层面上进行思考。当被问及关于自己和他人的相同问题，比如"你漂亮吗"与"她漂亮吗"时，我们的判断依据大不相同。在考虑自己的外表时，我们会回想自己的头发在某天早晨看上去如何，自己是否得到了充足的睡眠，某件 T 恤和自己的肤色是否相配，等等；在考虑他人的外表时，我们则会根据全面的依据进行评判。在此出现了两种不对等：我们不能肯定他人是如何看待我们的，也不能准确判断他人是如何看待自己的。

但是，如果我们能够调整自己思考的角度，就会马上变得更富直觉，判断也更准确。在一项研究中，当人们得知自己的照片在几个月后将供人品评时，他们就会更准确地认识到自己在他人眼中的模样。在另一项研究中，当人们得知他们进行自我描述的录音将在几个月后被放给他人听时，他们身上也出现了同样的变化。突然之间，他们开始像他人一样，在抽象的层面上看待自己。因此，他们也能更加客观地判断出自己在现实中的形象，而不仅是在自己脑海中的样子。

对一名有进取心的读心者——也就是正准备获取信息的骗子来说，这一技能至关重要：你必须知道别人正在用哪些线索评判你，哪些线索又是无关紧要的。如果你觉得自己某天看上去很疲惫，你的信心就可能不足，你的说服力也会随之下降。但如果你意识到其他人都不会注意到这一点，而你的整体行为才会决定他人对你的观感，那你就可以着眼大局，重拾信心了。

在另一系列研究中，埃普利和埃亚尔关注了一个相反的效应：当我们用看待自己的角度去判断他人时，准确率会有所提高吗？这一次，他们向研究对象展示了一些其他学生的照片，并告诉他们，有的照片是当天早些时候拍摄的，有的照片是几个月前拍摄的。果不其然，那些认为照片是几小时前刚刚拍摄的人在做判断时，比那些认为照片是几个月前拍摄的人注意到了更多细节——他们在观察他人时和观察自己一样细致入微。这在思维方式上是一个很简单的转变，却可以带来非常不同的效果。骗子在观察所有人时都很注意细节。在料敌机先的时刻，准确性至关重要——骗子不仅想知道他人如何看待他们，还想准确地展现出自己想被看到的模样。

此外，骗术高手还会利用在行骗过程中了解的情况来诱导我们透露更多信息。我们会更相信那些看起来更熟悉或者和我们更相似的人，愿意对他们倾诉那些我们不会告诉陌生人的事情，因为这两种人不太可能伤害我们。如果一个你刚认识的人在喜欢的喜剧和日常衣着方面与你口味相同，那么这很可能意味着你们在其他方面也志同道合。毕竟，品味、习惯和生活方式的选择有其根源。然而，那些与我们差别很大的人，其行为动机可能就不那么友好了。我去拜访的那位通灵师在我们谈话开始时问了一个看似不相关的问题："你不是土生土长的纽约人，对吧？"我告诉他，我不是。他对我说他也不是，但他不会搬到别处去住。我点头表示同意。在对话过程中，这种"相同点"越来越多——他同样对自己的事业感到没有把握，他也想做出改变，他也和我一样，其实很有艺术才能，有时也感觉自己已经远离初心，但为了养家糊口，不得已而为之。到最后，我发现他是一个和我志趣相投的人（我确信，他接待的大多数人都会有这样的发现，就像西尔维娅·米切尔的客户把她当作朋友，当作和自己一样的人，有着同样的困扰与渴望）。

在一项研究中，心理学家丽莎·德布鲁因（Lisa DeBruine）让参与者进行一个信任游戏。在这个游戏里，你要猜测你的伙伴将如何行动，并以此为依据决定你的行动。（这类游戏中最著名的例子就是"囚徒困境"：如果所有囚徒都闭口不言，那么每人都会获益；但如果他人坦白而你没有，那么你将损失最大。）但在这个游戏里，"伙伴"其实并不存在。被参与者认为是"伙伴"的其实是一张照片。有的照片经过细微的调整，会变得更接近参与者自己，而有的则故意调整得差别更大。结果，照片越像本人，参与者就觉得这个"伙伴"越可靠。看看那张脸，让人怎么能不相信、不尊敬他呢？就连更肤浅的相同点，比如同一天生日（甚至同一个月）或者相同的名字，都会让人更喜欢对方，并更愿意帮助和听从对方。

但是，相似度与熟悉度其实都是可以造假的。骗子们可以轻松地做到这一点，而且装得越多，就能获得越多的真实信息。装成和他人相似的人实在太容易了。当我们喜欢他人或者感到亲近时，就会去模仿对方的行为、表情与姿态，这种现象被称为"变色龙效应"。这种效应其实是双方面的。当我们模仿他人时，他们也会感觉与我们更亲近、更相似。此外，我们也可以假装喜欢或讨厌某样东西。我们每天都在布下小小的骗局，而我们自己往往意识不到这一点。不过，有时我们也清楚自己在做什么：附和他人的话语或者兴趣，假装与对方喜欢同样的运动队或者讨厌同样的品牌。这些好恶可以轻松伪装，尤其是暂时的——这正是一个骗术高手需要的技巧。

"要诚心诚意地从他人的角度看待问题。"戴尔·卡耐基（Dale Carnegie）在其文章中谈到如何赢得朋友、影响他人时给出了这样的建议，这无意中成了骗子的教科书。如果遇到了麻烦怎么办？"从他人利益出发来沟通。"如果有人顺口提到了什么事，一定要抓住机会，从各种角度进行附和。如果你正确地读出了某项特点——比如从某人的深色皮肤看出他来自佛罗里达，就一定要抓住这个话题。熟练掌握了这个技巧，你就能更受欢迎，也显得更有魅力，对方也会对你卸下心防。你会立刻获得对方的全部兴趣与信任，这会让料敌机先变得不费吹灰之力。

熟悉度同样可以伪装，自然而然，随之而来的便是信任与喜爱，这对骗子来说意味着成功推进。2005 年 4 月，印第安纳州立大学的汤姆·杰加蒂克（Tom Jagatic）和同事们开始研究哪些人容易成为钓鱼网站的受害者，或者被伪装成银行或电话公司等合法机构的骗子骗取敏感个人信息。他们的研究对象是本校的学生，研究目的是发现哪些行为可以获取他人的信任，让对方敞开心扉。

首先，他们浏览了 Facebook、LinkedIn、MySpace 和 Friendster（别忘了，那可是在 2005 年）等社交网络上的公开信息。接下来，他们伪装成研究对象的校友，向他们寄去一封电子邮件。点击邮件中的链接后，他们会来到一个网站，这个网站显然与印第安纳州立大学没有关系，但仍然要求他们使用学校网站上的用户名和密码登录。

如果有人点击了邮件中的链接，并在钓鱼网站上输入了用户名和密码，就会被视为"攻击成功"。结果，有超过 70% 的学生输入了登录信息。毕竟，邮件是朋友发来的。换句话说，这封邮件是友善的，也是熟悉的。

会这样做的不只是普通大学生。在早些时候的一项研究中，有80%的西点军校学员点击了一名不存在的"上校"发来的虚假链接，他们也想阅读自己的评估报告。

弗雷德·德马拉在其丰富的伪装经历中常常采取一种被他称为"推荐信"的策略。在使用虚假身份准备申请某项资格认证前，他会用信件、电话、面谈等形式，装作各种各样与他准备假冒的人有联系的人。这些人会向目标机构询问或是推荐那个假身份。这样一来，披着伪装的德马拉现身时，他已经广为人知了。大家都在期待他的到来，也都对他很信任，他也就更容易获得他所需要的资格认证了。他的这些"朋友"都非常乐意助他一臂之力。

随着行骗时间越来越长，他还开始借助一些托儿的帮忙，让行骗变得易如反掌——这些人与他相识多年，受他蒙骗，却还是愿意为他背书，相信他已经改邪归正，迷途知返。实际上，他曾多次成功地让罗伯特·克赖顿相信他已经改过自新——这次一定不会再犯——从而迫使克赖顿在"推荐信"策略中扮演了一个无心的托儿。1960年11月，他在给克赖顿的一封信中写道："我真的在很努力地找工作！"当然，由于两人的深厚关系，他请克赖顿做他的介绍人。克赖顿会帮忙吗？"如果他们给你写信，请务必帮我美言几句，签字时可以随便写个名字……当然，要用高级信纸。"

无论在学界还是商界，网络上还是现实中，要想营造一种虚假的熟悉感，哄骗受害者透露更多自身信息，让料敌机先这一步骤更加成功，最有效的方法其实是一样的，那就是进行私人接触。神经科学家莫兰·瑟夫（Moran Cerf）曾经是一名黑客，他曾加入一个团队，帮助各大公司检测安全漏洞。他对我说，这项工作最重要的部分就是首先要收集人际情报。这并非什么技术上的难题，而完全是理解个人及其随意透露出的信息的技巧，有时这种信息是无意中透露的。而这些信息越具体越好，其可信度也就越高。

尽管黑客攻击本身是技术问题，但攻击之前的准备工作仍是极端依赖人际关系的。瑟夫的团队中有一位女士，她毫无技术背景，负责收集人际情报，起到了不可替代的作用。她的工作是掌控工作进度，研究工作场所，获取对方信任，然后团队才能发起黑客攻击。瑟夫表示，发起攻击所需的只是一个切入点。

只要掌握了正确的方法，找到切入点并非难事。比如，与某人进行一次简短的谈话，就能为日后获取他们的信任埋下伏笔。谈话内容可以毫无意义，甚至单纯的寒暄都可以起到这种效果。交谈双方会产生熟悉感，彼此间会变得更友好——之后也就更易于产生信任。一项研究表明，只要见过对方，无论这种见面有多短暂，甚至不需要有进一步的接触，都会让人更容易在之后答应对方的要求——这正是瑟夫的团队追求的效果。你不再是一个陌生人。"啊，你是在我办公室外那家我最喜欢的咖啡店里喝咖啡的那个女孩，真巧啊，我当然会帮你了。"

瑟夫团队的这位女士会把自己的发现上报，而不是利用这些发现作恶。但除此之外，她的行为与骗子料敌机先时的行动并无二致：掌握潜在目标的信息，用这些信息去获取对方的好感，然后再提出要求。她用这种手段，获取成功之轻易，足以令人目瞪口呆。

要使用这种办法不需付出什么努力，甚至比边喝咖啡边谈话还要来得轻松。在 1967 年冬天，斯坦福大学的社会心理学家罗伯特·扎荣茨（Robert Zajonc）在俄勒冈州科瓦利斯的报纸上读到了一个有趣的故事。这篇文章称，在两个月的时间里，一名神秘人物持续出现在俄勒冈州立大学的辩论基础课上。这名人物的装束奇特异常，用一只黑色口袋罩住了全身。他——抑或是她？——身上唯一可见的部分是一双裸露的脚。每节课上，这个人都安静地坐在教室后排的桌旁。只有讲课的教授查尔斯·戈特辛格（Charles Goetzinger）知道这个人的真实身份，学生们则管这个人叫"黑口袋"。

尽管这件事非常奇怪，但扎荣茨感兴趣的不是这一点。戈特辛格对学生们的反应的描述吸引了他的注意力。这位教授表示，他们"对'黑口袋'的态度从敌视变成好奇，最终变成了友好"。"黑口袋"没有做过任何事，没有说过一句话，也没有和任何学生产生互动。但学生们对他的印象还是发生了转变。扎荣茨不禁好奇，这是不是因为学生们习惯了他（事后证明，确实是"他"）的存在，而这种习惯正是他们对他变得友善的原因呢？

这种想法并不新鲜。1903年，麦克斯·迈尔（Max Meyer）对他的学生们反复播放了12到15遍某种东方音乐。结果发现，播放次数越多，学生们就越喜欢这种音乐。这种效果后来又在古典音乐、异常的色彩组合甚至是教室座位等方面得到了印证。（你是否想过为什么人们通常会选择同样的座位，尽管并没有受到强制安排？）这就是"习惯成自然"。但这些都是有意识的习惯。扎荣茨感兴趣的是，在无意识的状态下，人们是否也会形成同样的习惯呢？

1968年，扎荣茨发表了他的研究成果——这一成果成为被广告从业者、市场营销人员以及料敌机先的骗子奉为圭臬的无上法则。首先，扎荣茨向参与研究的志愿者展示了一系列图片，包括毫无意义的土耳其语生造词、看起来像汉字的方块字与照片。然后，他测试了志愿者对这些图片的喜爱程度。他发现，志愿者看到图片的次数越多，就越喜欢这些图片。然后，他又通过快速交替展示的幻灯片得到了同样的发现。这些幻灯片出现与消失的速度非常快，志愿者来不及看清图片的内容，也不知道图片出现的次数。结果志愿者们总是会选出他们看过的图片，并表示他们更喜欢这些图片，尽管他们并不记得自己是否看过这些，也说不出哪些图片是自己看过的，哪些是没有看过的。扎荣茨把这种现象称为"曝光效应"（mere exposure effect），即熟悉会导致好感产生，而好感会给料敌机先的成功带来关键的信息。

曝光效应的发现具有划时代的价值。一回生，两回熟，面对接触过的事情，我们处理起来会更加得心应手。正所谓明枪易躲，暗箭难防。曾获诺贝尔奖的动物学家康拉德·劳伦兹（Konrad Lorenz）曾做过一项实验：一只乌鸦在接触任何陌生物体时都会立即逃离，无论这种物体是摄像机、毛绒玩具还是别的什么东西。但在几小时后，反复接触之后，乌鸦会开始接近物体。婴儿也有同样的反应。一项早期研究发现，婴儿在首次听到某种声音时会哭闹。但在第四次听到这种声音后，他们就会开始表现出好奇。和许多适应性倾向一样，我们对反复接触的陌生事物的反应实在太容易被操控了。

进行曝光后，再进展到开始交谈的阶段就容易多了——不仅是交谈，骗子还可以继续，在接下来试图获取信任时精准地调出对细节的回忆。我们喜欢有人认识"真正的"我们的这种感觉。就算是记得我们的名字这种小事也可以立即让一个骗子从不受欢迎的人变成我们喜欢甚至是仰慕的人。我们当然愿意帮助这种人了。一项实验表明，人们更愿意从能够叫出他们名字的卖家手中购买商品。他们认为，对方能记起他们的名字，这本身就是一种恭维：显然，他们值得他人的注意，而如果对方确实注意到了他们，那么对方可以算得上颇有眼力。操控人心的大师戴尔·卡耐基曾说过："要记住，对于一个人来说，自己的名字是任何语言中最甜蜜、最重要的声音。""认识"受害者，是一个骗子赖以生存的首要技能。

实际上，一些骗局完全是建立在"装熟"基础上的。一个久经考验的骗术技巧就是假装你是某人的亲戚，曾与你想欺骗的人在一场婚礼上见过。你只要知道新郎和新娘的名字，就能获取对方极大的信任。我们都有过宁可假装认识某人也不愿显得失礼的经历。赫尔曼·梅尔维尔（Herman Melville）在他描述骗局的小说《骗子》（*The Confidence-Man*）中曾对这种"装熟"的情况有过细致描写。在一艘游轮上，一个骗子靠着各种各样的伪装接近被他选为目标的乘客。他通过跟某人谈话或者是冷眼旁观了解到了另一个人的信息，再把这些信息用在下一场谈话中。靠着这种技巧，他成功地扮成了商业伙伴或是社交红人，一切全不费功夫。

1960 年 2 月，马萨诸塞州皮茨菲尔德的艾伦·詹姆斯·布劳与妻子在《纽约时报》上发布了一项正式声明。他们的儿子安德鲁与来自加州的凯莉·史密斯·海因斯小姐订婚了，婚礼定在 6 月举行。祝福潮水般向这家人涌来，多么幸福的人生大事啊。过了几天，布劳太太接到了一个电话，是凯莉的阿姨南茜打来的。她正巧路过皮茨菲尔德，想要见一见安德鲁的父母。布劳太太有点生气：怎么不早点儿告诉她啊？但她还是热情地接待了她。布劳太太在一个公交车站接到了南茜阿姨，请她吃了午餐，两人相谈甚欢。南茜阿姨向她介绍了自己在卡梅尔的家，并邀请她在婚礼后前来拜访。

她们谈到了结婚礼物，南茜阿姨准备了英国斯波德公司的瓷器，布劳太太称赞这是个上佳的选择。不知不觉，傍晚来临了，该把客人送回车站了。哎呀，南茜阿姨疏忽大意了，她身上只带了旅行支票。布劳太太能否慷慨解囊，暂借 50 美元给她购买接下来的车票呢？当然了，她们就快成为一家人了嘛。

当天晚上，布劳太太给纽约的儿子打了电话。为什么不告诉她南茜阿姨要来呢？她略带不满地责问。安德鲁大吃一惊，什么阿姨？他给凯莉打了电话，后者也是一头雾水。凯莉又给她妈妈打了电话，海因斯太太同样摸不着头脑。电话又打到了凯莉的外婆家，结果只是进一步加深了大家的困惑。最后发现，所谓南茜阿姨是一名职业的婚礼骗子。她在报纸上读到婚礼声明后就去拜访新人的父母，酒足饭饱后再带着一小笔"借款"扬长而去，这就是"南茜阿姨"的生意。（现在，凯莉已经对此释怀了。她觉得"那个可怜的女人独身一人，只不过想暂时融入他人的生活罢了"。）

南茜阿姨完美地呈现了"装熟"的过程：提前做好功课，就能早早布下局。你甚至不用费力准备去建立真正的熟悉关系。你只需要假装和对方比实际更加亲密、知道对方更多信息，就能达到同样的心理效果。

瑟夫离开雇佣黑客行业已经十多年了，但他告诉我，最近他联系到了一些老同行。他很好奇，近年来各大公司和普通人都对技术更加了解，他们的工作是否因此变得更困难了呢？结果恰恰相反。他们的工作更轻松了。现在，他们收集人际情报甚至都不用跑前跑后了，只需要和对方在社交网络上成为好友，与他们建立联系——只需要让对方认为你是好人，让他们点击一个链接或是下载一份文件，那么对方的整个系统就会成为你的囊中之物。你只需要一个切入点。

我们在不知不觉间会透露出大量个人信息，而这些信息都会为骗子所用，帮他们获取我们的信任，成为布局时的绝佳材料。就连一个初出茅庐的骗子都能查到我们在 eBay 上的出价历史或者购物喜好，而在亚马逊网站上的公开礼品单不仅会透露我们想要的东西，还会出卖关于我们的生日或婚礼这种人生大事的信息。网站上的安全信息提问，如母亲的名字等信息，也可以通过查阅公共资料而被轻易窃取。骗子要做的只是动动手指而已。

对一名骗子来说，无论这些功课有多么困难、多么复杂，收获总是值得的。毕竟，料敌机先的工作是他赖以生存的基础。1975年 7 月 14 日，桑迪普·马丹永远地失去了他的弟弟甘尼施，家里人都叫后者"楚楚"。楚楚只有 13 岁，他的死给家人带来了极大的打击。可想而知，他们的母亲悲痛欲绝。"在那之后的几十年里，她都为此心痛不已。"桑迪普对我说，"她一直在找寻心灵上的安慰。"1978 年春天，这位母亲仍然没能走出丧子之痛。此时，有人为她带来了一线希望。这家人的一位密友告诉他们，一位著名的印度苦行僧据说具有超凡的能力，眼下正在新德里。这位名叫布特纳什的僧人能让全家人再次见到楚楚。

马丹一家来到了布特纳什的临时居所。在会客室外的接待处挤满了信徒与求助者，人们的情绪都很高昂。有人在互相倾诉对这次求助的殷切希望，有人在宣扬高僧的过往功绩。这是一位真正的圣人。

在经过短暂的等待后，他们被带到了布特纳什本人面前。桑迪普说："他完全不认识我们，对我们的情况一无所知。"但不知怎么，他很快就说出了一些他本不可能知道的事情。"他知道我妈妈失去了儿子，并为此感到痛苦。"僧人说，他看到了那个男孩的灵魂。他已经到了另一个世界。他很快乐，也希望他的妈妈能够快乐。儿子终于安息了，母亲感到身心俱疲，她从未把这种感觉告诉他人。但她同时也松了一口气。也许他们终究还是遇上了圣人。

　　布特纳什的注意力突然转移开了。他直勾勾地盯着桑迪普。僧人说，他刚才瞥到了桑迪普的未来。他会进入印度行政管理局。桑迪普大吃一惊：这确实是自己的梦想。他是怎么知道的？

　　会面结束了。布特纳什挥了挥手臂，就凭空召唤出了坚果和葡萄干组成的圣餐。他为他们祝福，送他们离去。

　　他们刚才是经历了神迹吗？总感觉这次会面哪里有问题。在会面之前，桑迪普的新婚妻子阿妮塔和姨妈兰吉特临时决定加入这次活动。布特纳什对这两人的判断错误连连，毫无头绪。他为什么能在有些事上判断如此准确，在另一些事上却谬以千里呢？

　　真相一点也不神圣。正是那位给这家人介绍布特纳什的朋友把相关信息透露给了他。至于那些没能告诉他的细节——这么说吧，等候室里的求助者也不都是外人。他们都是僧人的托儿，假装成寻求帮助的人，从真正的到访者口中套出有价值的信息。

　　根据桑迪普的回忆，布特纳什在长达几个月的时间里成了新德里的圣人。人人都对他顶礼膜拜，杂志与报纸争相报道，富有的捐赠人蜂拥而至。但是，他露出了太多马脚，很快就销声匿迹，被下一个"圣人"取代了。

　　就算没有社交网络或者托儿也没有关系——骗子总会有办法的。在布局阶段，骗子总是不厌其烦、不遗余力地收集信息。1898

年，一位名叫莫莉·伯恩斯的教师兼打字员在曼哈顿住宅区的电车上疾病发作。幸运的是，车上有一位好心人伸出了援手。伊丽莎白·菲茨杰拉德很同情这位生病的女孩，于是主动送她回到旅馆。伊丽莎白一边扶着她走在便道上，一边问她是不是外地人。莫莉答道，她是本地人。她和母亲吵了一架，生气地冲出了家门，因此住进了旅馆。伊丽莎白深表同情——母女关系确实难搞——并在确认莫莉没问题后离开了旅馆。她还有事要办。

不过，她要办的事却跟当天的偶遇有关。伊丽莎白住在哈林区，在那里，她是著名的通灵者，人称"吉卜赛夫人"。她可不能让这么好的机会白白溜走。对她这种老手来说，找到莫莉的母亲不费吹灰之力。在一杯茶和几句宽慰的言语后，她了解了母女吵架的原因：莫莉与一位有妇之夫 E. T. 哈洛先生有染。

吉卜赛夫人立即去见了莫莉，并对她说，自己看到了一幅画面，画面中有关于她私生活的"令人震惊的细节"——只要一笔小小的费用，自己就能为她保密。极力想保全名誉的伯恩斯小姐东拼西凑了几百美元，这几乎令她倾家荡产。

一周后，吉卜赛夫人又来了。她现在知道，莫莉将被卷入一场离婚官司，但她能让莫莉避过此劫，只要再交一笔小小的费用。莫莉立即把所剩无几的积蓄全数奉上。她不是唯一的受害者。这位通灵者极为擅长此道。她让伯恩斯一家相信，他们全家会在这场官司中名誉扫地。不过他们很幸运，只要 1000 美元，她就能将此事化于无形。

但当她更进一步，找到哈洛先生后，她的好运也到头了。她对他说，她发现他与莫莉·伯恩斯私通，而且有一股"邪恶力量"正与他作对。她愿意为他驱魔，只需 500 美元。哈洛可不像伯恩斯一家那么好骗，他直接报了警。于是，吉卜赛夫人锒铛入狱了。

不过她在监狱里也没待几天。一位名叫亨利·施特劳斯的客户将她保释了出来，因为她许诺能帮他找到金矿。出狱后，她立即逃亡到了芝加哥。1899 年冬天，她再次被捕，并再次逃脱。最终，她在 1900 年因为欺诈罪被判了刑。

对骗子来说，这场读心游戏是个循环。你越熟悉某人，感觉与他越相似，就越喜欢他，也就越愿意对他透露自己的信息，而对方会用这些信息来获取你更多的信任。如此循环往复，你就会在骗局中越陷越深。

但是，猎物自己也有可能用同样的方法看穿骗局，发现骗子的真实身份。为了避免这种情况，骗子会故意诱导我们犯错：他们在料敌机先的同时，还会让我们在解读社交暗示时不断失误。这可被称为"反向料敌机先"：在摸清猎物身份信息的同时，保证对方不会以其人之道还治其人之身。埃普利发现，会让我们犯错的因素包括压力——时间压力、感情压力与情境压力——还有权力。当我们承受压力时，我们进行逻辑思维和主动思维的能力就会被大幅削弱。当我们感到大权在握时，我们会感觉自己不需要他人，这时，我们解读他人思想与暗示的能力也会降低。在一项自我监测实验（类似在额头上写字母 Q）中，亚当·加林斯基（Adam Galinsky）和他的同事让实验参与者在额头上写出字母 E。结果显示，如果参与者刚刚回忆过自己在过程中占据主导的经历，那么他们就会从自己的视角写出字母 E（开口向右）。而如果参与者刚刚回忆过自己无能为力的经历，那么他们写的 E 就会翻转过来，让对面的人能够看懂。这个翻转的字母就代表从他人角度进行思考的意愿与能力，也意味着解读社交暗示的准确性会更高。因此，骗子非常愿意让我们感觉一切尽在掌握之中：我们自己下决心，自己做选择，自己思考问题。他们只是奉命行事。这样一来，我们在不断暴露自身信息的同时，也会越来越难以发现对方暴露出的信息。

德马拉在加拿大皇家海军的行骗经历表示，他获得成功的部分原因——也就是他没有立即被拆穿，而是靠着医生的名号蒙混过关的原因——就是他完美地掌控着权力，让周围的人感到自己才是专家。他在为不具备医疗知识的战士们撰写"战场指南"时充分尊重另一位医生的意见。他对那位医生表示，对方的学识比他渊博得多，自己在对方面前不过是个小学生罢了。这一招灵验无比，德马拉从中学到了大量医疗知识。后来，在船上，他对船长和高级军官如法炮制，总是在他们的权威和资历前弯下腰来，虽然他自己的级别也不低。这样一来，他从这些人身上得到了不少好处，而这些人被他奉承得也不太好意思详细调查他的底细了。

另一个影响我们解读他人思想的因素是金钱。明确地说，是关于金钱的想法。明尼苏达大学卡尔森管理学院的市场学系主任、心理学家凯斯琳·沃斯（Kathleen Vohs）曾做过 9 项试验，结果发现人们只要一提到钱，哪怕只是随口一提，对他人的注意力也会减少——实际上，他们会因此拉开与他人的距离。骗子对此心知肚明，所以他们在布局阶段总要制造一些财务危机或是意外之财的状况。正如西尔维娅·米切尔对其受害者所做的那样，直接提出关于财务的问题：他们对金钱的执念太过强烈；他们在感情上遇到问题，是因为他们与物质财富的关系不够健康；诸如此类。而当受害者们忙着思考这些问题时，她就会仔细观察，把对方的情况猜个八九不离十。

▼

钟丽是新加坡人，她在纽约大学获得了商学硕士学位。她的生活正遭遇着诸多不顺：在职场上，她似乎陷入了僵局。那是 2007年，她在一家知名投资银行上班，每周要工作 80 到 100 个小时。这份工作其实不赖：薪水很高，而且当时失业者大有人在，她应该感到满意。但是无休止的加班又像是在浪费生命。她很想念家人，尤其是身染重病、需要照料的母亲。她在感情上也一样并不顺遂。她暗暗喜欢一名同事，尽管她心知这是职场大忌，而这位同事却对她的感情视而不见，这总是很常见的。更棘手的是，对方是一名女性。她发现了自己的性取向，而这在她的祖国不会得到认同。她感到孤独、失落、脆弱和无助。

就在这时，她来到了那个地方。悬挂着的灯笼散发出的温暖黄光，小珠串成的窗帘和主人热情并带有鼓励的微笑都在告诉她，她在这里不仅会受到欢迎，还能得到安全。

西尔维娅·米切尔从一开始就发现，钟丽的气质有些异常。米切尔告诉钟丽，她全身都充满了负能量。不过还有希望，米切尔可以消除负能量——但钟丽要拿出 1.8 万美元，放在罐子里让米切尔保管。这只是一种形式，是良好意愿的展现，能让围绕着她的黑暗力量消散无踪。

米切尔随即更进一步，她对钟丽说，在她的前世，她的家人亏待了她所爱的人，因此她现在才会面对这一份无望的感情。但幸福的未来还是有希望的，米切尔安慰她说，她能感觉到希望。但要让希望变成现实，需要付出努力，很大的努力。这种努力不能通过一次拜访实现，必须来很多次。

在接下来的两年中，米切尔带领钟丽一起冥想，把她们的能量注入对未来完美爱情的祝福中。米切尔表示，她可以主持一些仪式来为这个过程助力。她同时强调，这是需要时间的。前世的行为后果十分严重，所以需要时间——还有金钱，一共 12.8 万美元。钟丽渐渐把这些钱都交给了她的这位新闺密。

尽管她们的关系日益亲密，但毫无意外，钟丽的问题没有得到任何解决，反而愈发严重了。那位同事投诉她性骚扰。很快，钟丽就被开除了。

钟丽的母亲还是重病缠身，她仍然孤身一人，没有工作也没有钱。米切尔几乎拿走了她所有的财产。

▼

黛布拉·萨菲尔德和钟丽都不是容易上当的女人。她们事业有成，头脑聪明，在各自领域的工作都得心应手。而且两人在事后都公开表示，她们对西尔维娅·米切尔都产生过很大的怀疑。但是，她们当时都处于感情脆弱的状态，而米切尔正是她们在这种时候需要的人。而且，她又是那么亲切。萨菲尔德曾坦承："我自认为是个聪明又受过教育的女人，那是我经历过的最丢脸的事。"

从某种意义上看，在料敌机先这个步骤中，灵媒这一角色要比其他骗子更有优势：灵媒的猎物是经过预先筛选的。会自己走进灵媒会客室的人本身就愿意去相信他们并接受建议，而且想为自己的麻烦或处境找到一种简单的解决方式。这一点对其他骗局也适用。在如今这个互联网时代，克服料敌机先的第一道难关变得前所未有地容易：找到那些会对虚假广告、电子邮件和其他"钓鱼"骗局进行回应的人。骗子再也不需要观察并挑选了。他们要做的只是建立一个有吸引力的网页，或是编造一条信息，然后等着猎物上钩就好了。（钓鱼信息使用的低劣措辞和看上去漏洞百出的故事并非出于编造者的愚蠢，反而是精心策划的产物。骗子早就发现，过于周密的骗局会引来太多的"鱼"，这会让接下来选择下手对象的工作成本高昂。用现在的办法，就只有真正的笨蛋才会落入陷阱。）

不过，从另一个方面来看，在料敌机先的布局阶段，敏锐的心理洞察能力始终是至关重要的。即使有了最精妙的圈套，要想引来真正的大鱼，还是需要骗子具备大师级的冷读能力。像萨菲尔德这样的人可能只是抱着试试看的心态走进灵媒客室的。如果米切尔不是那么技艺高超，萨菲尔德可能仅仅损失 75 美元就能全身而退了。这代价不算小，但远远不会让她倾家荡产。但在米切尔的高超手段下，萨菲尔德尽管心存疑虑，还是付出了极大的代价——不止她所有的钱，还包括抵押房屋的贷款。

完善的料敌机先工作对骗子来说是至关重要的。选择受害者时必须小心谨慎。如果像吉卜赛夫人那样急于求成，就可能让整个事业毁于一旦。德马拉不是随便同意罗伯特·克赖顿为他写传记的，他事先对克赖顿进行了一番调查：在收到他的第一封来信后，德马拉就摸清了他的背景，随后又在纽约多次约见了他。每次会面前，在克赖顿等待德马拉时，后者就会躲在一旁观察前者的一举一动。德马拉想要确定，为自己作传的不是随便什么人。他要的是能写出他自己想要的故事的作者。他需要的这名传记作者同时也是他的猎物。

他最终达到了目的。克赖顿写了两份书稿，第一份从纪实报道的角度来看更加直白。这份书稿描述了一个害人无数的男子，还揭露了德马拉骗子身份之外更加黑暗的一面：多起诉讼与投诉声称他对男童存在虐待与性侵行为。这份书稿被出版社拒绝了。编辑认为书的内容太过阴暗消极。对骗子的描写应该更轻松，加入更多的冒险和闹剧成分，减少让人痛心的内容。克赖顿认真地考虑了这个建议。他是个严肃的作者，希望讲一个严肃的故事。他不想为真相裹上糖衣。

但是，他又回顾了与弗雷德共处的时光。尽管那个更阴暗的版本也许在纪实文学的意义上更加真实，但从个人角度说，克赖顿总感觉弗雷德的故事应该有一个不同的版本。他后来曾在一封私人信件中写道，他眼里的德马拉实际上是个"改变了其罪恶信仰"的人。的确，他有严重的问题，但他也有力量与良心，能做出伟大的善举。他的很多恶行背后都是酒精在作祟——他有长期、严重的酗酒恶习。但他通过"纯粹的意志力"战胜了自己，到后来已经与克赖顿见过的任何一个酗酒者都截然不同了。"他决不允许自己像人们口中的酒鬼那样，最终丧失骄傲与尊严，"克赖顿评论道，"这让我和贝尔维尤医院的医生感到很惊讶。"（德马拉曾短暂入院治疗，克赖顿是唯一获准探视他的人。现在看来，这也许是德马拉试图获取更深同情的又一个伎俩。）"无论他的状况有多坏，他都为自己的尊严和骄傲付出过巨大的，有时甚至是悲剧性的努力。我们也许可以说，他其实也是个受害者。他的本性被酒精的力量压制了。"

克赖顿表示，尽管德马拉有过很多罪恶之举，但他的本性还是好的。"我很快就不再害怕他会利用我了，"他说，"他为人体面正派，慷慨善良……我只能说，对这个被称为'糟糕演员'的人，我宁愿相信他的为人和言语，也不愿相信我所认识的其他人。"德马拉只是不幸境遇中的受害者，而这种境遇掩盖了他本质的善良与天赋。"我感到他是真的受到了宗教的召唤，却不知道该如何做出回应。我知道人们都愿意跟随德马拉。他能够成为一名杰出的政客。这个词对我来说并不邪恶，尽管很多美国人并不这么想。我相信他也能成为一名优秀的牧师，因为他发自内心地爱着他人，欣赏他人，理解他人，并愿意聆听他人的倾诉。"克赖顿断定："他是一位卓越的人物。最重要的是，他在获得信任和支持的时候能够做出非凡的工作。他会以全部的热忱对这种支持做出报答。"

克赖顿最终决定：那个阴暗的版本是错误的。德马拉已经做好准备赎罪了。他对他人的伤害几乎可以说是情非得已。于是，克赖顿又描述了一个全新版本的德马拉，这个版本最终成功跻身畅销书排行榜。在这个版本里，德马拉成了英雄。而德马拉似乎早就完美地预测了这种结果。他有无人能及的识人之明，非常擅长料敌机先，几乎可以操控他选中的任何人。他选中克赖顿作为传记作者时就知道，后者一定会认可这个赎罪的故事——因为他是个乐观主义者，希望在可怜的德马拉身上看到善良的一面。

克赖顿的这种信念持续了很多年。在《伪装大师》一书出版后，德马拉就开始从他的传记作者身上搜刮财富。他一次又一次地得逞，并总是有着无懈可击的理由。1961年2月23日："如果可能的话，我需要借点钱回加州。我来这里的路费都是借的。"1961年5月29日："我现在缺衣少食，身无分文。如果书卖得好，你知道在哪儿能找到我。"日期不详："尽管羞于启齿，但我还是得向你开口要钱。我真的走投无路了。"日期不详："我现在真是身无分文，缺衣少食。我现在还在密苏里州，你有什么办法吗？"每次都是他改过自新的"最后机会"。每次他都要得更多。

后来，克赖顿给德马拉买了辆新车，还替他交了军事训练学校的学费。在20世纪60年代末期，他甚至还尝试帮助德马拉获得一些正面媒体报道。当时德马拉经营着加略山牧场，这是一个少年男子感化院。德马拉发誓说，他将把后半生的时间精力都投入这个合法项目。（结果他抛下牧场和男孩们，携款潜逃了。随后他又受到了另一场性骚扰指控，但他的律师帮他脱了罪。）即使是这种时候，克赖顿也相信他会改过自新。"老德马拉的悲剧又重演了，"他是这样描述德马拉在牧场的工作的，"他仍然尽职尽责，但因为他没有相应的证书，没能按照法律和政府规定的程序办事，他的心血和善行最终被付之一炬。"

克赖顿并非失去理智。德马拉就是有这种力量：他看人的直觉非常准确，能够看穿猎物的想法，从而让所有事在对方眼里都显得是他改过自新的努力。"我的丈夫和我都觉得你是上帝派来的使者。"一名底特律妇女在知道德马拉在朝鲜战场上的事迹后写道。她想请德马拉为自己的女儿做一次肺部手术。1974年2月，长岛作家协会主席莫丽尔·冯·维丝（Muriel von Weiss）曾写道，德马拉又一次玩起了失踪，他所谓改过自新不过是在玩弄诡计。但同时她也为他祝福，并"认同……他做了很多好事"。她认为，"他的欺诈行为只限于伪造文书，而且并非出于贪婪或权力欲的驱使。他在每个行业中行骗时，甚至做得比一些合法的从业者还要出色"。德马拉真正行骗害人的事反而被有意无意地忘却了。

一天晚上，克赖顿无意中向一名记者错误地提供了德马拉的下落，随即意识到自己又被德马拉欺骗了。"当天晚上，那名记者给我打电话，问我怎么解释一个叫汉森的人否认自己认识德马拉的事。"他在给这个叫罗伯特·汉森的人写的信中说，"漫长而痛苦的经历让我知道了真相。第一种可能是，德马拉根本不在那里，也从未去过那里。第二种可能是，德马拉的上司或者同事在为他提供掩护（这个用词不当，应该说'庇护'）。还有一种可能就是德马拉自己接了电话，冒用了你的名字，并矢口否认自己去过那里。"克赖顿对德马拉的企图心知肚明，却仍旧对他深信不疑。

然而，在越来越多的证据面前，克赖顿对德马拉的好感也终于荡然无存了。德马拉两次把他告上了法庭，更无数次地利用他的善心把他骗得团团转。他把德马拉塑造成了英雄，最后却发现德马拉完全配不上这个称呼。他在一封信里这样写道："你自己很清楚，以你的所作所为来说，你的名声真是太好了。"后来他又写道："我凭空塑造出了一个英雄。如果你认为我不会在必要的时候亲手毁掉这个形象，那你就错了。"

在《伪装大师》一书的附录中，克赖顿借德马拉本人之口总结了他的行骗技巧及其获得的成功，让这位骗子亲口说出了料敌机先的精要所在。"美国人更在意自己是否受人喜爱，而不是是否正确（这一点能让你在受到怀疑后还有挽回的余地）。美国人对犯罪者怀有令人惊异的宽容之心（你去过的所有地方都愿意重新接纳你）。美国人是全世界最容易相信他人的，他们会不假思索地接受你的一面之词，除非有证据证明你在骗人（他们不会去审视或者询问，而是等着你主动开口。当然，这对骗子来说是最好不过了）。这就是这个国家崇尚自由意志的最佳证明。除了美国，还有什么地方能让我这样的人如鱼得水呢？骗子之间流传着这样一句话：如果他们没有对你起疑，他们就会对你视而不见。"克赖顿没有意识到，这些话准确地描述了他自己的经历。德马拉早就把他调查得清清楚楚。克赖顿与其他受害者没有分别。德马拉在克赖顿身上展开了他想看到的剧情——为他量身定制的完美骗局。但因为克赖顿本人也是这段剧情中的角色，他没能像观察其他受害者那样旁观者清，看穿其中的诡计。

▼

料敌机先的关键在于揣摩对方的思想，从看上去与隐私无关的交流中套出个人信息，让猎物在不知不觉中对你敞开心扉。因此，那些"读心者"往往也是最危险的骗子：他们的技巧无比纯熟，几乎没人能抵御他们的影响。这种人太过危险，以至于有专门的法规来约束他们，这在骗子的世界中是个特例。纽约州法律规定，算命、"超自然力量"和"驱逐、影响恶灵或诅咒"的活动属于不法行为，除非从事这种活动的人立起一块大型告示牌，上面写着"只供娱乐消遣"。（一名灵媒嘲弄道："我管这个叫'遮光'——遮挡你的光环。"）虽然这条法律早在1967年就开始生效——算命活动可被处以监禁90天或罚款500美元的惩罚——但很少能被真正执行。据《纽约时报》报道，2010年至今，仅有10人因涉嫌违反这条法律而遭到指控。不过，其他地方比纽约州更加严格。底特律市郊的瓦伦要求当地灵媒在营业前接受犯罪背景调查，并留存指纹。

这项举措意在保护人们免受料敌机先高手的摆布——这些高手读人如读书，能让人相信他们可以透过面具看到"真实的"我们。但无论我们动用何种法律手段去给这些人设置障碍，我们都无法抵御他们遵循的法则，这也是所有成功的骗子共同遵循的基本法则：每一次布局都是为目标猎物量身打造的。因此，即使你能在大体上明白骗子的手法，身在局中时却仍然难以察觉。

正因如此，通灵者才是危险的：无论用什么方法，我们都很难说服别人，他们的能力是个骗局。我曾与一位读心者有过交流。她身为魔术师，却并不表演常见的视觉幻象，而是精于读心的花招。后来她退出了魔术界。无论她如何解释，无论她怎样一次次地告诉观众，她所表演的不过只是障眼法，总有一些人对她深信不疑。她越是否认，这些人就越是相信。她对我说，到最后，她已经无法面对自己的良心了。

哈里·霍迪尼后半生致力于揭穿通灵者与神秘主义者的骗术。他也发现，这些人的危险性比一般的罪犯还要高。在其职业生涯早期，霍迪尼本人也曾投身于神秘主义。"在我从事魔术表演的日子里，我也曾结交通灵者，加入他们的行列，并成为一个独立的灵媒，还举办过降灵会，想探求一番真理。"他在 1924 年出版的回忆录《鬼魂中的魔术师》（*A Magician Among the Spirits*）中写道："当时我为自己能让客户惊诧不已而扬扬自得。尽管我清楚自己正在欺骗他们，我却并未意识到自己玩弄他人宝贵情感的严重性，也没有预见到不可避免的严重后果。"他表示："对我来说那不过是一场玩笑。我擅长故弄玄虚，这满足了我的野心，也满足了我对制造轰动效应的渴望。"但后来他亲眼看到了自己的行为导致的恶果，冷静下来认真审视这一切，他发现这远不止一场玩笑这样简单。"随着阅历渐增，我终于认识到，人们对死者的圣洁情感是不容亵渎的。而在亲身经历丧亲之痛后，我更为自己的轻浮举止感到懊恼不已，并首次意识到那可能已属犯罪行为。"霍迪尼随即放弃了通灵生意，并在接下来的四分之一个世纪里致力于揭穿此类骗局。

霍迪尼指出，神秘主义危险性十足，而且具有很强的力量。"一种新的幻术可能把我骗倒一两次，这再正常不过了。"他写道，"但如果像我这样久经训练并发明过无数类似手法的人都能被骗倒，那么可想而知，普通人该有多么容易受到蒙骗了。"

　　1923 年，霍迪尼加入了一个评审团，其功能与如今被称为"伟大的兰迪"的詹姆斯·兰迪（James Randi）所做的努力类似：这个评审团将为任何能证明超自然力量真实存在的人提供一笔赏金。结果没有一个人得到这笔奖赏。霍迪尼随即又悬赏 1 万美元，并宣布任何人只要能展示一场手法令霍迪尼无法复制的通灵表演，就能得到这笔钱。结果还是一样，没人成功。

　　然而，尽管霍迪尼与神秘主义竭力斗争，很多人还是迷信于他的力量——甚至在他彻底与神秘主义划清界限后仍是如此。一次，霍迪尼在波士顿表演时邀请了当时正在那里的女演员莎拉·伯恩哈特（Sarah Bernhardt）。后者是当时名满天下的歌剧演员，却因舞台事故导致右腿截肢。"霍迪尼先生，您的本领那么大，"她对他说，"您能不能——能不能让我的腿回到我身上呢？"

　　霍迪尼惊呆了。"您在开玩笑吧，"他答道，"您知道我的本领有限，却在请求我做出不可能的事。"

　　"但您就是能做出不可能的事呀。"她答道。

　　通灵者、神秘主义者、未卜先知者和灵媒，这些人从某种意义上说正是欺诈游戏的核心所在。料敌机先是他们的基础工作。他们扰乱的不是一般的信念，而是我们拥有的最根深蒂固的信仰。

　　在神秘主义面前，最聪明的人也不免上当受骗。心理学家达里尔·贝姆（Daryl Bem）2011 年的一项研究引起了学术界的轩然大波。他宣称预知未来的能力真实存在。但他还远远不是第一位受到非正常现象蒙蔽的科学家。早在 20 世纪 70 年代，约翰·马克（John

Mack）就对不明飞行物（UFO）的力量深信不疑。他是哈佛大学医学院心理学系主任，同时还是曾获得普利策奖的作家。他越来越相信，外星人入侵已经发生，而且人群中就隐藏着外星人。他在1989年第一次遇到了UFO见证者巴德·霍普金斯（Budd Hopkins）。他后来对《今日心理学》（*Psychology Today*）杂志说："我身为精神病学者已有40年之久，但我从未听过他那样的经历。他真诚的态度、渊博的学识和对遭外星人绑架者的深切同情都给我留下了深刻的印象。但对我影响最大的是，"他继续说，"有过类似遭遇的人，对其经历的细节描述是如此一致，而他们之间不可能是串通好了的。"

在不那么深刻的层面，我们其实一直都有神秘主义的经历。即使你不信仰宗教，也仍然有很大的可能性去迷信某件事。2014年美国橄榄球大联盟季后赛赛程过半时，公共宗教研究院（Public Religion Research Institute）进行了一项调查，想了解有多少球迷认为除了球队自身的实力以外，冥冥中还有一股力量在影响着比赛的结果。结果显示，大约一半球迷——也就是约五千万美国人都有这种想法。四分之一的人认为他们钟爱的球队受了诅咒，另外四分之一则祈求上帝帮助他们的球队，还有五分之一的人认为他们自己的行为能够决定球队的输赢。

球迷们还有小小的信仰仪式。21%的球迷会在每场比赛前进行一场祈愿活动：绕着圆圈跳舞，坐在相同的座位上，或是对着电视屏幕发表一番动员讲话。天知道，如果不这么做的话，也许你就成了那个招致诅咒的家伙。

"如果真有什么货真价实、完全不涉及欺诈、非人力之所能及的超自然现象，"霍迪尼总结道，"那就是另外一回事了。可是迄今为止，我调查过的每起神秘事件都无非是有人受了蒙骗，或者太渴望去相信的结果。"但这并非受害者的过错,而是因为料敌机先者功力太深。如果你看穿了某些人,并做了充分的功课,研究了他们内心最深处的欲望、渴求、恐惧与梦想,那么你就几乎可以让他们相信任何事了。

▼

2011 年,黛布拉·萨菲尔德与钟丽共同把西尔维娅·米切尔告上了法庭。当年 7 月,米切尔因重大盗窃罪被捕。

萨菲尔德步入法庭时身穿一条优雅的条纹长裙,上身穿黑色衬衫,披着一件棕色外套,颈间戴着一条珍珠项链。她要见证米切尔无法再欺骗任何人。

随着审判的继续,更多案情浮出水面。罗伯特·米尔莱特从父亲那里借了 7000 美元,连同他自己的 3000 美元一起交给了米切尔。作为回报,米切尔给了他一条红色丝线,上面有很多代表他命中"因果报应"的绳结。她让米尔莱特回到家去,紧紧握住丝线,祈祷绳结自动解开。米尔莱特对陪审团说,他松开握线的手时,发现那些绳结真的消失了。

另一个不愿透露姓名的女性去找米切尔用水晶球占卜(仅收 60 美元)。结果显示,她命中也有一些"阻碍"。但如果她每晚穿白衣入睡,坚持一周,并在枕头下面放一个特殊的罐子,就能驱散厄运。罐子里要放入一些东西 —— 米切尔称其为"祈祷清单" —— 包括 900 美元现金、一点清水和一口唾液。一周后,这位女士要身穿全黑服装,带着罐子回到米切尔那里。

她回去后,米切尔拿走了罐子,并让她在接待室中稍候。再次被叫进内室后，她发现罐里的水已经变成了红色。米切尔说，这红色就代表了她生命中的"不洁之物"。

米切尔的骗局被一一揭露。控方律师亚当·布朗指出，她从事的是"有组织的通灵犯罪"。一名匿名的陪审团成员后来对《纽约时报》说，她"显然是在用一种恶毒的方式抢夺这些受害者的财产"。助理地方检察官詹姆斯·贝尔加莫表示，她"做的不是洗涤灵魂的工作，而是把他人的银行账户洗劫一空。她找出受害者的弱点，并利用这些弱点获利"。换句话说，她就是料敌机先的大师：清楚地看穿他人的弱点，并以此获取对方的信任。警官鲍勃·尼加德在接受美联社采访时说："调查骗局时，能很清楚地看到（通灵者的）剧本。"

审判结束时，陪审团听取了两份书面声明，分别来自钟丽与萨菲尔德。

"我一向相信怜悯与同情，但西尔维娅·米切尔利用这一点欺骗了我。"钟丽在声明中写道，"一想到这件事，我就感到自责与悲痛。我希望我能为我的母亲做得更多。"萨菲尔德则写道："我身心的一部分已经被她损坏，永远也无法追回了。她让我丢掉了自尊。她影响了我的健康、我与家人的关系以及我的名誉。"

米切尔辩解称，她只是想帮助这些人。谁知道呢——也许没有了她的帮助，这些人可能会遭遇更大的不幸。

经过陪审团两天零六个小时的慎重讨论后，审判结束了。2013年10月11日星期五那天，西尔维娅·米切尔被判犯有十项重大盗窃罪与一项蓄意诈骗罪。法官宣判陪审团的裁决时，米切尔满面怒容。

到了 11 月，她的怒气已消失无踪。在监狱中被关押了一个月后，她的头发变得卷曲，漂染的金发下面已经长出了黑发。11 月14 日星期四那天，她收到了判决：入狱五至十五年，并向钟丽和萨菲尔德赔偿约 11 万美元。法官格里高利·卡罗说得非常明白：米切尔专挑面对"某种重大压力"的人下手，骗取他们所有的财产。在所有罪恶的骗子之中，她是最坏的那一种。

▼

黛布拉·萨菲尔德和大部分受害者不同，她的故事有个美好的结局。在被米切尔骗走了 2.7 万美元两年后，她参加了"俄亥俄之星"舞蹈大赛的美式国标舞比赛。此时距米切尔被告上法庭还有一年。美国舞蹈界的著名人物云集于此。她以艺名黛布拉·罗奎恩登台，与相识七年的舞蹈老师托马兹·米尔尼基翩翩起舞。那天晚上，她带着一个她那个年龄组的最佳新人奖杯回了家。他们打败了 32 对竞争者。

2011 年 9 月，米切尔被捕两个月后，萨菲尔德结婚了。

第三章
动之以情

做个耐心的听众（正是这一点而非夸夸其谈，让骗子
成功骗到猎物）。

——骗术大师维克多·拉斯蒂格（Victor Lustig）的
"骗子首诫"（The First Commandment of the Con Man）

那是在 2013 年初秋，确切地说是 10 月 10 日。天气冷得出奇，
只有 4 摄氏度上下，空气中弥漫着阵阵寒意。都柏林市中心的大街
小巷，游人络绎不绝。他们或出入于各类商店，或在都柏林尖塔下
露出笑脸，拍照留念。街上还有早早下班或是匆匆到街上买杯咖啡
的本地人。在这些人之中，一位年轻的女士显得与众不同。她徘徊
在奥康奈尔大街上，一副失魂落魄的样子，胆怯地四处张望，眼中
露出无助的恐慌。当时是下午四点一刻。她在都柏林邮政总局大门
前停了下来。在粗壮的罗马柱——至少要三个她这样身材的人才能
环抱，高度更是她身高的十倍——之间，她显得更加孤立无援。她
身穿紫色连帽衫，外罩灰色毛衣，下身穿深色紧身牛仔裤和黑色平
底鞋。她面色苍白，一语不发，瑟瑟颤抖。

一名路人被她的样子吓到了，问她是否需要帮助。她沉默地看

着他，仿佛不明白那个问题的意义。有人报了警。离这名女孩最近的商店街警察局的一名警官赶了过来。之所以叫她女孩，是因为她看上去是那么瘦小、脆弱，称她为女人似乎并不合适。警官把她带到了医院，这似乎是最好的办法。

她是个少女——最多 14 或 15 岁。她身高 1.67 米，体重却只有约 40 公斤，一头金色长发之下是瘦骨嶙峋、满是伤痕的躯体。几天后，女孩终于开口说话，人们却发现她只懂最基本的英语，只会少数几个单词。她说不出自己是什么人，为什么会是这副模样。

但女孩会画画。她的画让照顾她的人惊叹不已。其中一个人看了画后倒吸了一口冷气，另一个则直接哭出了声。画上的她是一个四肢像火柴棍般的小人，被人用飞机带到了爱尔兰。下一幅画中，她躺在一张床上，周围有很多男人。她似乎是人口贩卖的受害者，是少数逃出虎口的幸运儿之一。

三个星期过去了，女孩还是不说话，至少说不出什么有意义的东西。爱尔兰政府用尽一切办法为她提供帮助。她是谁？从哪里来？到 11 月初，政府已经花费了超过 2000 小时的工作时间，对 115 条可能的线索进行了调查。调查手段包括挨家挨户地询问，调阅监控录像，调查失踪人口记录，寻访飞机场、港口、火车站，查阅旅店登记等。是否有人登记了却没来，或是离开后没回来？调查耗资 25 万英镑，可谓花费不菲。但如果能帮这个女孩找到家，帮她恢复正常的心智，那么这一切就都是值得的。这次调查被冠以"牧羊人行动"之名。最后，警方找到了 15 个可能的身份并系统性地逐一测试，却无一成功。

11 月 5 日，爱尔兰警方迈出了关键的一步：公开了这名女孩的照片（照片是在女孩未察觉的情况下拍摄的。她拒绝拍照，并对身穿制服的人员唯恐避之不及）。女孩不仅年轻，而且精神高度敏感。公布照片的决定并无先例，但除此之外也别无良策。

女孩的照片在电视与报纸上公开后，爱尔兰警方对外公布了他们掌握的所有情况。"她只会说有限的英语。我们现在还无法确认她的国籍。"一名警官对媒体说。警方欢迎公众提供任何有关情况。"任何信息对于调查和女孩本身来说都很重要，"警方呼吁道，"当然，我们对收到的所有信息都会采取最严格的保密措施。"女孩的临时监护人奥尔拉·瑞安表示："我对这位年轻人的状况极为关心。目前我们掌握的信息很有限，如果能查出她的身份，对她将极为有利。我全力支持爱尔兰警方的调查工作。"

媒体立即开始全方位报道此事。这是一起离奇的案件，人人都有自己的看法。这名少女很快获得了"邮政局女孩"的称呼，因为那是她首次被发现的地方。

公开照片 10 个小时后，线索出现了。线索的来源令人意想不到：是国际刑警组织。他们询问，澳大利亚方面是否能提供帮助？

为什么是澳大利亚？这女孩不是来自东欧吗？媒体被搞糊涂了。但这个消息让爱尔兰警方振作起来。尽管他们还没发现真相，但这毕竟是他们找到的第一条真正的线索。

▼

料敌机先的精华是对受害者的选择：了解受害者的背景，他们最珍惜什么，会被什么打动，最忌讳的又是什么。选好猎物后，就到了正式启动骗局的时候：开始动之以情。这意味着受害者开始上钩，骗子开始获得信任。要达到这个目的，主要是通过感情攻势。

一旦我们的感情被控制，骗子了解了我们最想要的东西，我们就会被其玩弄于股掌之间。至少在这一时刻，情感压倒了理智。所有骗子都明白，感情用事的人都是不堪一击的。因此，在骗局正式开始之前，在骗子开始诱导受害者之前，在受害者发现有人想从他这里得到任何东西之前，要先打开受害者的情感通道。在被情感冲昏头脑以后，我们就会抛弃理智，只能跟着感觉走了。

我们靠两套系统来处理现实，一是情感，二是理智。这两套系统遵循着不同的规则。现代心理学之父威廉·詹姆斯（William James）在其论文《兽性与人性智能》（"Brute and Human Intellect"）中用较富诗意的语言写道："人类的所有思维都可归于两类——一方面是推理性的，而另一方面是叙述性、描绘性和冥想性的。每位读者的自身经历都会证实这一点。"

心理学家西摩·爱泼斯坦（Seymour Epstein）指出，理性思维会带来"对的"选择、正当的影响和正确的行动，与之相反，情感则会让我们用"绝对的、个人的、具体的、不假思索的、以行动为导向的"方式进行思考。情感会让我们凭反应行事，而不是深思熟虑后再做打算。情感会让我们落入那些想利用我们的人设下的圈套中。

罗伯特·扎荣茨在其长达半个世纪的职业生涯中，把大量时间投入对情感的研究——情感是如何影响我们的思想与行动，如何推动我们朝着某个方向前进的。他开始投身心理学研究时，行为主义学说正大行其道。B. F. 斯金纳（B. F. Skinner）与约翰·B. 华生（John B. Watson）等伟大的学者试图从外部环境中寻找各种人类行为的原因。他们指出，对于独立的、可辨认的外部环境刺激因素的认知反应可以在很大程度上决定人类的行为。扎荣茨是对这一学说提出反对意见的先锋人物之一。是的，外部环境的作用确实非常重要。但是，我们内心情感的作用也同样不容忽视。我们不会用可预测的、符合逻辑的、纯粹出于认知的方式对外部事件做出反应。这与实验室里的老鼠学会按动杠杆获取食物的反应截然不同。事实上，即便是老鼠也不会每次都做出同样的反应。摇动笼子或是拿走食物，老鼠就会发狂般地大咬大闹——这种反应更多是情感而非认知上的。毕竟，对那只给你提供食物的手大发雷霆，可不是得到食物的最佳策略。

1979年9月2日，扎荣茨在纽约举行的美国心理学会（American Psychological Association）年度会议上被授予杰出科学贡献奖。他在获奖后发表了演讲，那是他对人类情绪本质的思索与研究的最佳总结。一年后，这篇演讲被作为论文整理发表，题目是《情绪与思维：偏好无须推理》（"Feeling and Thinking: Preferences Need No Inferences"）。他所讲的正是成功地动之以情所需要的最基本的原则之一。在动之以情的过程中，骗子首先利用的就是我们最基本的情绪：我们的欲望，我们的恐惧，我们的孤独，甚至是我们身体的伤痛。他们会直取我们的内心。

扎荣茨对听众说，他在工作中发现，心理学界的传统观念——情绪在想法产生后才出现——是错误的。情绪反应往往是我们的第一反应。我们在根据实际情况进行思考和判断之前，就会自然而然地产生本能的情绪反应。早期的心理学家已经认识到了这一点。19世纪格式塔运动（Gestalt movement）的发起者之一威廉·冯特（Wilhelm Wundt）指出，"当任何身体活动跨过意识的门槛时，最先引人注意的是情感因素。这些因素会积极地将其自身附在意识固着点之上，此后才会出现观念上的因素。"换句话说，任何体验，从根本上说，都是情绪上的体验。想法与认知过程要排在情绪后面。冯特总结道："情绪总是出现在以认知和再认的形式对想法进行清晰统觉之前。"

扎荣茨坚定支持这一论断。这正是他一直试图通过研究证实的。他发现，情绪很容易被调动——这种曝光效应让很多料敌机先的行动获得了成功。此外，事实表明，这种情绪也能使人产生信任感，这种信任感比理性思考后产生的信任感要强得多。这个过程并无逻辑可言。扎荣茨的研究表明，曝光效应通常无法让人产生任何客观的熟悉感或认同感。你不会记得某些事发生过，也不会记得你见到、听到或感受到了什么东西。曝光效应只会让人产生一种简单的、主观的喜爱情绪。你不知道为什么，但你就是喜欢这种东西。"你觉得哪一个更好"这种问题会变成"我更喜欢哪一个"。扎荣茨发现，我们对于是否喜欢某事或某人的判断时时刻刻都在发生，而我们对此并无清楚的记忆或是认知过程。

在低等动物中，情感反应通常是唯一的反应。老鼠会立即对蛇产生恐惧，而此时它还没有意识到对方是蛇。若非如此，老鼠会更容易被杀死。从根本上说，要生存下去，就要分清对方是朋友还是敌人，这是最重要的问题。如果你认同这种瞬时判断对于种族延续的重要性，那么从某种意义上说，你也认同情绪发生在思考之前这一观点。

"人类首先是社会信息的处理者，然后才是事实、数据和逻辑论据的处理者。"俄亥俄州立大学心理学家迈克尔·斯莱特（Michael Slater）写道。他主要研究媒体如何影响人类的信仰与行为。"每个为人父母者都会明白，即使是不太会说话的幼儿也能有效地接收情绪信息，并操控人际关系。"即便不具备富于逻辑的雄辩技能，一个善于操控情绪的人——无论是婴儿还是骗子——几乎都是无所不能的。

因此，我们毫无意外地发现，情绪信号会比语言更快地引起人的注意。在我们的声音、姿态、眼神、腔调和接触中都充斥着这种信号。就算完全听不懂某种语言的内容，我们也能准确地分辨出语调中的情绪。在一项研究中，参与者需要对一段视频进行解读。结果显示，在预测判断的分歧时，根据语调进行分析要比直接根据语言内容分析准确 22 倍。非语言性信号比语言性信号的准确率高 4 倍。即使用电子设备对录音的内容进行过滤或是覆盖，使得其中的语言无法识别——在这项研究中使用的是一场戏剧的录音——人们仍然可以很准确地指出台词表达的情绪。实际上，当我们自己故意带着某种情绪说话时，即使这不代表我们的真实感情，我们说着说着就会不自觉地真的产生这种情绪。就算是单纯的微笑或者皱眉，也会改变血液流向大脑的模式。这会让我们产生情绪上的生理变化。

情绪印象不仅会在理性认识产生前就形成，它们还是"不可改变"的。"我们可以积极接受自己可能犯错的事实，"扎荣茨在那个9月的下午对听众们说，"但我们绝不会承认自己对某种事物的喜恶是错的。"一名骗子是这样解读这个观点的：受害者如果对骗子产生了好感，就会对一切警告充耳不闻。他们认为自己的"感觉"是最正确的。不管他人怎么劝阻，我们都更信任自己的感觉。我们的喜好不需要理智——而激发这种喜爱之情，就是动之以情的全部目的。

琼在 2011 年初遇到了格雷格。她从一开始就被他征服了。"他太出色了，非常聪明，充满创造力，特别有趣，又十分善良、慷慨。"我们在纽约西村的一家小咖啡馆喝咖啡时，琼回忆道。她看上去并不感到愤怒或者怨恨，只是很悲伤，也许还有一点困惑。"他准能迷住你。他能迷住所有人，包括我。"他们开始约会了。两人开始恋爱时，琼的祖母得了重病。格雷格经受住了这次考验，他陪着琼，安慰她直到清晨。她在工作上遇到问题、在提案上遇到困难时，他会彻夜不眠地帮她想办法。她对什么事一表现出兴趣，他就立即予以热情回应。"他有点不可思议。不管你提到什么事，比如深海潜水，他就会说：'噢，这事得这么来。'然后你就会发现他真的做过这件事，要么就是帮做这事的人生产过装备。"她说，"他当过急救人员，懂得接骨。他还会盖房子，并为我盖了一间厨房。他懂医学，还知道怎么照顾病人。"这一切看上去好得不真实，但又确实发生了。他们一起旅行，一起憧憬未来。很快，两人就准备同居了。

琼坠入了爱河。她被爱情冲昏了头，对一些可疑的情况视而不见。格雷格自称是一项科学项目的研究生，但她从未见过他的同学或者实验室的同事，没见过他的学位证书，也没见过任何能证明他在从事科研工作的证据。琼的朋友都很喜欢格雷格，但琼却没见过任何认识格雷格几个月以上的人。他陪她去参加派对，见她的家人，还参加她公司的活动，却从未邀请她做同样的事。好像他在过她的生活。但琼却不觉得这有什么奇怪。"我只是想，天啊，我真幸运。"

有一次，琼提出要把格雷格介绍给他研究领域的一位德高望重的学者——那位斯坦利博士可是诺贝尔奖获得者。她与博士相识多年，觉得格雷格一定可以从这次会面中获益，何况他一直对这位学者的研究工作十分敬仰。但是，格雷格却不想去见他。一开始，琼感到不可思议：他怎么会拒绝这么好的机会呢？但格雷格说得很清楚。他要靠自己的能力和智慧获得成功，而不是靠女朋友的人际关系。琼对此表示理解，也没有再多想这件事。

他们开始同居了。一切本应很完美，但格雷格的到来却带来了不少问题。搬家时一般都会出现的各种个人物品都奇怪地消失了。他没有历史可查，没有记录可寻，没有任何东西能证明他的身份是真实的。他连信都没有一封。他解释说，他的信件都发到另一个地址的信箱里了。但琼在同居以后也从未见过一封写给他的信。一天下午，琼发现了他的学生证。这份证件看上去就是假的。她质问了格雷格。他没有否认，而是告诉她自己把真的证件弄丢了，补办要花 50 美元，于是他就自己伪造了一个。她再次相信了他。

不过，琼抱着以防万一的心理开始暗中调查了。在两人开始恋爱时，琼曾做过如今所有女孩都会做的事：搜索对方的信息。但是格雷格的名字太过普通，她没能查出什么东西。这次她花了更多功夫，在大学的数据库里查找他的信息，但最后一无所获。格雷格对此也有解释：他有几门课程不及格。他没告诉她，因为这很丢人。现在他在另一间实验室工作。

格雷格的性情也变了。琼发现，格雷格的脾气其实很差。"他能在十秒钟之内从非常平静突然变得暴跳如雷、心烦意乱、反复无常，而这种情绪变化的原因都是莫名其妙的。"他十分善妒，充满占有欲。他会在没有受到任何刺激的情况下勃然大怒。他开始在情感上控制琼，威胁她说，如果她去参加她很向往的欧洲骑行旅游，他就和她分手。事后回头看，这里肯定有什么问题。但当时琼却为这一切找到了借口——她太爱他了。"我们一直按他的方式生活，"她说，但随即解释说，"他的方式是好的。他很聪明，他做的事都是为我好，为我们的关系好，能让我们两人的利益最大化。他确实偶尔会发脾气——但我觉得那都是孩子气的闹别扭，不值得大惊小怪。我们的恋情里有太多美好的东西，所以我就不去在乎那些缺点了。"

转折发生在一个下午。格雷格回老家了，而琼心存疑虑实在太久了。就在格雷格出门之前，他又一次对琼大发雷霆。她问格雷格能否去参观他的实验室。格雷格对她大吼，说她逼人太甚、无理取闹，然后就冲出家门去了机场。这个要求根本不过分，他的反应却这么大，这让她下了决心。她给自己的老朋友——就是那位她想介绍给格雷格的教授——打了电话。她在电话里倾诉了自己的疑虑。斯坦利博士安慰她说，她可能确实是多心了，但他正好认识格雷格实验室的负责人。斯坦利博士问琼要不要给那位负责人打个电话，她同意了。

结果不难想象：格雷格从未在那个实验室工作过。他根本不是那个科研项目的成员。他对琼讲的一切都是彻头彻尾的谎言。很快，他的其他底细也被揭穿了——科研工作、大学文凭以及他生活的所有细节——没有一样是真的。他虚构了一个身份，包括伪造的背景和家庭情况，只为骗她一人。她爱上了一个伪装大师，后者用最亲密的方式进入了她的生活。

事后看来，她才意识到，很多可疑的信号其实早就出现了，可当时她正在热恋之中。格雷格有种魅力，能让人人都对他一见倾心。琼的朋友都很喜欢他。琼实际上是生活在一场白日梦里，但那是场被社会纵容的白日梦：压倒一切的完美爱情。她太喜欢他了，根本注意不到那些可疑的事——他人也不会来提醒她。毕竟，偏好无须推理。

1996 年，卡内基梅隆大学的心理学家乔治·洛温斯坦（George Loewenstein）指出，这种"自我感化"会对我们的行为造成各种影响。"在许多行业中，人们都会通过技巧性地控制人心而获得成功。"洛温斯坦写道，"比如，汽车销售员、房产经纪人和其他使用'高压'销售策略的从业人员就是操控情感的高手。骗子也一样，他们频繁地唤起人心中的贪婪、怜悯与其他情感，让人无暇进行理性思考，从而跨越正常的行为底线。邪教与 EST[①] 等类似邪教的组织利用控制食物、强迫失禁等社会压力方式招募新成员。以上所有案例都强调要立即行动——这可能是因为操控者意识到人心的自我影响力会随着时间减弱。销售者总说，客户如果不尽早下手，他们看中的车或房子就会被他人抢先买走，以后再也不会有类似的机会了。骗子也会说，如果你不把银行卡交给我，那这辈子最好的致富机会就溜走了。在 EST 的宣讲会上，组织者也会诱导参与者立即当场加入，而不是让他们回到家里好好考虑。这就是动之以情的精华所在：趁热打铁，尽可能让目标没有时间冷静下来好好进行理性思考。"

扎荣茨在晚年时总结道，情绪几乎永远会先于理性产生。情感的力量要比逻辑更强。如果用力量做对比，情感就像是肌肉发达的举重选手，而理智则如纤细苗条的少女一般。这就是为什么一位人口贩卖的受害者会吸引无穷的社会资源来为她服务，而没人对此表示质疑。谁会怀疑一个精神遭受严重打击的孩子呢？

---

① 全称为"爱海德训练课程"（Erhard Seminars Training），活跃于 20 世纪七八十年代，宣称可以激发人体潜能的组织。——译者注

▼

　　萨曼莎·林黛尔·阿佐帕尔迪 1988 年出生于一个中产阶级家庭。她的父亲名叫布鲁斯·阿佐帕尔迪，母亲名叫琼·玛丽·坎贝尔。朋友都叫她萨米。她与母亲和哥哥格里高利在澳大利亚新南威尔士州悉尼市郊的坎贝尔镇共同生活。她在安南山高中毕业后，曾在石上烤饼餐馆工作过四五个月。这是镇上一家颇受欢迎的餐馆，地上铺着木地板，室内空气清新，还有悦目的橙色墙壁。在学校和餐馆里，人们都觉得她是一个"可爱的女孩"，但是"有点问题"。

　　2013 年夏末，萨米决定去探望她母亲的前夫乔·布伦南。布伦南居住在爱尔兰的克伦梅尔，这是位于都柏林西南约 175 公里的一个小镇，坐落于舒尔河畔。小镇虽不大，却是蒂珀雷里郡最大的镇子。她在那里悠闲地度过了三个星期，享受着无忧无虑的暑假。然后，她突然毫无征兆地离开了。乔没有惹她生气，至少他自己这么认为。萨米总是会做些出人意料的事，乔对此也并不担心。她总是这样。

　　那个 11 月的下午，布伦南在新闻上看到了萨米。这算是个意外——但也不算惊人。不如说是这件事提醒了布伦南，他早就该想到这样的事迟早会发生。他看到了那张照片，看到了那个可怜的迷路的女孩，也听到了人口贩卖的可怕故事。那是萨米。布伦南当即给警方打了电话。

　　在国际刑警和布伦南提供的线索的帮助下，"邮政局女孩"的故事被揭穿了。阿佐帕尔迪在她 25 年——不是 15 年，远远不止——的生活中，曾用过不下 40 个假名——艾米丽·皮特、林赛·考芙琳、达科塔·约翰森、乔治娅·麦考利夫、艾米丽-艾伦·希汗、艾米丽·塞伯拉斯等等。她的犯罪史可以追溯到少年时代。

警方质问她是不是萨曼莎。她拒绝回答。随着更多证据的出现，她开始用纸条和他人交流——写的是英文。但她顽固地拒绝承认真相，这使得警方又对她进行了一次心理评估。这个女孩也许在骗人，但她看上去似乎真的精神不正常。

评估结果显示，她的精神没有任何问题。阿佐帕尔迪被遣送回了澳大利亚，并被明令禁止进入爱尔兰。乔治·伯明翰法官在做出判决时表示，她的欺骗行为"是令人意外和震惊的"。

她是怎么做到的？阿佐帕尔迪非常明白怎么操控他人的情绪，让他人无暇思考。在动之以情这一步，她的本领非常出色。她的照片都会讲故事——多么令人心碎的故事啊，哪有神志清楚的人会编造这种故事呢？谁会装成人口贩卖和性侵害的受害者呢？到底是什么样的人才会做出这种事？

▼

讲故事是最古老的消遣形式。从篝火与象形文字诞生的时刻开始——拉斯科洞穴的壁画可能早在公元前 1700 年就出现了——到部落歌谣和叙事长诗，故事从一个城市传到下一个城市，从一代人传到下一代人。讲故事是人类理解并享受世界的最基本的方式之一。无论讲故事的形式如何变化，其传递的故事永不过时。

故事把我们聚到一起。我们会在谈论这些故事的同时增进感情（无论对故事本身是爱是恨）。通过故事，我们分享知识、传说和历史，并在某种意义上分享着未来。故事的意义在于娱乐和教育，在于排遣寂寞、记录历史。故事的存在仿佛再自然不过，以至于我们往往注意不到，它们其实遍布在我们生活的方方面面。而我们一旦被新的故事吸引，就会聚精会神，无暇顾及其他。毕竟，故事是为人服务的。无论讲故事的形式如何变化，它们永远是消遣娱乐的佳方式。

正因如此，故事也就成了骗子的有力工具，在动之以情阶段的地位更是至关重要。我们全心投入一段故事中，就会卸下防备。如果他人只是用一句话、一张图或是简单的交流吸引我们的注意，我们是不会这样全神贯注的。就在这样全神贯注的时候，我们可能会潜移默化地吸收某些信息。这些信息在平时可能不会被我们注意到或者引起我们的警惕。有时我们甚至会觉得自己聪明的头脑想出了一些绝妙的主意，而实际上这些想法来自我们刚刚听到或读到的故事。

情绪总是最先出现。而激发强烈情绪的最佳方式十分简单：讲述一个耸人听闻的故事。开始动之以情这一步时，最要紧的就是要有一个精彩绝伦的故事。故事是直击听众情感的最迅速的方式。"他有个秘密"可远比"他有辆自行车"听上去要吸引人得多。

20 世纪下半叶，心理学界掀起了一场认知革命，这场革命的中坚力量——心理学家杰罗姆·布鲁纳（Jerome Bruner）在其著作《真实的思想，可能的世界》（*Actual Minds, Possible Worlds*）中指出，我们通过两种方式形成经验：命题性方式与叙述性方式。命题性方式是指通过逻辑思考得出的经验。叙述性方式则像讲故事那样，更加具体和形象。这种方式对个人来说十分具有说服力。它是充满感情的，也是非常强大的。

布鲁纳指出，实际上，叙述性方式远比逻辑性、系统性的命题性方式应用得更为广泛。它是神话与历史的根源，也是习俗与社会关系的基础。布鲁纳于 1984 年夏天在多伦多举行的美国心理学会年会上发表演讲时说："波普尔指出，可证伪性是科学方法的根基。但可信度才是好故事的标志。"即便在科学领域，也一直在产生故事。没有任何科学方法是可以不靠讲故事而产生重大影响的。

因为故事能说服人，能让人产生信赖，也就能吸引投资。比起阐述科研项目精髓的提案，一个引人入胜的故事更容易获得关注。经济学家罗伯特·海尔布隆纳（Robert Heilbroner）曾对布鲁纳透露："如果一个经济理论在应用中遇到了困难，我们就会开始讲故事。比如日本的进口贸易或者苏黎世银行的效率有多么低下。"如果一个事实只是看上去可信，我们仍然需要对其进行测试。但如果一个故事听上去没什么问题，我们往往就会理所当然地认为它是真的了。

加里·里昂常常对陌生人讲起他生病的女儿：她得了白血病，正在医院接受治疗。命运真是对他不公：他要去医院看望女儿，汽车偏偏没了油。哪位好心人能给他点钱——10 镑或 20 镑就好——让他加些油呢？当然，他会回来还钱，而且会对这份善意感激不尽的。有时候，生病住院等待手术的是他的儿子。故事的情节可能会改变，但总是让人唏嘘不已。几乎没人会对他表示怀疑，那些细节实在太生动了——而且，多么冷血的人才会眼睁睁地看着这位赶去医院看望孩子的父亲因为没有汽油而寸步难行啊。2015 年 2 月，里昂被判犯有多项盗窃与欺诈罪：别人给他的汽油钱都被他用来满足毒瘾了（可卡因，每天毒资 50 镑）。但这还不是最让法官感到深恶痛绝的：实际上，他的女儿真的曾经罹患白血病。后来，女孩已经康复，但里昂仍旧把她当幌子来骗钱。

没人会质疑癌症患者的家属，正如没人会质疑人口贩卖的受害者。如果一个人只是声称自己的车没油了，我可能不会给他钱。我可能会提出要亲眼看看那辆车，或者带他去一趟加油站。但是，我无法拒绝一位赶去陪伴患病孩子的父亲。事实可以接受考验，故事则复杂得多。我们的情感被激发、同情心泛滥的时候，就会成为被动之以情的待宰羔羊了。最厉害的骗术高手不会让我们感觉自己上了套，他们会让我们发自内心地觉得自己是个大大的好人。

密歇根大学的心理学家索尼娅·达尔·辛（Sonya Dal Cin）在过去 7 年间一直致力于研究故事——我们听到、记住并时常对自己讲述的故事——是如何潜移默化地影响我们的思维与行为的。达尔·辛发现，故事的内容、意义，讲故事的方式与讲故事的人，所有这些因素相结合，能够对我们的思想、行动和观念造成深刻且持久的影响。这种影响甚至强于我们的信仰与固有态度中存在的重大阻碍。事实证明，故事的力量足以让一个人改变其关于关键问题的想法。迈克尔·斯莱特指出，实际上，引人入胜的故事往往比以理服人等直接策略更有效。有些时候，讲故事是让他人同意你的意见或按照你的意愿行事的唯一方法。骗子往往不用开口就能达到目的，受害者自己就把战利品双手奉上了。故事越吸引人，效果就越好。这就是动之以情的目的所在——寻找达成最佳效果的最好方法。正如常言所说：你给人留下第一印象的机会只有一次。

"马克·安东尼骗局"的名称来源于莎士比亚名剧《安东尼与克莉奥佩特拉》（*Antony and Cleopatra*），这个骗局是骗子们常用的套路。马克·安东尼在对罗马人的第一次演讲中宣布："我是来埋葬恺撒的，不是来赞美他的。"因为在场的人都痛恨恺撒，安东尼这样说便立即获得了听众的注意力，也赢得了他们的信赖。他们从一开始就对演讲的内容赞同不已，自然而然就会倾向于接受接下来的内容。当然，安东尼接下来对恺撒大加赞誉，并顺利地结束了讲话。没人明白到底发生了什么。

"我不是来卖东西的！""你想要就要，不想要也可以不要！""我不想要什么捐款！"很多故事的开头都会像马克·安东尼的开场白一样让你卸下心防。骗子都不会一上来就痛下杀手，而是先利用信任建立关系，讲述一个逐渐铺开的故事。2014年6月，一位名叫珍·班伯丽的记者通过不懈的努力，揭露了一名貌似守法的商人蒂姆·墨菲特的罪行。墨菲特诱骗大量阿米什人①向一片位于佛罗里达的土地投资。他花了5年时间在宾夕法尼亚州的兰卡斯特县建立威信。他先是创办了一家工厂，雇用了一些阿米什人，积极结识当地人。然后，他开始了下一步计划。他声称，在佛罗里达州的布什内尔，有一个房车营地正在吸引投资。这是一个难得的机会，可以保证每年有9%的收益。这是一场完美的马克·安东尼骗局：开始时声称自己无意兜售任何东西，与受众建立信任，然后再下手。当地人投资了数十万美元，结果血本无归。

换句话说，即便你在理论上并不真的相信骗子（或那名古罗马统治者）的故事，但在实践中，你的行为还是免不了受到故事的影响。面对骗局，你可能会小心提防，保持警惕——如果你是一名警官，那想必更是如此。但你怎么忍心拒绝向一名显然受过极大创

---

① 美国和加拿大安大略省的一群基督新教再洗礼派门诺会信徒，以拒绝汽车及电力等现代设施，过简朴的生活而闻名。——译者注

伤的迷路女孩伸出援手呢？除了善意，她什么也不要，难道不是这样吗？

克莱蒙研究大学神经经济学研究中心主任保罗·扎克（Paul Zak）对故事的力量进行了研究。这些故事是在我们日常生活中与朋友、陌生人甚至是书本、电视等媒介的互动中产生的。他发现，引人入胜的故事有一种力量，能让人从情感和行为上去接纳它。这种力量无与伦比。

在一项研究中，扎克与同事们给参与者放映了一段录像，录像中是一位父亲在讲述自己儿子的故事。"本快要死了。"这位父亲面对镜头说。镜头随即摇向背景中的一个看上去无忧无虑的两岁男孩。父亲继续说，本长了脑瘤，最多只能再活几个月了。尽管接下来的时间将非常痛苦，这位父亲还是决定为了家人保持坚强。画面至此逐渐转为黑暗。

看过录像后，大约一半的人向抗击癌症的慈善机构捐了款。这是为什么呢？那些没捐钱的人又是怎么想的呢？

扎克不只是简单地让人们观看"本的故事"，而是让他们在一起观看录像，同时监测他们的神经活动，特别是脑部向血液中释放某种激素的浓度。大多数人在观看录像的同时都释放出了催产素。这种激素与同情心、集体感和对社交信息的敏感度有关。那些催产素水平高的人都捐了款，尽管没有人强迫他们这样做。

然后，扎克放映了另一个场景。现在，画面中的本和他的父亲来到了动物园。本的头发不见了，他的父亲叫他"奇迹男孩"。不过这次画面中没有表现出故事情节，也没有直接提到癌症或是生活的压力。这次，观看录像的参与者不像之前那样关心本和他的父亲了，他们的激素水平降低了，捐的钱也少多了。

那些看了第一个故事并捐了更多钱的参与者在这样做之后感到更加快乐、更富同情心了。在对募捐广告效果的进一步研究中，扎克与同事向部分参与者的鼻腔内直接喷洒了催产素。结果，这些人的捐献行为显著活跃起来：他们的捐献意愿比其他人高 57%，捐献金额也高出 50% 以上。

扎克的研究解释了尼尔·斯托克斯的骗局是如何成功的：斯托克斯为满足自己的毒瘾，谎称为自己的外甥阿什利·托伯特一家募捐，骗取了大量钱财。他挨家挨户地敲门，对人讲述小阿什利被校车撞死的故事（这是真的），并恳求对方捐出一小笔款项，帮助外甥一家填补葬礼的支出，或者帮他们过一个像样的圣诞节。他还拿出手机，给对方看小阿什利的照片。很多人都慷慨解囊——如果不是斯托克斯的母亲阴错阳差地报了警，人们还会捐更多的钱。她听说有个人在打着她家的旗号募捐，起了疑心。结果斯托克斯很快就被逮捕了。

约翰·霍普金斯大学的市场学教授凯斯·奎森伯里（Keith Quesenberry）花了两年时间，系统性地对超级碗[①]广告进行了研究。他这样做并非心血来潮。在投身教学与研究前，奎森伯里曾在广告业中工作了十七年，担任过文案撰稿人和创意总监等职务。他曾经是广告内容的创造者。而如今，他用更加系统的方法对广告进行了研究。他仔细观看每一则广告，对内容加以分析，并试图找出决定广告是否成功的因素。他一共研究了超过一百则广告。

结果，奎森伯里发现，对于一则广告来说，是否拥有戏剧性的故事情节，是决定其能否获得成功的关键。"人们会觉得成功的

---

① 美国橄榄球大联盟年度决赛。因其收视率极高，广告也制作精良。——译者注

要素在于性、幽默或是小动物，"他在接受《约翰·霍普金斯杂志》（*Johns Hopkins Magazine*）采访时说，"但我们发现，一则成功的商业广告总会讲述一个故事。"而这个故事越完整越好。采访者请他根据自己的研究预测 2013 年超级碗中哪一则广告会获奖，他选择了百威啤酒的广告。这则广告讲述了一条小狗和一匹马之间的友谊。"百威最爱讲故事，"他说，"他们能把一部电影浓缩到 30 秒的广告里。人们就爱看这样的广告。"他说对了。那则广告在《今日美国》（*USA Today*）的广告排行榜和 Hulu 视频网站的广告频道都获得了最高分。

让我们看看成功的骗局和"本的故事"以及百威啤酒广告的相似之处吧。"祖母骗局"：你的孙子遭遇了可怕的事故，你必须马上寄钱给他。不，他不能和你说话，他在手术室里。"甜心骗局"：社交网络上的网友一心想来和你见面，但突然遇到了困难，需要你马上解囊相助。还有那些善于感染旁人的伪装者——不只是阿佐帕尔迪，还有德马拉。他每次进入一家修道院，都会伪装成"迷失的羔羊"——只想获得慰藉的新皈依者。德马拉多次使用过这个骗局。他会进入一家修道院，声称自己是一名看尽世态炎凉的俗世之人，突然发现自己的情感漂泊无定，需要找寻生命的意义。修道院会向他敞开大门，而他进门之后则会利用这个身份去行骗。还有那些自称罗曼诺夫王朝末代公主安娜斯塔西娅的骗子——沙皇一家被处决后，她的遗体从未被发现，骗子们正是利用了人们的这一线希望。好故事总会激发你的情感，动之以情想要成功，全靠这一点。

在电视剧《费城总是艳阳天》（*It's Always Sunny in Philadelphia*）的一集里，查理的妈妈让周围人都相信她得了癌症。在现实生活中，这样的事比我们想象中普遍得多。最近就有一位真实的"查理妈妈"上演了比电视剧更离奇的剧情：英国威尔士南部的一名47岁男子艾伦·奈特假装四肢瘫痪并陷入昏迷长达3年之久。他不仅因为装病获得了福利，还得以避免被自己的邻居告上法庭——他骗了对方4万英镑。

这些骗局之所以能成功，都是因为它们吸引你进入了一个故事，并让你情不自禁地被这个故事所打动。到这一步，你的理智就不起作用了。情感是产生同情的关键。对人们动之以情，人们就会对他人的境遇产生认同感。做不到这一点，要完成骗局就难比登天了。

扎克对心理学家杰里米·迪恩（Jeremy Dean）说："我们的研究结果能解释为什么小狗和婴儿总会出现在卫生纸的广告里。这项研究发现，广告商意在用相关形象刺激消费者的大脑释放催产素，建立对产品或品牌的信任，从而促进销售。"催产素能让我们对金钱和时间更加慷慨，也能让我们更容易信任他人。骗子在动之以情这个阶段越成功，受害者付出的就越多。骗子越高明，故事也就越精彩。

一个成功的故事具备两个要素。首先，它依靠叙述本身，而非论述或逻辑来传达信息。其次，它能使人对故事中的人物产生认同感。我们并不愿被说服或是被要求去做什么事。我们愿意去体验一些令人愉快的事，比如一个有趣的故事。即便我们和这个故事毫无关系，听故事的过程也能在我们与叙述者之间建立一条纽带——之后，叙述者就可以大肆利用这条纽带了。

无论故事是悲是喜，我们都不太容易从中挑出毛病。我能指出他人逻辑中的谬误，但无法指出他人感觉上的错误。在讨论道理时，我可以与对方展开辩论。但对方给我讲故事时，我就很难发现其中有什么值得警惕的地方了。毕竟，可疑的事情从来不会直白地呈现给你，只会偷偷摸摸地暗示。

心理学家梅兰妮·格林（Melanie Green）和蒂莫西·布洛克（Timothy Brock）对故事的说服力进行了研究，结果发现人们越是深入故事的世界，就越可能对其全盘接受、深信不疑——即使一些细节自相矛盾也无所谓。我们对叙述的标准比对其他形式的宽松得多。而如果这个故事能激发我们的强烈情感——多么可怕啊！我不敢相信她遇到了这样的事！——这又会使故事的可信度再上一个台阶。换句话说，骗子用来打动我们的故事越具戏剧性，就越有可能获得更大的成功。

佐村河内守（Mamoru Samuragochi）是一位音乐奇才。他是日本最多产、最受欢迎的作曲家之一——他的作品横跨古典音乐与电脑游戏配乐等多个领域，他以父母在广岛核爆中幸存为题材的交响乐作品《广岛》的销量达到了惊人的 18 万张。与此同时，他还有一段令人动容的传奇经历，这个故事让他的成就显得更加难能可贵。他是一名聋人。35 岁那年，一场退行性疾病夺去了他的听力。尽管如此，他仍然继续谱写出无数动人的音乐篇章。在 20 世纪 90 年代初露锋芒时，他就被媒体冠以“当代贝多芬”之名。两人的相似之处不止这一点。与贝多芬一样，佐村河内守也有一头长发，并喜好穿着盛装。他总是戴着一副墨镜。2001 年，佐村河内守在接受《时代》杂志采访时称，他的耳聋是“上帝的礼物”。

他清楚地记得失聪时的情景：他在自传《交响乐 1 号》（Symphony No.1）中写道，他做了一个梦，梦到自己慢慢沉入水底。当河水没过双耳时，他失去了听力。醒来后，他立即扑向键盘，结果发现什么也听不到了。这让他悲痛欲绝，作曲是他的生命啊！悲痛稍缓后，他决定做一个试验，看自己能否在脑中重演贝多芬的《月光奏鸣曲》并凭记忆把曲谱写下来。结果他成功了。他复写的曲谱与原作一模一样。

在失去听力之后，佐村河内守的事业迎来了真正的春天。2001年，也就是失聪的那一年，他写出了自己的首部交响乐。2008年，他的出生地广岛选用了他的作品纪念原子弹爆炸63周年。2011年，他的作品入选了《唱片艺术》（*Recording Arts*）杂志的经典音乐合集，他是所有作曲家中唯一在世的。

2014年2月5日，佐村河内守做出了一份震惊世人的声明：从1996年起，他就雇用枪手作曲了。43岁的新垣隆（Takashi Niigaki）是东京一家音乐学院的讲师，在近20年的时间里，他为佐村河内守谱写了超过20首乐曲，后者以自己的名字发表。新垣隆为此获得了大约7万美元的报酬。他对媒体说，他想结束这种合作，但佐村河内守不答应。佐村河内守威胁他说，如果这场骗局被曝光，他就自杀。后来，新垣隆代笔的一首乐曲将被一位日本花样滑冰运动员选用，在奥运会上播放，这让新垣隆最终下定决心公布一切："我不能眼睁睁地看着高桥选手也成为我们罪行的同谋。"

新垣隆揭露了更多惊人的真相。不仅那些乐曲是枪手所作，而且佐村河内守竟也不是真的聋了。为了让故事更加动人，他严重夸大了自己的病情。这些作品本身质量不错，但算不上杰出。加上佐村河内守的传奇，整个故事就变得无比动人了。在佐村河内守坦白一切之前，已经有很多迹象表明他在说谎，但在这个无比励志的故事影响下，这些迹象都被忽略了：在一次采访中，记者注意到他在手语翻译结束动作之前就开始回答问题了；还有一次，他对突然响起的门铃有了反应。事后，舆论认为佐村河内守可称得上是一流的骗子。但日本影响最大的报纸《朝日新闻》指出，媒体在这场骗局中也要负一定的责任。"媒体必须反思自身对催泪故事的迷恋。"这个故事造就了一位作曲大师。

佐村河内守的故事看似不可思议，但当我们被有力的故事打动，往往就会把理智抛在脑后了。这就是动之以情的目的所在：用故事让我们失去理智。在一项研究中，参与者被要求阅读一则短篇故事，以测试其在不同叙述方式下的投入程度。其中一篇名为《商场谋杀案》的故事改编自舍温·纽兰德（Sherwin Nuland）所著《我们如何死亡》（How We Die）一书中记录的发生在康涅狄格州的一起真实案件，讲述了一个名叫凯蒂的小女孩在商场中被残忍杀害的故事。她的亲人与商场里的购物者震惊地目睹了这一切。事后发现，犯罪者是一名精神病患者，当天医院让他出门放松一下。在读过这篇故事后，参与者回答了一系列相关问题。这些问题包括对整个事件、其中的人物以及精神病治疗措施的看法等。之后，最关键的问题出现了：叙述中是否存在一些自相矛盾或者完全说不通的地方？这项研究的发起人是格林和布洛克。他们把这种矛盾称为"匹诺曹式兜圈子"：故事中是否有什么地方暴露了谎言，就像匹诺曹的鼻子一样呢？结果显示，读者越是全神贯注地投入故事，就越难发现其中的可疑之处。叙述的力量压倒了逻辑与事实。

此外，最投入的读者也最容易接受故事暗示的观点（也就是应该对精神疾病患者采取各种强制措施）。他们在接触这个故事之前有怎样的信念并不重要，故事本身就会让他们建立一个全新的、强有力的观点。精心策划的情感攻击不会立即抓住你的情感，而是会让你更容易受到某种信念的影响，这种信念正是骗子为了展开骗局而为你建立的。一个名为"详尽可能性模型"（Elaboration Likelihood Model）的理论指出，动机水平的高低将会决定我们处理信息的方式。如果动机水平高，我们会更专注于信息本身传达的理念，并被其说服。如果水平不高，我们就会更容易受到外部信息的影响，比如某人的穿着打扮、言谈举止等。然而，故事激发的情感甚至比积极性的影响还要大。在这种情况下，我们不再对故事中的信息进行理性思考，反而像动机水平为零者一样对一切错误信息照单全收。这就是动之以情的力量。如果骗子的每一步都做对了，我们无论怎么尽力避免上当受骗也没有用。叙述的力量将会压倒一切。

骗子懂得多种吸引我们进入故事套路的方法。比如凯蒂的故事——太过骇人听闻，让人无法不产生同情。像萨曼莎·阿佐帕尔迪这样的人总是采取这种办法。不过，还有一种不那么直接的方法。骗子可能会用这种被称为"期望身份"（wishful identification）的方法。我们不会对故事中的人物感到惋惜，而是想直接成为他们。这些人拥有我们期望的一切。我们也应该得到这些，不是吗？也该轮到我们了。故事中的人物和我们越相似——无论这种相似是外表上的还是社会地位上的——我们就对他们越有好感。我们越喜欢那些骗子，就越想成为他们那样的人。

理查德·哈雷领着每个月 500 美元的社保福利金，却用一场得克萨斯州的"石油开发"骗局骗取了投资者 32.3 万美元。他的骗术很简单：他假装成一个有数亿资产的富翁。他对潜在客户说自己是艺术品收藏家，在得州有一片价值数十亿美元的油田。这就是"期望身份"的力量所在：跟我一起投资，你也会拥有这一切。你不想让他人见识你的成功吗？起诉书指出，哈雷从 1999 年起就开始实施这一骗局，并一直持续了十多年。

哈雷在 2014 年被起诉，但这不是他第一次被告上法庭了。他是动之以情的专家，精通此中种种手法。1989 年 1 月，他和他的妻子杰奎琳·库比就讲过一个最有力量的故事：治愈艾滋病的故事。他们声称自己多年来一直在寻找治愈这种可怕疾病的方法，终于取得了突破。他们的制药公司——拉扎尔实业公司发明了一种开创性疗法。这种疗法是纯天然的，不是那种向体内注射毒素的鸡尾酒疗法。这种疗法的基础是臭氧和氧气，两种我们时刻都在接触的无害物质。他们说，用这种"臭氧生成泵"每天灌肠 30 ~ 35 秒，就能治愈艾滋病了。哈雷和库比还说，这种疗法在新泽西的一家大型医院通过了大量临床试验，是少数几个获得专利的抗艾滋病毒方法之一。每次治疗只需 250 美元，每月 7500 美元——为了治愈绝症，这代价实在不大。

在之后的 6 年间，这对夫妇通过有的放矢的广告和邮件把这个故事推销了出去。他们调查了同性恋杂志的订阅者，并为他们专门制作了广告。到 1996 年他们被起诉时，两人已经骗取了超过 140 万美元。这种疗法当然是不存在的。但这个故事的力量太大，人们太想去相信它，因此有很多人成了这场幻想的受害者。最终，哈雷被判 5 年监禁——被释放后不久，他就重操旧业，摇身一变，成为石油大亨。

像哈雷这样的诈骗惯犯是动之以情的一流高手。杨亚玲（Yaling Yang）是一名心理学家，主要研究病理性说谎行为。她来到一家职业介绍所，寻找研究对象。她想看看在失业人群中是否有说谎成性的人。她的研究表明，至少一部分人的失业原因是工作时的不诚实行为。

杨在洛杉矶的职业介绍所中对超过 100 人进行了访问，问题包括过往职业、家庭背景等情况。然后，她把收集到的回答和法庭记录与询问受访者亲友后得到的信息做了对比。其中是否存在矛盾之处呢？结果她发现，12 个人的回答有问题。他们经常说谎，而且并没有什么理由。接下来，杨请每位受访者进入实验室接受脑部扫描。她发现，说谎成性者的脑白质比其他人多 25%。

这种特质在临场编造故事的能力中发挥了关键作用。实际上，对正常发育的大脑而言，6 ~ 10 岁是脑白质大量增加的时间。而这个年龄段也恰恰是大多数儿童学会故意说谎的时间。换句话说，杨的发现证明，老练的骗子在一项骗术的基本技巧上有着超乎常人的本领，那就是讲故事的能力。

爱泼斯坦说过："《圣经》，这本历史上最有影响力的西方书籍，通过预言和故事而非哲学论述来传道，这并非偶然。"爱泼斯坦指出，故事"在本质上是吸引人的"，这是其他任何方式所不能及的。

有时，故事的力量如此惊人，甚至讲述者本身也受到了蒙蔽，在讲故事的过程中不知不觉地成了骗子。2014 年冬天，《滚石》（Rolling Stone）杂志上的一篇关于发生在弗吉尼亚大学的一起强奸案的特写报道就是这样的例子。这是个完美的故事，情节非常抓人：一名年轻而无辜的大学新生杰姬，不沾酒精，不碰毒品，也没有穿暴露的衣服，却在首次参加联谊会时被 7 名男生轮奸，因为那是一项堕落的入会仪式。记者萨布丽娜·鲁宾·厄德利（Sabrina Rubin Erdely）的报道可谓精彩绝伦，她为这项严肃的社会问题找到了一位绝佳的控诉人。她因此受到了无数媒体的采访，并被公认为一位杰出的记者，因为她写出了完美的报道，吸引了民众对这一问题的注意力。

然而，注意到这篇报道的人也在报道中发现了很多可疑之处。为什么报道者没有尝试接触犯罪嫌疑人？为什么报道中没有来自受害者朋友们的证言？在接下来的几周里，《华盛顿邮报》（The Washington Post）的记者们针对这篇文章进行了抽丝剥茧的调查报道。他们采访了杰姬的朋友、联谊会的负责人，甚至还联系到了两名嫌疑人。随着调查的深入，他们发现了越来越多的漏洞——从相对不太重要的（报道中提到的联谊会在杰姬声称被侵犯的当天并未举行派对，而且入会仪式是在春季而非秋季）到性质更为严重的（杰姬的朋友没有如报道中所说那样对这件事袖手旁观，他们在发现杰姬情绪反常后极力规劝她去寻求帮助）。调查发现，事发当晚，杰姬并没有说自己遭到轮奸，而是说自己被迫为几名男生口交。此外，她曾表示自己在和一名男生恋爱，但调查发现她提到的信息、照片和整件事都不存在，都是她臆造的。次年3月，警方调查认定"没有充分理由"证明杰姬曾遭受任何人的侵犯，更遑论轮奸之说了。当然，警方同时强调，这也无法证明没有发生过任何事。只是从法律角度来说，证据并不充足，警方因此终止了调查。

需要说明的是，《滚石》杂志的这次失败的报道与杰姬完全无关。创伤性事件的后续记忆本来就非常不可靠。受害者回忆的细节往往模糊不清，难以自圆其说。这次事件显示出的是对基本新闻操守——在相信受访者的同时不忘质疑——的公然无视。不要让报道失去控制，无论故事如何精彩，在任何时候都不要忘记怀疑精神。在这次事件中，《滚石》只顾深信不疑，结果质疑的工作便由《华盛顿邮报》来完成了。

另外需要说明的是，据我们所知，厄德利并不是有意要欺骗任何人。据我们所知，她并未杜撰、抄袭或有意歪曲事实。不过，就算是那些故意这么做的人——斯蒂芬·格拉斯（Stephen Glass），《新共和》（*The New Republic*）杂志记者，在该杂志工作 3 年期间编造了多篇报道；珍妮特·库克（Janet Cooke），《华盛顿邮报》记者，曾获普利策奖，但获奖报道被证实完全出于杜撰，奖项随即被收回；贾森·布莱尔（Jayson Blair），《纽约时报》（*The New York Times*）作家，杜撰、抄袭过多篇报道；乔纳·莱勒（Jonah Lehrer），《纽约客》（*The New Yorker*）杂志特约撰稿人，其多篇文章中有抄袭或杜撰成分，出版的三本书中有两本因此被出版商召回；甚至露丝·沙利特（Ruth Shalit），《新共和》杂志的另一名作者，像厄德利一样，她的文章在查证方面也有诸多漏洞——也许他们在开始时并无恶意，也被自己故事的力量感染了。他们的故事获得成功的原因也和厄德利的一样。也许厄德利和这些人都被自己创造的故事带上了歪路。她最后被故事的魅力迷惑了，放弃了正常的新闻查证工作。这几乎可以说是一场完美的情感攻击。《滚石》杂志很快做出了反应。这本杂志也被这个故事迷惑了，厄德利实在把它讲得太好了。根本不需要什么骗子，他们自己就把自己骗倒了。

我们相信，是因为我们自己想要去相信。骗子只是推了我们一把而已。即使我们认为他们已经山穷水尽，他们还是能出其不意地卷土重来。

▼

2010 年的一天，在澳大利亚布里斯班，出现了一个名叫达科塔·约翰森的女孩。她对警察说她 14 岁，刚刚离开性侵她的亲戚，迫切需要帮助。她来自欧洲，与叔叔到澳大利亚旅行。她说她在豪勋爵岛离开了叔叔，但没有说明自己是被遗弃的还是主动逃跑的。她的遭遇十分可怕，布里斯班救助部门为她提供了食物和住所。她对救助人员说，自己想要的和任何青少年一样，只不过是回到学校完成学业而已。

约翰森身上没有什么行李——她离开得太匆忙，只拿了一点东西，包括几件衣服、一台笔记本电脑和一封萝实学校的介绍信。这是瑞士的一所豪华贵族学校，坐落在日内瓦湖畔。此外，还有一张豪勋爵岛银行的收据以及一本粉色的日记本。在日记中，约翰森详细地记录了自己如何遭遇亲叔叔的野蛮性侵。

她很难靠这些东西继续生活，但当地政府决定给她一个重拾正常生活的机会。也许是萝实学校的介绍信起了作用，一所当地高中接受了她，让她从下一个学期开始在那里上课。

然而，警方却觉得这还不够。能上学当然最好不过，但他们认为，像这样遭受创伤的孩子需要更多帮助。为了她的利益，警方趁她不在，搜查了她的电脑。

电脑中有她和家人站在悉尼港湾大桥顶端的照片。照片上有日期，这是一条线索。当地警方联系到了经营登桥观光业务的旅行公司，查阅了登桥者的记录。很快，他们就发现了要找的人：22 岁的萨曼莎·阿佐帕尔迪。她根本不是 14 岁。至于达科塔·约翰森，那是个假名，借用了后来出演电影《五十度灰》的女演员的名字。那封萝实学院的介绍信是用电脑伪造的，银行收据也是一样。随着警方调查的深入，他们发现"达科塔"的诈骗行为远不止这一次。她出现在布里斯班时就已经因为欺诈在昆士兰州被通缉了。在昆士

兰州的海边小镇罗克汉普顿，我们的这位老朋友萨曼莎·阿佐帕尔
迪试图用伪造的医保卡获取服务。

9月14日，布里斯班地方法院宣布阿佐帕尔迪犯有两项虚假陈
述罪、一项伪造文件罪和一项违反条例罪。虽然被判有罪，但处罚
却很宽大，阿佐帕尔迪只被判处500澳元的罚金。一个月后，她再
次因为使用虚假身份试图骗取同情被判犯有四项虚假陈述罪。这次
的处罚还是500澳元。此后的几个月间，她没有再被告上法庭。

但她也就安分了几个月。2011年，她摇身一变，成为体操运
动员艾米丽·阿佐帕尔迪。她之前就使用过这个身份，当时化名为
"艾米丽·塞伯拉斯"。她现在住在珀斯。她对那里的一位新朋友
说，自己是一名一流运动员。她借住在朋友家中时——这种情况越
来越多了——也会对朋友的父母这样说。她声称自己在俄罗斯受过
训练，是俄罗斯女子体操16岁以下组的冠军。

一个月后，艾米丽在社交网络上发布了一条令人震惊的消
息——她全家人都惨死在法国。她同时贴出了报纸上的一则报道：
一名男子在枪杀妻子和15岁的女儿后举枪自杀。报道中还写道，
被害少女的一名双胞胎姐妹在这场惨剧中幸存。艾米丽自称就是那
个女儿。新朋友一家被她的遭遇打动，主动提出要领养她，她对此
表示了感激。她说，自己不久前在美国见过一名领养法规方面的专
家，他能够帮忙处理一切必要程序。阿佐帕尔迪随后冒用一名佛罗
里达州法官的身份给这家人发去电子邮件，并用这个身份领取了相
关的文件。最后，她与领养部门工作人员在悉尼碰面，声称自己在
珀斯遭受了强奸，不能再回去了。

然而，当这家人帮她登记入学时，谎言被戳穿了。她那份写着
艾米丽名字的出生证明被发现是伪造的。

2012 年，阿佐帕尔迪再次被判有罪。这次她因为非法占用社会福利被判处 6 个月监禁。不过，法官给了她一年的缓刑期。她受到的每次处罚都很宽容。她是个外表可爱的女孩。同年 6 月，她在珀斯地方法院认罪，罪行包括三次用假名在银行开户、一次引诱他人犯欺诈罪和一次欺诈未遂。10 月 2 日，她再次被判处 6 个月监禁，并再次获得了一年的缓刑期。

也许有人会说，阿佐帕尔迪是一名病理性说谎者，这是指一种因为精神问题而无法控制自己不去说谎的人。这种人是真的有病，而非故意装病。从某种意义上说，这种说法也没错。不能否认，她对说谎有一种偏执的热爱。不过，对于像她这样的骗子来说，这可不是什么精神疾病。你也许还记得，她接受过精神检查，结果是完全正常。这是她主动的选择，也是动之以情的真正意义。病理性说谎者的谎言是毫无理由的。对他们来说，说谎是一种强迫症，可能代表更深层次的精神问题（实际上，病理性说谎确实是精神病的症状之一）。骗子说谎则有非常明确的目标：获得个人私利，无论是金钱上的还是其他方面的。他们说谎是为了从情感层面发动攻击，为了获得对方的信任并引领对方进入他们所设计的圈套。此外，骗子的谎言是合情合理的，而病理性说谎者的谎言则往往太离谱，让人一听就不能当真。

阿佐帕尔迪的谎言是经过精心设计的。她的谎言总是关于性——而这是一项社会禁忌。性问题如此敏感，在这个问题上说谎等于背叛了我们对人性的信任。遗憾的是，正因为情感的力量如此强大，在骗局中利用类似话题的情况并不鲜见。实际上，索玛莉·玛穆（Somaly Mam）用的也是这一招。玛穆是一家国际慈善机构的负责人，她长期谎称自己受过性侵害。更有甚者，她还去训练那些她本该去帮助的女孩，让她们对潜在的捐助者讲述充满伤痛的故事——这些故事中的很多也是编造的。每个女孩都要接受"试镜"，然后成为这家慈善机构的代言人。《新闻周刊》（*Newsweek*）的一则曝光报道称，一名女孩"承认她的故事是虚构的，她在玛穆的指导下，在摄像机前进行了精心的排演。之后，她从一群参加试镜的女孩中被挑选了出来"。玛穆对她说，这是帮助那些真正的人口贩卖和性侵受害者的唯一方法。

这是一个难以解答的问题：目的是好的，就能证明手段是正当的吗？即使人们已经得知真相——索玛莉·玛穆的基金是建立在谎言（她自己的故事）之上的，并依靠更多的谎言（训练女孩讲述精心设计的故事，竭力打动更多的人）来募集资金——很多支持者仍然对她不离不弃。毕竟，她募集捐款的初衷是唤起人们对一项严重的社会问题的重视，并用捐款帮助了很多真正的受害者。那么应该说她是一名骗子，还是说她只是手段太过极端了呢？

骗局总是伴随着灾难降临，这并非巧合。无论是自然灾害、重大疾病、经济危机、国难当头还是个人遭遇不幸，都是骗子的可乘之机。面对灾难时，人们的情绪已经被激发，灾难本身就是一个扣人心弦的故事。从某种意义上说，这时的我们早已准备就绪，任骗子予取予求。骗子甚至不用费力调动我们的情绪或者编造什么故事了，一切都是现成的。2014 年秋天，埃博拉病毒肆虐非洲时，BuzzFeed 网站记者调查发现，负责纽约市防疫工作的萨尔·佩恩实际上是一名招摇撞骗之徒，曾因犯罪被判刑。佩恩根本没有从事生物危害防治工作的资质。这场骗局对他来说不过是小菜一碟：人们已经产生恐慌情绪，盼着有人能出来主持局面——有谁会在这种事情上说谎呢？伊拉克战争爆发后，两名英国商人——吉姆·麦考米克和加里·博尔顿决定利用人们对爆炸物的恐惧大赚一笔。他们向市场推广了一种带有自动防故障装置的炸弹探测器。他们伪造了试验结果，很快就把这种造价只有 1.82 英镑、比高尔夫球寻找器高明不了多少的玩意卖到了 1.5 万英镑一个的价钱。这又是一个最简单不过的骗局：已经有了现成的好故事，客户的情绪也早已到位——同样，谁又会在这种人命关天的事情上说谎呢？买家蜂拥而至，他们不仅来自战后的伊拉克，还来自泰国、墨西哥、中国、尼日尔、沙特阿拉伯、新加坡、巴基斯坦、印度、菲律宾、埃及和突尼斯等国家。这两人每年收入上千万英镑，而自以为有了这种仪器就能高枕无忧的人们则死伤无数。"你的行为的罪责和危害极为严重，"法官霍恩在对博尔顿做出判决时表示，"因为在我看来，使用 GT200 探测仪对爆炸物进行探测，极大地增加了人们受伤和死亡的风险。"

对他们的判决并没能阻止其他人使用伪造仪器获利。2014 年10 月，萨缪尔和琼·特里因多项罪名被捕，其中一项是谎称一种探测器可以找到失踪的女孩玛德琳·麦凯恩[①]。他们宣称，只要把女孩的照片放进这个机器，就能追踪到女孩的藏身之所。在这些事件中，情绪和故事早已具备，只需骗子到场，动之以情的大幕就拉开了。

▼

为什么情感攻势在动之以情阶段如此有效？简单来说，是因

---

① 轰动一时的 4 岁英国女童玛德琳·麦凯恩失踪案发生于 2007 年，至今仍未破案。——译者注

为情感能让我们行动起来，这种驱动力是其他方式不能比的——而骗子要的正是行动，这是骗局的全部目的。一旦我们的情绪被唤醒，我们就会受其驱使，无暇顾及其他。在 20 世纪七八十年代，心理学家诺伯特·施瓦茨（Norbert Schwarz）和杰拉德·克罗尔（Gerald Clore）进行了一系列试验，研究人的情感是如何影响他们处理信息和进行决策的。经过反复证实，他们发现，我们在需要做出判断时总会问自己："我对这件事的感觉好吗？"如果答案是否定的，我们就会把这种感觉视为事情出了差错的证据。比如"这个房间让我感觉不好"，你会这样对自己说。而如果感觉良好，我们就会觉得心满意足。"这部手机有很多很棒的特点。"我们会这样说——而实际上我们甚至还没有真正搞清楚这些特点到底是什么。我们生气时，会认为未来发生的坏事是人为错误的后果；我们悲伤时，又会觉得这些事是命里注定的。他们把这种现象称为"情绪化信息"（mood as information）——一个人当下的感受被认定是指导后续行动的证据。即使决定是完全清楚的，处理信息的方式还是会受到情绪的影响。

这种现象还被称作"情感启发法"（affect heuristic）：我们做决策的根据是我们对某事的感觉是好还是坏，而不是有意识的分析。我们遇到的每个人、听到的每句话、经历的每个事件或者感受，都会立即被赋予感情色彩，这是多年来类似经历或记忆的结果。当我们听到一个富于情感的故事或是经历了一次充满情感的事件，我们的思维就会立即回到过去，回到我们曾经有过的类似感受中。俄勒冈州立大学的心理学家保罗·斯洛维奇（Paul Slovic）把这种回忆称为"情感池"（affect pool）。我们的行动不仅受到当下的影响，还受到此前所有类似情景的共同影响，无论这些情景是好是坏。

从某种意义上说，我们的具体感觉也无关紧要：任意一种情绪被唤醒，都足以遮蔽我们的判断力，削弱我们思考的能力，让我们变得易受影响。因此不难理解，这种方法不仅为骗子所爱，也是很多警方审讯人员和律师的法宝。情绪能驱使我们做出与自身长期利益矛盾的行为，因为在当下我们突然无法正常思考了。我们大脑中最原始的部分战胜了理智。一项研究发现，单单是情绪被唤醒，就足以让人对他人施以援手，对方求助的内容则无关紧要。

情绪被唤醒后，我们的注意力会密切集中在唤起我们情绪的事物上。我们会对其他一切视而不见、充耳不闻，全心投入当下的情感之中。这与极端饥饿、口渴或内急的感觉类似，你根本无法去想别的事情。在这种时刻，你不太可能去权衡利弊，而是更可能在全面考虑某件事之前就点头称是，而且更容易在注意力范围之外的地方犯错（实际上，一项研究显示，憋尿时人更冲动。他们的注意力过于集中在控制自己的某个部分上，对其他部分的控制力也就相应减弱了）。

骗子无论大小，都是靠唤起情绪获得成功的。机不可失，时不再来，最懂得动之以情技巧的骗子总会利用我们这种想法。骗子会让我们头脑发热，这是他们的看家本领。正如一名骗子所说："下手必须要快。决不能让头脑发热的人冷静下来。你得趁他还贪心得流口水的时候把他解决掉。"

当下的情绪至关重要。我们发现，我们几乎不可能考虑到未来的情绪——比如对当下冲动的后悔。"今天的痛苦、饥饿、愤怒，这些感觉都是清楚的。但把同样的感觉放到未来，似乎就无关紧要了。"乔治·洛温斯坦写道。

2001 年，梅瑞迪斯学院的行为经济学家杰夫·兰根德弗（Jeff Langenderfer）和南卡罗来纳大学的名誉教授泰伦斯·辛普（Terence Shimp）决定直接测定哪些因素能让人更容易受到骗子的影响。仅在 2001 年一年中，各类诈骗行为就在美国造成了超过 1000 亿美元的损失，其中有约 400 亿美元来自电话诈骗。损失金额在快速上升，但兰根德弗认为没有人去追寻这一问题的根源：找出哪些人最容易成为受害者，他们是怎么成为受害者的，背后的原因又是什么。

的确，有些人就是看不出骗局的信号。但兰根德弗认为，这不是最根本的原因。如果是的话，就不会有那么多不同类型的受害者了。他指出，最根本的问题在于内在的影响：贪婪、饥饿、淫欲等。他写道："他们太急于获得骗子许诺的报酬，因此顾不上给予交易的细节哪怕最基本的注意力，对骗局的信号也视而不见，而这些信号在没有被欲望蒙蔽的人眼中是如此明显。"情绪占据了注意力的中心，理智则被迫让到一旁——这就是动之以情的目的。

虽然各种情绪都能使人采取行动，但这些情绪也各有不同。特定的情绪能让我们采取特定的行动，用特定的模式处理问题——这种模式会被骗子大肆利用。我们在沮丧或焦虑时做决定的方式与我们高兴时做决定的方式是不一样的。动之以情必须针对骗子策划实施的骗局量身打造。单单调动起我们的情绪还不够，骗子必须事先做好设计，以便发出最后一击，对猎物下手。

有时骗子利用的是情绪一致性：我们会用与我们情绪状态最相符的方式处理信息。例如，当我们沮丧时，我们会更注意负面信息，这样做的结果就是我们会采取与快乐时不同的行动。在一项研究中，沮丧的参与者会挑选人际交往技巧更高的人，比如更"友善"的人作为搭档，而不是更善于解决问题的人，比如"考试成绩更好"的人。

同样，悲痛能让我们更容易冒险，更加冲动——这是一些骗局最需要的。如果你希望某人加入一场涉及金钱的赌博，比如向你的计划投资或是来一场三牌赌局，那么悲痛就是你最好的朋友。要选正在经历生活危机的人下手，而不是幸福美满、拥有一切的人。

对那些已经身处情绪低谷的人来说，动之以情往往能发挥最大的威力。骗子钟爱葬礼与讣告、离婚与丑闻、公司倒闭与孤独人生等悲剧。有时他们真的会去寻找此类新闻——本地报纸是类似消息的宝库，社交网络的风行则淘汰了报纸。我的一个朋友阿里克西斯发表了一系列状态，表明正在和男友分手，之后她发现，自己差点成为一场骗局的受害者（她无意中把骗子加为好友了，这种事非常普遍）。有时骗子会直接寻找失意者。如果你留心，总能轻易发现沮丧的人。

但骗子也不只靠悲伤一种情绪来实现动之以情，有的骗局就专门利用积极情绪。骗术高手能够按照不同情绪"对症下药"。当我们快乐时，我们不会像平常那样系统性地分析信息，因而更容易被说服。在一项研究中，快乐的参与者既能被有力的论点说服，同时也对毫无说服力的论点点头称是，而沮丧的参与者只认同有力的论点。另一项研究发现，快乐的人更注重直观印象，比如对方说话时的状态，而沮丧的人更注重内容，也就是对方所说的话。

还有一些情绪会让我们失去理智。如果你想要骗人，最好先让他们感觉到快乐或悲伤，但如果你能让他们感到恐惧——就像埃博拉危机或战争中的骗局那样——就更好了。如果这种情绪够强烈，我们会忘记其他一切。有的人会驾车几百英里去某个地方，只因为他们害怕坐飞机，尽管在这段路上出事故死亡的可能性要比飞机坠毁高得多。有的人尽力避免给孩子注射疫苗，因为他们害怕孩子因此患上自闭症，尽管出麻疹的风险确实存在，而疫苗导致发育失常的可能性为零。1991年秋天，一架飞机在午夜紧急迫降，只因为机舱中进了一只老鼠。乘客们大喊大叫，在过道上跑来跑去，对飞行构成了威胁。非理性的恐惧就这样战胜了理性思考。

在动之以情阶段，恐惧可谓骗子的最佳伙伴。在一项研究中，心理学家决定测试不同类型的恐惧对人们遵从他人意愿的影响。首先，他们在波兰的奥波莱市找到了一些违章停放的汽车，然后开始了一项精巧的诡计：他们在一些汽车的风挡玻璃上贴了伪造的停车罚单，在另一些车的风挡玻璃上则贴了看起来像罚单的广告。作为对照，他们还在一些车门上贴了广告，而警察是肯定不会在车门上贴罚单的。这些汽车的车主回来后，看到了自己车上的罚单和广告。这时，研究者走上前去，向车主提出某种请求，看对方是否会答应。

这种设计的前提其实很简单。发现伪造罚单的车主只会感觉到焦虑，在被告知真相前，他们会以为自己被抓了现行。在风挡玻璃上发现广告的车主会在一开始感到焦虑，但发现那不是罚单后就会因为自己逃过一劫而感到如释重负。而那些在车门上发现广告的车主不会有任何感觉，除了对这种骚扰有点厌烦。研究者们想知道的是，这些不同的情绪是否会造成人们对请求的接受程度也有所不同的结果。还真是这样。最容易接受请求的车主是那些刚刚经历了焦虑之后的放松的人，其次是那些经历了焦虑的人，最后是没有任何情绪的人。研究者由此得出结论：焦虑之后的放松能让人进入一种不假思索的状态。这就是典型的"一个唱红脸，一个唱白脸"式审讯法的原理。

在随后的实验中，研究者有了新的发现：如果人们在横穿马路时听到警察吹哨，他们就会更愿意给向他们募捐的陌生人捐款。当这些人穿过马路后，一名学生会上前募捐。这名学生要么完全不说募捐的理由（"打扰了，可以给我们捐点钱吗"），要么说出一个不算理由的理由（"打扰了，我们在募捐，您可以捐点钱吗，因为我们必须要募集到尽可能多的钱"），要么说出一个真正的理由（"打扰了，我们是残疾学生组织的，请您加入我们的慈善行动，因为我们在为智力残疾的孩子们募捐，帮助他们参加夏令营"）。如果过马路时没听到警哨，人们只会因为最后一种理由拿出钱来——为真正的原因捐款。但如果听到了哨声，随后又知道自己不会真的被罚款，他们就会开始不假思索了。不管有没有理由，也不管是什么样的理由，都能让他们掏出钱来。想象一下：在动之以情阶段，先造成对方的恐惧，然后再让他放松（别紧张！什么事也没有），那么你的猎物就唾手可得了。

从第一个销售"蛇油"的人开始，利用我们对自身健康状况焦虑情绪的骗局就在世界上大行其道了。这种骗局具备了以恐惧为基础的动之以情技巧所需的一切要素：先指出一个健康问题（无论真假），然后再告诉对方可以补救，导致对方放松下来。19世纪末，有一个名叫克拉克·斯坦利的蛇油推销员用响尾蛇进行戏剧性的展示，保证能治愈从风湿、头痛到瘫痪的一切疾病。（他的蛇油不过是99%的矿物油。）19世纪的约翰·布林克利针对男性对阳痿的恐惧兜售治疗良方：移植山羊睾丸。还有20世纪初的威廉·贝利，他宣称镭元素能使人容光焕发（镭元素本身能发光，也能让你发光），还能治愈咳嗽、流感和其他疾病。当然，在今天也有排毒疗法、各类药物和保健品，宣称具有从治疗癌症到轻松减肥的一切神奇功效。有无数皮包公司和产品代言人掌握着给你带来健康的良方。散布恐惧这招永远有效，这是动之以情的撒手锏——高招不止这一个，但这一招永远都有用。

2014 年 9 月 16 日，奥罗拉·赫本走进了加拿大卡尔加里的一家诊所。她说自己 14 岁，曾被诱拐、性侵并遭受虐待。"很多参与调查的人士都被震惊了。"卡尔加里警察局少儿虐待组的凯莉·坎贝尔警官对媒体说，"我们当时认为真的有很多这样的受害者。"

如果这样的场景让你备感熟悉，那是因为萨曼莎·阿佐帕尔迪又回来了。尽管刚刚被爱尔兰驱逐出境，她编造谎言的本领还是一如既往地出色。加拿大政府花了 15.7 万加元才把她的身份调查清楚——她又让一个外国政府花了大量资源来追查根本不存在的犯罪者。

被驱逐出境、禁止旅行并受家人监视的阿佐帕尔迪是怎么做到这一切的？和她之前的很多骗子一样，她似乎有种神奇的力量，每次被揭穿后都能立即重拾旧业。从爱尔兰回到澳大利亚还不到半年，阿佐帕尔迪就又给自己搞到一本护照。她回到了爱尔兰——上次离开得太快了，她还没玩够。她花了几个月的时间筹备自己的回归，和爱尔兰中部的一家人取得了联系。这次她装成一个帮人做家务以换取食宿的旅客。

艾伦和伊丽丝·菲茨杰拉德夫妇正需要人帮忙照看他们的两个小儿子——4 岁的杰克和 2 岁的哈利。于是，这对夫妇在网上寻找合适的人选，并立即找到了一个名叫英迪·奥希娅的年轻女孩。她 18 岁，本身就是爱尔兰后裔，正想来他们居住的德罗默德。双方一拍即合，开始通信。"我们和她在网上聊了好久，"伊丽丝后来说，"她看上去真的非常合适，而且她那么可爱。我们在她来之前就成了朋友。"

女孩与哈利和杰克相处得非常好。伊丽丝和艾伦很快就把她当成了家庭的一分子。"她对孩子们很好，做家务也很勤快。"伊丽丝说。但这家人还是不了解她。她会有意无意地暗示一些线索——私人飞机啦，有权势的亲戚啦，必要时还会说出一些假名，但从未说过能确定身份的话。"她就好像汉塞尔和格雷特①，"艾伦回忆道，"会留下面包屑，让我们跟着线索发现她到底是谁。"很快，这些"面包屑"就指向了一个答案。英迪·奥希娅并不是她的真名。她是瑞典玛德琳公主②的私生女。她被自己的生父和玛德琳的表亲抚养长大。

第二天，奥希娅想去银行开个账户，但被拒绝了：她递交的材料不合格。菲茨杰拉德夫妇发现她坐在地板上哭泣。她说，自己的母亲在迈阿密去世了。

又过了几天，她说自己的护照过期了。但不要紧，她之前曾为一名丹麦政治家詹斯·克里斯蒂安森做过帮佣。他会解决这个问题。最终，她拿到了一本英国护照，上面有个假名和一张他人的照片。她对这家人说，这样做没问题，她的"家人已经把一切都安排好了"。

六周后，奥希娅突然毫无征兆地离开了。菲茨杰拉德夫妇在她留下的东西中找到了一些文件，上面的名字他们从未见过：萨曼

---

① 《格林童话》中的一对兄妹，为找到回家的路而用面包屑做了记号。——译者注
② 瑞典现任国王的小女儿，出生于1982年。——编者注

莎·阿佐帕尔迪。他们完全一头雾水。"我们相处得那么好，而且她人真的很好。"伊丽丝回忆道。她怎么可能对自己的身份说谎？

这时，阿佐帕尔迪已经动身前往加拿大。在那里，她摇身一变，成了奥罗拉·赫本。

2014 年底，她被控犯有公共危害罪，当庭认罪后被判监禁两个月。由于她此前已经被拘押两个月，因此刑期已满。但法庭认定她是高危潜逃犯，因此她被继续羁押，直到被引渡回澳大利亚。在飞机上，她也受到了持续看守。"阿佐帕尔迪女士长期以来一直存在伪装身份、说谎、欺诈等行为。"朗达·麦克林在阿佐帕尔迪的移民听证会上说。警方应该不遗余力地确保她被遣返回澳大利亚，并最好让她一直待在那里。

第四章
———
请君入瓮

到最后，任何人都会上当，只要你有胆量去骗。

——西蒙·洛弗尔

梅尔文·巴雷特（Mervyn Barrett）曾在全英罪犯关怀及安置协会（NACRO）工作长达30年。这是一个致力于减少犯罪行为的慈善机构。1999年，巴雷特被授予不列颠帝国勋章。2012年，他决心投身于更大的事业。他在NACRO是重新安置工作的负责人，当年6月就要退休，因此他需要提前想好自己下一步的去向。他手下一名年轻雇员提议，要不要作为独立参选人去竞选他的老家——林肯郡警察局长的职位？这位名叫马修·德·昂格尔·布朗的雇员对巴雷特说，自己的母亲是德国贵族，十分支持巴雷特的想法，并愿意慷慨解囊，资助他的竞选活动。巴雷特只需点头同意就好。为什么要拒绝呢？巴雷特与犯罪的斗争已长达几十年，也许是时候更进一步了。

布朗是2012年初以志愿者身份加入NACRO的。他声称自己背景清白，财务独立。他认为NACRO的工作意义重大，他十分愿意为之贡献自己的力量。很快，这个年轻人就"凭借着他的才干

和智慧"，获得了同事们的交口称赞。巴雷特后来说，他"无疑是
个非常聪明并有魅力的人"。起初，马修对自己的过去感到有些羞
愧，但他逐渐向巴雷特敞开了心扉，也许他把这位长者当成了自己
的导师和榜样。他对巴雷特说，他的父亲是马尔科姆·布朗勋爵，
曾任驻香港高级公使。他的母亲是普鲁士王室成员蕾娜特·玛格丽
特·德·昂格尔女男爵。但出身显赫的马修也并非一帆风顺。他对
巴雷特坦承，自己有一段黑暗的过去。也许是因为父母对他太过放
任，也许是周游世界的经历，无论是出于什么原因，他曾在几年前
因为逃税锒铛入狱。

　　马修的坦白加深了他与巴雷特之间的信任。在后者眼中，马修
非常适合进入 NACRO，毕竟，这个组织的职责之一就是帮助犯罪
者恢复正常生活。马修还曾在私下告诉巴雷特，他在监狱中"找到
了社会道德感，愿意在找寻人生目标的同时帮助他人"。"看上去应
该给他个机会。"巴雷特说。

　　因此，在自己这位年轻的追随者提议参加选举时，巴雷特认真
听取了这个建议。不过，真正让他下定决心的并非这个年轻人的热
情——他毕竟冲动稚嫩，而自己老成持重——而是马修的母亲，那
位普鲁士贵族的一封来信。巴雷特事后对《星期日泰晤士报》（The
Sunday Times）说，马修的母亲在信中表达了对他能力的十足信
心，甚至还邀请他加入她家族的慈善机构的管理委员会。这个机构
是为纪念马修的双胞胎弟弟塞巴斯蒂安而创立的，后者在一场醉驾
惨剧中结束了自己年轻的生命。这个机构就叫"塞巴斯蒂安基金
会"。巴雷特被深深地打动了，不仅因为这项邀请，更因为一位出
身高贵、饱经世故的女性给予自己的信任。"直到那时，我还没有
被马修的建议说服，"巴雷特回忆道，"但他母亲的信任让我改变了

心意。"马修对巴雷特的首肯大喜过望，并提出了更进一步的要求。他不仅认为巴雷特应该参选警察局长，还自告奋勇担任整个竞选活动的总负责人。他声称自己是"青年保守运动"组织的成员，在美国也参加过竞选活动，因此有丰富的竞选经验。这些经历加上他"出众的品质"与"在承担的所有工作中表现出的可观天分"，让巴雷特相信他找对了人。好的，他对马修说，他愿意参加选举，并让马修担任自己的副手。

竞选活动拉开了帷幕。马修一一实践了自己的承诺。他不遗余力地拉选票、发传单，甚至投放电视广告，力争把巴雷特送上警察局长的位置。他的精明强干让未来的警察局长放心地把自己的私人银行账户交给他管理。马修在母亲无法立即提供资助的情况下需要一些钱来周转救急，这当然可以理解。他们约定了资金上限：整个竞选活动的预算为 2.5 万英镑，其中 1 万英镑由巴雷特自掏腰包，其余的部分由无比信任他的富有贵族家庭资助。

马修的工作似乎有了成效。他骄傲地向巴雷特展示用他母亲的资金发动的独立民调结果。巴雷特的支持率持续上升。马修还为巴雷特安排了社交媒体宣传，包括一个设计精良的新网站和一个关注者人数迅速稳步上升的推特账户。

2012 年 10 月 24 日星期三晚上，梅尔文·巴雷特发布了一份令人错愕的官方声明。他对媒体说，整个竞选活动完全是居心不良的竞选主管精心设计的骗局。他在"发现自己成了一场匪夷所思而令人羞耻的骗局的受害者"后决定退出选举，"骗局的设计者就是那个扮演——'扮演'一词是我特意使用——我的顾问和竞选主管的人"。

巴雷特发现了事实的真相。《每日电讯报》（*The Daily*

Telegraph）记者安德鲁·基里安事后的调查报道显示，布朗声称自己联系的名为"美国新世纪"的智库根本不存在。巴雷特竞选网站上所谓"马修行动委员会"同样不存在。《泰晤士报》（The Times）调查发现，巴雷特推特上的 1.6 万关注者都是些僵尸粉。布朗向巴雷特展示的民调结果和他为了拉选票发放的宣传册也都"完全是编造的"，是纯粹的子虚乌有。

巴雷特被骗走了数万英镑（案件仍未判决）——他声称布朗把他账户中的 8.4 万英镑席卷一空，还留下了 1.6 万英镑的债务。此外，他已经名誉扫地。他的毕生积蓄只剩下 4000 英镑。他查阅银行流水，想看看自己的钱到底去了哪里。结果发现，确实有竞选经费支出，但此外还有房租、向慈善机构的捐款、直接的刷卡支出和在伦敦西区酒吧点酒的账单。所有这些都未经巴雷特授权。"据我所知，"他事后表示，"除了马修用我自己的银行账户出钱以外，没有任何人资助我的竞选活动。"

"我意识到自己完全无法胜任这一职位。"巴雷特在退出竞选后向《星期日泰晤士报》坦承，"实际上，当马修在我眼皮底下做过这一切后，我觉得自己再也不适合负责任的职位了。"

"他对我的欺骗是令人震惊的。"巴雷特说。

这一切是怎么发生的？巴雷特至今仍未明白。不过，他知道自己"被征服了"——征服他的是布朗的显赫背景、非凡魅力和出众才华，布朗对他的攻击简直面面俱到，无懈可击。每次巴雷特发现不对头，向布朗问起时，布朗总能立即给出合理的解释。巴雷特觉得，在那 5 个月的时间里，两人建立起了友情与信任。"他利用我编造了一场白日梦式的骗局，对此我感到受了背叛，非常伤心。"他最后断言，"我也觉得会上这种当的自己非常愚蠢。我的职业判断力一向没有任何问题，但这次我必须接受现实。"

▼

2003 年，阿肯色大学的社会心理学家、从 20 世纪 70 年代开始研究说服策略的埃里克·诺尔斯（Eric Knowles）和威得恩大学的组织与社会心理学家杰·林恩（Jay Linn）提出，一切说服策略都可以被归为两种类型：第一种是阿尔法型，这种策略更为常见，目的在于增加某事物的吸引力；第二种是伽马型，目的在于减弱某事物的不利因素。使用阿尔法型策略时，你需要尽力让自己的提议显得更加吸引人。你要描绘出一种有利的背景——为什么这是一个千载难逢的良机，为什么你是做这件事的最佳人选，大家会如何从这件事中获利，如此这般。在使用伽马型策略时，你需要提出一个看似不需要动脑子就能回答的问题：我为什么不去做这件事呢？这么做对我有什么损失吗？两名研究者把这两种并行的策略合称为"接近－回避说服模型"（approach-avoidance model of persuasion）：要劝某人接受某事物，就要创造理由去让他想接近它，并减少一切让他想回避它的理由。

欺诈游戏中骗子设下的圈套，就是对阿尔法和伽马策略的混合运用：找到受害者，并用情感攻势使其卸下防备后，就到了真正去说服的时候了。布朗让巴雷特上了圈套，靠的就是让他相信自己是竞选工作的最佳人选（阿尔法），而且没有任何理由不让他去做这份工作（伽马）。这样有什么不好吗？骗子在料敌机先阶段锁定猎物并挖掘对方的喜好、欲望与恐惧，在动之以情阶段获取猎物的注意力并放下诱饵。在请君入瓮阶段则要确保猎物咬钩，而且要咬得够紧——否则，到手的猎物哪怕稍做挣扎，也可能迅速逃走。

心理学家罗伯特·西奥迪尼（Robert Cialdini）是说服策略研究领域的专家。他指出，绝大部分说服过程由六大原则主导：互惠互利（投之以桃，报之以李）、承诺和一致（我今天相信的事和昨天一样）、社会认同（做这件事会让我找到归属感）、友谊或喜好（字面意义）、稀缺性（动作要快！好货不等人）以及权威（你看上去是个中专家）。这些都是阿尔法型原则，目的是增强说服的吸引力。虽然西奥迪尼列出这六项原则的本意是正面的（增强领导力、在重大问题上说服他人），但这些原则在很多时候也能被用于其他方向。骗子只需把其中几项结合起来，再加上一些克服负面因素的伽马策略，让猎物上钩的可能性就会大增——如果骗子在料敌机先和动之以情阶段下过功夫，那就更会如此。在西奥迪尼提出这六项原则的千百年前，骗子们就把这些劝说技巧应用自如了。

在今天的洪都拉斯的黑河沿岸土地上，坐落着一个小国家，幅员不过 800 万英亩[①]——大约是马里兰和特拉华州面积之和，比威尔士稍大一点。这个国家领土虽小，但物产丰富。这里土地肥沃丰饶，玉米一年可三熟。水源甘甜洁净，境内从未发生过旱灾。如果这还不够的话，河床中大量的金矿定能让人满意。树木枝头挂满累累硕果，密林中各色动物任人狩猎。这里天气温暖，日照充足，与阴雨连绵、土地贫瘠的苏格兰形成了鲜明的对比。当地国民热情好客，对英国移民更抱有特别的好感。简而言之，这里可谓移民者的天堂——这个国家名叫"波亚斯"（Poyais）。

---

① 1 英亩约合 4047 平方米。——编者注

1821 年，来自苏格兰格伦盖尔的格雷格尔·麦格雷格尔（Gregor MacGregor）发布了一份惊人的声明。他声称自己不仅是当地一名银行家之子，还是南美洲沿海国家波亚斯的酋长。他宣称，这个国家的物产极为丰富，但缺少有志的投资者和移民对这些资源进行开发利用。当时，中南美洲的投资活动方兴未艾，从墨西哥到巴西，投资机会似乎无穷无尽。在这之中，波亚斯显得独具优势。这片土地还未被占领，而苏格兰也没有自己的殖民地。这难道不是苏格兰在新世界瓜分一席之地的好机会吗？

麦格雷格尔是个营销大师。他带来的机会太好，让人难以放弃，而且错过机会的代价又太过高昂。麦格雷格尔在苏格兰的全国性报纸上发表文章，极力兜售投资移民波亚斯的好处。他还特别强调了这种行为彰显出的勇气与刚毅精神：你不仅聪明，更是个真正的男人。他写道，苏格兰高地人以坚忍不拔的毅力和勇于开拓的冒险精神闻名于世，而波亚斯正是展现这种精神的最佳舞台。这可以说既是一份礼物，也是一次挑战。他还建议举棋不定的人们去读一本关于这个岛国的书，作者是神秘的托马斯·斯特林奇韦斯（其实就是麦格雷格尔本人）。他的宣传对公众产生了极大的吸引力，抓住了人们对财富的渴望，以及对与完美机会擦身而过的恐惧。

麦格雷格尔的宣传获得了极大的成功。他直接募集到了 20 万英镑的资金，在他的余生，这笔财富在债券市场上涨到了 130 万英镑，相当于现在的 36 亿英镑。同时，他还说服了大批雄心勃勃的移民。这些人坐满了 7 艘船，扬帆出海，横渡大西洋。在 1822 年 9 月和 1823 年 1 月，前两艘船——"洪都拉斯包裹"号与"肯纳斯里城堡"号载着 250 名乘客远赴神秘之地。乘客们受到麦格雷格尔无与伦比的话术鼓动，兴致高昂地出发了。但他们在两个月后到达目的地时，才发现现实与麦格雷格尔的宣传之间有着天壤之别。这里没有海港，没有建设，什么都没有。这里只有一片荒芜。

波亚斯根本不存在，它不过是麦格雷格尔虚构的国家。他把投资客和殖民者抛在洪都拉斯境内的一片不毛之地上。很快，这些强悍的苏格兰人就开始死亡。剩下的移民——只有大约三分之一死里逃生——被路过的一艘船救起，并带到了伯利兹。英国海军在剩下的五艘船靠岸之前就将其召回，而麦格雷格尔则逃到了法国。

如果麦格雷格尔对这一切感到懊悔，那他的表达方式可够奇怪的：在到达法国后不久，他就又启动了波亚斯骗局。他在英国时的种种准备也许都落空了，但他说服大众的技巧却没有减弱。在短短几个月时间里，他就又召集了一批投资客和移民者。不过，法国在发放护照方面比英格兰更严格一点。当地政府发现有大量民众申请去往一个没人听说过的国家，就成立了一个调查委员会。麦格雷格尔很快进了监狱。后来，他短暂返回爱丁堡，又因为最初受骗者愤怒的追赶而再次逃离。他在 1845 年死于加拉加斯。直到今天，波亚斯的所在地仍是一片荒野——这个故事证明了"圈套"在能人的手中能够展现出多大的力量。

1966 年，斯坦福大学的心理学家乔纳森·弗里曼（Jonathan Freeman）和斯科特·弗雷泽（Scott Fraser）在实验中观察到了一个有趣的现象：如果一个人已经同意了一项较小的请求——比如为你打开一扇门——那么这个人就会更愿意同意而非拒绝一个较大的请求。在一项研究中，他们询问加州帕洛阿尔托的 150 名家庭主妇，是否愿意让 5 至 6 个人进入她们家中，用两小时对家庭用品进行分类。任何人都会觉得，这是一个相当大的请求——不光进入他人家中，还占用了时间。似乎不会有太多人同意这个请求。不过，他们此前已经联系过其中一些家庭主妇。当时不过是打电话占用她们几分钟的时间，问问她们喜欢哪种牌子的肥皂。

弗里曼和弗雷泽拿到实验结果时，发现了一项惊人的差别。在此前联系过的对象中，有一半人同意了第二个请求。相对的是，在没有联系过的对象中，只有五分之一的人同意了第二个请求。换句话说，一旦有人为你做过任何可以被看作是帮忙的事——捡起一只掉落的手套（很多骗子最爱用掉落衣物这招），或是借你两毛五分钱打个电话（只要两毛五就好！那个电话真的很重要），或是在电话里跟你聊上几分钟——这个人就会愿意为你做更多事。弗里曼和弗雷泽把这个方法称为"登门槛"策略（foot-in-the-door technique）。有趣的是，他们后来发现，即使发起第二个请求的人不是同一个人，这招仍然有效。似乎帮他人一个小忙就等于打开了一扇积德行善的大门。这也是骗子往往团伙作案的原因之一。有人充当下套者，去提出第一个请求，用上说服技巧，然后登场的是第一个人的同伙，这是团伙的第二个成员，这次提出的才是真正的请求（也就是骗局本身）。这时，你已经处于一种付出的情绪中，比起从未接受第一个请求的状态，你会变得更容易上当受骗。

这不难理解。我们常常根据自己的行为来评判自己，心理学家达里尔·贝姆把这点称为"自我认知理论"。如果我们对他人大喊大叫，那么我们就很粗鲁；如果我们为他人开门，我们就很有礼貌。身为好人，要行好事。这就是我们。我们最喜欢的莫过于认定自己是好人：我们喜欢证明自己是体面、乐善好施、慷慨大方的人。西奥迪尼指出，我们渴望保持自身的良好形象，这让我们更容易被他人说服。如果做什么事能让我们感觉到自己是好人，那么我们就很容易去做这件事。我们总希望表现得与自己营造出来的形象保持一致。

这种一致性也适用于另一种情形——不仅是我们对自己的评判，还包括我们对自己所帮助的人的评判：如果我之前帮助过你，那么你一定值得我的帮助。因此，我会再次帮助你。我让你在我的公司任职，就会帮你"救赎"自己，并对你保持信任，甚至会让你管理竞选活动。你值得我这样做。否则，我就不会在你身上投入时间和资源了。如果我向你的殖民地计划投入了资金，我就会持续向你提供资金和人力，甚至船只。你一定值得我这样做，否则，我一开始就不该给你一分钱。这就是很多成功的圈套背后的逻辑，这种逻辑也撑起了生命力最长久的骗局："尼日利亚骗局"。

20世纪初，报纸上各种形式的广告铺天盖地——药品、特异功能者、各种交易、有利可图的投资机会、地产和黄金投资……大量的财富在向人们招手。一天，多家报纸都登载了一则全新的广告：这是一位叫"比尔·莫里森"的王子发布的征友启事。王子殿下来自遥远的尼日利亚，出身高贵无比。他想征集一些美国笔友。启事的措辞动人至极，报社甚至免费刊登了他的通信地址。这位王子难道还找不到几位热心肠的美国朋友吗？

他找到了，而且为数不少。在与众多新朋友有过几轮通信往来后，莫里森王子提出了一个简单的请求：他的美国朋友可否寄来区区4美元与一条他们不再需要的旧裤子？作为回报，王子殿下会寄回大量的象牙、钻石和翡翠。对他来说，这些不过是廉价的玩物，而友谊却是无价的。美元和裤子纷至沓来，但说好的珠宝呢？

投诉与抱怨很快涌向了邮局。比尔·莫里森王子答应寄回的财宝都去哪儿了？当局意识到这可能是一场诈骗，于是经过调查找到了这位富有的尼日利亚人。他们很快发现，所谓财富不过是信口雌黄，高贵的身份也是如此。这位王子殿下是美国人，身无分文，而且只有 14 岁。

比尔·莫里森的年龄让他免于法律追究，但他的信件确实获得了成功，这也证明了精心设计的圈套的力量。美国人就这样落入了史上首个尼日利亚骗局的圈套——这是当今以电子邮件为载体的网络诈骗的祖先，类似的邮件此时此刻可能就在你邮箱的垃圾文件夹里。（我查了一下我的邮箱，发现了来自"艾琳娜"的一封邮件。邮件的标题是极富热情的"你好！！！"，信中写道"我的名字是艾琳娜，我看到了你的资料，对你很感兴趣"。她还说自己来自俄罗斯的切博克萨雷。"尽快给我回邮件啊。"这位可爱的年轻女士最后叮嘱道。）

尼日利亚骗局是登门槛策略的典型应用。莫里森王子慢慢铺好了索要钱财的道路。首先只是征求笔友——这个要求微不足道又感人至深，连对金钱敏感的报社也帮他免费发布了广告。然后是几封书信往来。再之后才是金钱，还有裤子。我不知道他为什么要裤子。再看看善良的小艾琳娜，她一分钱也没问我要。她想要的不过是让我回复她感人的来信而已。

马修·德·昂格尔·布朗对梅尔文·巴雷特也用了"登门槛"策略。从微不足道的请求（让我在您的组织里志愿工作吧）到重大的要求（让我进入您的银行账户），一切完成得缓慢自然，逐步递增，富于耐心，精于设计。（这和西尔维娅·米切尔先用便宜的算命服务引人上钩，再慢慢发展到狮子大张口的套路没什么不同。）

但这并非唯一的策略。西奥迪尼在 1975 年提出了另一个行之有效的技巧——"以退为进"策略（door-in-the-face technique），它与"登门槛"策略几乎完全相反。如果我们不熟悉的人求我们帮个大忙，甚至熟悉的人在我们不方便时提出这种请求，我们经常会拒绝对方，这是可以理解的。之后，我们会觉得自己很失礼，贝姆已经指出了这一点。但我们并不喜欢这种失礼的感觉，同时，我们还会产生另一种自己不喜欢的感觉：内疚。那么，如果这时，遭到我们拒绝的人又来向我们提出另一项请求，相比之下没有那么重大，也更为合情合理呢？我们多半会点头同意。于是，内疚感减轻了——骗子的任务也就达成了。

西奥迪尼发现，更多人在拒绝一项较大的请求（每周到少年管教所志愿工作两小时，坚持至少两年）之后，会同意一项较小的请求（到动物园志愿工作几小时，其实这个要求也不算小了）。而如果提问者只提出那项小要求，就没有那么多人同意了。一半人会在拒绝大要求后同意小要求，而只有 16.7% 的人会在对方直接提出小要求的情况下表示同意。不过，在运用这种策略时，骗子只能单独行动。西奥迪尼发现，只有两次要求来自同一个人时，这种策略才有效。如果你感到自己很善良，你会对所有人都善良。如果你感到内疚，只有一个人能减轻这种内疚——那个造成你内疚的人。

这个夜晚有个美好的开始。伍斯特侯爵夫人特蕾西·沃德居高临下地环顾整个房间。这位曾经的女演员——她曾出演过 20 世纪 80 年代的侦探剧《猫眼》（*C.A.T.S. Eyes*），并在《妙探寻凶》

（*Cluedo*）中扮演斯嘉丽小姐，现已息影——脸上满意地现出一抹优雅的浅笑。这里是伦敦的"41号"，位于威斯伯雷酒店的一家上流俱乐部。整个房间高朋满座，寒冷的天气没有阻挡旺盛的人气，一切都尽善尽美。这可不是一次随便的派对。今晚是侯爵夫人为自己的基金会"要农场不要工厂"举行的慈善拍卖会。这个致力于人道养猪工作的组织已经获得了不少名人的支持，包括美国肯尼迪家族成员小罗伯特·肯尼迪、前披头士乐队成员保罗·麦卡特尼爵士和美食评论家、查尔斯王储的继子汤姆·帕克·鲍尔斯等。该组织投拍的纪录片《养猪生意》也顺利开拍了。但是今晚仍然格外重要。今晚的活动会带来新的资金和新的力量，帮助世界各地的猪改善生活。

侯爵夫人清楚地记得那个神秘的年轻人出现时的场景。他身着全套晚礼服，款步走下楼梯。这个人身材高大，有一头浓密的金发和炯炯有神的蓝眼睛。他脸上微带一点胡须，皮肤则是健康的棕色，身上还有一点昂贵的须后水气味。他毫不迟疑地走向了女主人。

他对她说，自己名叫塞巴斯蒂安·冯·安尔哈特，是来自摩纳哥的富豪。他声称自己正与她的一名熟人交往。他挽起侯爵夫人的手臂，邀请对方去蒙特卡罗参加家庭聚会。这个不时发出极具感染力笑声的男子当场承诺要向基金会捐款 10 万英镑。特蕾西·沃德并没有怎么被他的魅力打动。"他给我的印象是个喝醉酒的上流笨蛋。"侯爵夫人事后回忆道。但慷慨解囊总是受到欢迎的。捐款就是捐款，无论钱从哪儿来。

晚会还在继续。冯·安尔哈特穿梭于房间之中，尽情播撒着微笑与问候。很快，拍卖的时间到了。下一件拍品是"迪蒂斯汉姆小姐"，这是一尊高约 23 厘米、长约 30 厘米的实心铜像——一头黑色巴克夏猪的雕像，雕塑家是尼克·毕比。冯·安尔哈特举牌示意，并以 4000 英镑的代价把迪蒂斯汉姆小姐收入囊中。

伍斯特侯爵夫人回忆道，这时，冯·安尔哈特从口袋中掏出一张加拿大银行签发的支票，支票的面额是 1.8 万加元。这比雕像的拍卖价格高了大约 1 万加元。他请侯爵夫人从这张支票中收取相应的款项。侯爵夫人感到既困惑又不好意思，不过还是收下了这张支票。通常，买家在支票兑现之前都不能拿走拍卖品，但这次冯·安尔哈特的动作实在太快，在其他人还没弄明白发生了什么事之前，他就走出大门，钻进了一辆出租车。迪蒂斯汉姆小姐被牢牢夹在他的腋下。

支票无法兑现时，沃德并没有感到特别担心。冯·安尔哈特看起来确实像个笨蛋，但他是个富有的笨蛋。而且他的约会对象也是侯爵夫人很欣赏的人。她联系到冯·安尔哈特，对他表示歉意，说出了点儿问题，问他能否直接把钱转到"要农场不要工厂"的账户上。当然没问题了，他答道。

但这笔钱却迟迟没有来。侯爵夫人开始心烦意乱了，她的电话和信息也一直没有得到回复。无论她怎样尝试联系对方都是徒劳，冯·安尔哈特似乎凭空消失了，和他一起消失的还有那尊铜像。

她找到了他们共同的朋友。怎么没早点想到呢？正是这层关系在他们初次相遇时起到了类似担保的作用——熟悉度能给人带来亲切感。塞巴斯蒂安·冯……是谁？她的朋友一头雾水。是，他是见过几次这个年轻人，但当他发现对方的身份并不像他自己所说时，就与他断了联系。侯爵夫人越是调查，就发现事情变得越奇怪。这似乎并不是冯·安尔哈特的首次作案。"我联系到了很多人，发现他实际上是个天才雷普利①式的人物。他到处破坏他人的生活。"她对《星期日泰晤士报》说。她觉得那 4000 英镑是要不回来了，而且她感到"被骗得很惨"。"他表面上花言巧语，实际上厚颜无耻。"她在事后表示。

这还不算完。在迟迟收不到钱后，侯爵夫人报了警。冯·安尔哈特的律师说，所有指控都是无耻的谎言。他根本就没拿走那头猪。"他还让我去查俱乐部的监控录像。"她说。警方立即调取了录像。"录像清楚显示他带走了那头猪。俱乐部领班亲眼见到他拿走了它。还有人看到他带着雕像进了出租车。"律师这时又改了口。他们说，他拿走了雕像，但这是合法占有，所有款项都已付清。写作此书时，猪和钱还都下落不明。

冯·安尔哈特实际上就是我们之前认识的马修·德·昂格尔·布朗。这次，他没有用"登门槛"策略，而是使用了"以退为进"策略。他首先对侯爵夫人提出了一次不成功的邀请，这让她对他的印象并不太好——她礼貌地对他提出的去摩纳哥的要求表示了异议，这是一种有教养的说"绝不"的方式（谁会想和这个"笨蛋"在一起多待一分钟呢？）——然后是第二次请求，一个看上去更加合情合理的请求：接受一张加拿大银行的支票。在当时看来，这个要求并不过分。另外，侯爵夫人也承认，自己感到有点不好意思。她通常不会接受这种请求，但她觉得也许这一次自己可以通融一下。

1986 年，圣塔克拉拉大学的心理学家杰里·博格（Jerry

---

① 雷普利是女作家帕特里夏·海史密斯（Patricia Highsmith）的小说《天才雷普利》（*The Talented Mr. Ripley*）中主人公的名字。雷普利为了获得地位与财富，不停编造谎言。——译者注

Burger）提出了一项劝说或者叫下套的策略，这种策略不是利用两个不同的请求，而是在同一个请求上做文章，博格称这种策略为"不只如此"（that's-not-all technique）。他指出，这种策略是在一开始提出一个假的出发点（完全不是你计划中想要的东西），然后马上在此基础上进行改动与添加，让它显得越发吸引人。首先提出一项提议——您对这块佛罗里达的土地感兴趣吗？——在对方做出反应之前，你就要开始添油加醋了。"不只如此。您还能确保得到投资返利。"博格发现，比起直接抛出最大的诱饵，用"不只如此"策略，可以让人更容易相信。（这种策略需要持续使用，不能只用一次。）

　　"不只如此"策略是一大类劝说技巧中的一种，这类技巧被称为"打断重组"（disrupt-then-reframe technique）。首先你要打断对方对你的企图的理解，对其施加影响，然后对这种企图进行重新定义，让对方更容易中招。哈佛大学的心理学家丹尼尔·吉尔伯特指出，我们对世界的理解分为两个阶段。首先是针对对方话语中的含义进行表面理解。然后，我们会对我们理解的含义进行评估，对其真实性进行判断。"打断重组"打断的就是这个过程中的评估阶段：我们无法进行评估，因为每次我们刚想这么做，情况就已发生变化。

　　来看下面的例子。1999 年，阿肯色大学的心理学家芭芭拉·戴维斯（Barbara Davis）和埃里克·诺尔斯挨家挨户去推销一套售价3 美元的节日贺卡。这个价钱在十几年前不算便宜，就算在今天也挺贵。敲开门后，他们会使用不同方法向对方推销卡片。"售价 3 美元"是最简单的。"售价 300 美分"是打断策略——要花上一秒钟来评估和重新计算。接下来，他们会说"这很便宜"——给请求重新下一个积极的定义——或者"只要 300 美分……也就是 3 美元，这很便宜"。这就是打断重组。结果，人们在听到"300 美分"立即变成"3 美元"并立即被定性为"便宜"后，会比直接听到"3 美元"更容易掏钱购买卡片。65% 到 70% 的人在这种情况下买了卡片，直接听到 3 美元后购买的人只有 25%。

"打断重组"是合法的销售技巧，但在骗子手里，这些卡片就可能被换成其他东西了——比如销售伪劣健康产品，并立即提供折扣，再免费赠送另外一款具有神奇功效的产品。当然，优惠时间有限，一定要抓紧。

1984 年，心理学家乔尔·布鲁克纳（Joel Brockner）指出，有一种街头骗子最爱用的方法，他称之为"一分钱也有用"（even-a-penny-would-help）。这种方法与"登门槛"策略类似，靠微不足道的要求获取巨大的利益。但两者不可混淆，在使用"一分钱也有用"方法时，你不需要提出两种不同级别的要求。一个被称为"正当化效应"的现象在这里起了作用。极少量的金钱要求让你在他人眼中变得正当。如果你是个骗子，一定会要更多钱，不是吗？得到一分钱就很满意的怎么会是骗子呢？对组织来说也是同样的道理。如果你只想要小额捐款——1 美元或是类似微不足道的数额——他人就会觉得你费了很大功夫，只为很少的回报，一定不是那种想要坑蒙拐骗的人。

格拉菲拉·罗萨尔斯（Glafira Rosales）是 20 世纪最大艺术品欺诈案的主角。她在 20 年的时间里，把数十幅表现主义抽象画作的赝品卖给了不知情的买家。她之所以能够成功，是因为帮她销售这些赝品的是曼哈顿历史最悠久的画廊——诺德勒画廊（Knoedler Gallery）。为什么诺德勒会相信她呢？原因有很多（在下一章中会详细分析），但其中最重要的一点，在画廊前总监安·弗里德曼（Ann Freedman）看来，是罗萨尔斯对金钱不在乎的态度。这似乎是对她诚实品质的证明。"她不在乎画能卖多少钱。"弗里德曼对我说，"她总是很安静，一点也不急。她相信我的判断。"她对弗里德曼说，只要画作卖出"合适"的价钱，她就很满意了——至于什么价钱合适，她相信弗里德曼可以做主。当然，你可以想到，在这种"一分钱也有用"的情景下，最后卖出的价钱会变高，而且高得不是一星半点。卖出的画作越多，其来源就显得越正当，画作的售价就越高，罗萨尔斯及其同伙博甘迪诺兄弟赚的钱也就越多。这套方法非常有效，但如果一开始不是起步于一个谦卑的请求，这一切也都无从谈起。这是一个高手布下的圈套。

类似的一个方法是西奥迪尼提出的"虚报低价"策略。使用这个方法时，骗子要先对潜在受害者提出一个很小的要求，当对方照做时，就提高要求的难度。一名汽车销售员可以先为某种车款报出低价，一旦买家对真车表现出了兴趣——这辆车与销售员报价的车款型号不同——他就开始抬高价格了，"实际上，先生，这个型号的车还包括……"如此等等。这一招只有在受害者在做最初决定时有充分自由的前提下才有效。如果受害者感到被逼迫或催促，这招就不灵了。这取决于骗子的诱导与转向。先放出诱饵，再换成其他东西。从某种意义上说，最古老的骗局——拉结和利亚①用的也是这

---

① 据《圣经》记载，拉结和利亚是一对姐妹。雅各欲娶拉结为妻，但拉结和利亚的父亲拉班却趁黑夜将利亚送入了洞房。——译者注

一招。你看上的是一个，但得到的却是另一个。

　　大多数劝说性策略——也就是骗子的圈套——都会涉及许诺更多好处，但也有一部分靠的是西奥迪尼提出的"不足性原则"。物以稀为贵，稀缺资源本身就具有很高的价值，只有幸运的少数人才能得到。限量版本、只限今日的优惠、会员才能享受的促销、仅供收藏的珍品……对某样事物赋予独一无二或极其稀少的特性，本来无人问津的事物也会吸引大批追随者。这对信息一样有效，几乎对一切事物都有效。

　　伯尼·麦道夫不会让随便什么人参与他的投资，你必须努力找门路才能加入。你必须获取他的信任。很多人试了几个月甚至几年，才让他接受他们的投资。这只会让诱惑越来越强。当然，内幕交易是完全靠稀缺性支撑的——信息的稀缺。

　　鲁迪·库尼亚万（Rudy Kurniawan）是 21 世纪最大红酒欺诈案的主角。他也不会让随便什么人来买他的酒，就算要买也要等上很久。威尔夫·贾格尔是一名红酒收藏家，他从库尼亚万开始涉足奢侈红酒领域时就认识了对方。他告诉我——当然，是在喝酒时——他花了好几个月才让这位魅力不凡的年轻收藏家卖给他几瓶秘藏之宝。

　　库尼亚万的出现十分神秘。他是一名年轻多金的金融家，在多场红酒拍卖会上大出风头，大量购进高价红酒，为个中极品豪掷数百万美金。然后，他召集的品酒会开始了。这可不是一般的品酒会。这种晚宴上提供的红酒极为珍稀——其中一些无论出多高的价钱都买不到。受邀参加品酒会的自然也非一般人物，这些人可谓红酒世界的贵族：最优秀的品酒师、声誉最佳的收藏者、奢侈品界和上流社会的显赫人物。有人为了一张邀请函明争暗斗，巧取豪夺。参加一场库尼亚万组织的品酒晚宴是值得铭记的大事。库尼亚万本人自然也是极为出色的品酒师。他能在蒙住双眼的状态下猜出一瓶酒产自哪家葡萄园。

收藏家们都被他的出现惊呆了。这个不知从哪儿冒出来的暴发户，一下就得到了他们苦苦追寻多年的窖藏。这怎么可能？库尼亚万放出了消息。原来他在法国发现了一家新的私人酒窖，其所有者直接向他供应藏酒。这些美酒从未离开过地窖，多年以来一直默默等待着被人发现。

这种事倒也并非没有先例。苏富比拍卖行酒类拍卖总监、专精寻找与鉴别私人藏酒的迈克尔·伊冈告诉我，确实不断有新的酒窖被人发现。他本人就检查过不少这样的酒窖。谁能说库尼亚万不是这样的幸运儿呢？

很快，库尼亚万就开始分享他的财富了——不光是在小型品酒会上，而且成箱成箱地高价售卖。他存货充足，而且愿意让他人也能有同样的机会品尝佳酿。

然而，尽管贾格尔使尽浑身解数，也无法得到哪怕一箱红酒。"我求了他几个月，真的是苦苦哀求。"他回忆道。终于，库尼亚万同意了。贾格尔成了他的高级顾客。

几天之后，几箱红酒被送到了贾格尔的酒窖。他购买了大量红酒。他没法把这些酒尝个遍，但还是想喝一点试试，以确保这些酒的储存情况良好。他打开了一箱酒，拿出了一瓶拉菲。这酒尝起来……不对劲。"我当时没觉得那是假酒，"他说，"只是味道不对。也许是储存上出了问题，我不确定。反正就是味道不对。"他把全部红酒都退给了库尼亚万。后者二话不说，全款奉还。

事后看来，贾格尔的味觉一点没错：那些酒确实是假酒。调查者花了很多年时间追寻库尼亚万的货源。其中一件事起到了关键作用：在纽约的一场由著名酒商及名酒拍卖行——阿奇拍卖行（Acker Merrall and Condit）举办的拍卖会上，其中一件拍品是库尼亚万酒窖中的一箱珍稀红酒，包括几支大瓶装红酒。不过，生产这些红酒的酒庄提出了一个问题：那一年生产的红酒根本就没有大瓶装。他们没有用那个型号的酒瓶装酒。

面对争议之声，阿奇还是进行了拍卖。谁知道呢，当年的记录也许不够准确，而且谁又能保证这些酒不是在别处被灌到了大瓶里呢？

当然，和贾格尔买的酒一样，这些红酒也是假货。类似的证据越来越多，很快，警方搜查了库尼亚万的家。在地下室里，他们发现了老旧和伪造的标签、各种红酒陈酿的"配方"，以及生产古旧珍稀酒瓶的全套设备。

这可真是个高级的圈子，玩的都是绝对的稀罕货，可惜都是假的。库尼亚万目前正在南加州监狱中服刑。

▼

马修·德·昂格尔·布朗，或者塞巴斯蒂安·冯·安尔哈特，随便你怎么叫，这个人的本名是马修·爱德华·布朗，1984 年出生在南约克郡的唐卡斯特。他的父亲是一家香港电信公司的法务部总监，42 岁时死于心脏病突发。当时马修 13 岁，开始与身为社工的母亲珍相依为命。他们住在距离马修学校不远处，过着中产阶级的生活。（2007 年，马修的母亲也因为心脏病突发离世。）

少年马修在奥克姆学校上学，这是一所学费高昂的二级私立学校，位于拉特兰郡。他在学校担任级长，还做过图书管理员。但他并不习惯学校生活。他的同学安德鲁·库梅因后来回忆说："他不太受欢迎。他很怪，总是出洋相。他性格挺复杂，从不暴露自己的感受。但他很喜欢在公众场合讲话。"

但是，库梅因记得最清楚的是马修的做派。他用专属于自己的信纸，上面用纹章印着他的名字，"对于13岁的男孩来说有点奇怪"。他自称是青年保守派的领导人，而且他无论去哪儿，总是带着一本厚厚的小说。无论问他任何问题，他总能很快给出清楚的回答。然而，他"大多数科目的成绩都垫底"。不知怎么，他总给人一种金玉其外、败絮其中的感觉。

2005年，布朗——此时他已公开自己的同性恋身份——结婚了。在与蕾娜·德·昂格尔－布洛克相识四个月后，他向这位比他大30岁的艺术品修复师求婚了。后者拥有一笔可观的财富，其中部分是从她的第一次婚姻中得来的。他搬进了她在伦敦价值200万英镑、距离白金汉宫不远的豪宅。他在她眼里的可信度与日俱增。不久，他的新婚妻子就让自己这位英俊的少年郎君担任起了她的艺术品修复公司——"冰屋"的主管。不过，他很快就再次证明，自己不过是个绣花枕头。公司的财务状况急转直下，部分原因是管理者能力不足，另外部分原因，有人指出，是蓄意破坏。到2008年，原本价值数百万英镑的公司轰然倒闭。布朗和德·昂格尔－布洛克很快就离了婚。不消说，这次分手闹得并不愉快。

父母早亡，妻子也离他而去，布朗暂住在他母亲的姐姐家里。结果他再一次让身边人大失所望。"他是百分之百的麻烦人物。"他的继父罗伯特·甘特后来表示。

2010 年，蕾娜·德·昂格尔 – 布洛克突然死于酒精中毒。不过，她的名字倒是被继承了下来。马修·布朗把自己的名字改成了马修·德·昂格尔·布朗。蕾娜在他口中则一会儿是他的母亲，一会儿又成了他的秘书。

他在少年时就自称"阿德布莱金的布朗勋爵"，后来又说自己是政府工作人员。在此之后，他的"戏路"越来越宽。德国王子、英国王室法律顾问、摩纳哥皇族、CNN 主持人理查德·奎斯特的男友、尊贵的马修·德·昂格尔·布朗爵士。花花世界正等他大显身手——而且他很快就会证明，自己确实是各类圈套的大师。

▼

约翰·弗兰奇（John French）和波特拉姆·瑞文（Bertram Raven）在 1959 年合著的《社会权力基础》（*The Bases of Social Power*）中指出，权力主要有五种来源：奖赏权力，即相信某人有给予你奖赏的力量；强制权力，即相信某人有通过某种方式对你施以惩罚的力量；法定权力，即真正的职权带来的力量；参照权力，即因为与他人联合（或希望与他人联合）而产生的力量；专家权力，即某人具有某些专业技能所具备的力量。

骗子渴望得到权力，掌控你和你未来行为的权力。他们要如何获取这种权力？这种能够让圈套发挥说服性魔力的权力来自何处？骗子会不计一切地避免使用强制权力——那样太不优雅了，也不具艺术性。骗子不会开口索要，不会威胁恫吓。他们会用更柔和的方式：奖赏权力，配合一点法定权力与参照权力就够了。

在一项针对欺诈案受害者进行的调查中，受访者普遍表示，他们不仅认为骗子是正派的人，还认为骗子为他们提供的奖赏也是真实存在的。这是很多骗局的受害者常常会产生的想法：我面对的是值得认真对待的人（法定权力），而这个人能够给我奖赏，这种奖赏可能是金钱或其他形式的（奖赏权力）。受害者还表示，这些骗子为了建立其正派的印象，往往在一开始就诉诸信任感和权威感。这里的逻辑很明白：如果某人向你提出要求，你必须从一开始就知道这个人是谁，你又为什么要听他的。

我们通过两种方式建立权威：一是我们的知识（建立在专业基础上的权威）；二是我们的身份（建立在所处位置上的权威）。这两种方式骗子都会利用，但第二种比第一种要容易伪装得多。实际上，第一种方式，至少是对这种权威的感知，通常只在开始时有效。

纽约州立大学海事学院的物理学教授克利福德·贝里（Clifford Berry）第一次在《时代》（Time）周刊上读到费迪南德·沃尔多·德马拉的违法故事时，与很多人一样感到十分好奇。"关于德马拉的案子，我想了很长时间。"他在约两年后对《人物》（Life）杂志表示。原因很简单：他自己的真名就不是克利福德·贝里。从德马拉的行骗事迹中，他看到了当年成功在学术界冒名顶替的自己。

马文·哈罗德·休伊特（Marvin Harold Hewitt）于 1920 年出生在费城，是三个孩子中的老大。他的父亲塞缪尔是一位警官。马文在高中即将毕业时退学——他自称是因为学习太无趣了。随后是各种体力劳动，货运场、工厂……任何能用上一个 17 岁精壮小伙的地方，他都去过。在报名参加陆军被拒后，他成为一名通信兵（他声称这也一样无趣）。

　　然后，他发现了一项感兴趣的工作：教书。这回可有趣了，他想。很快，他就回复了一家新建立的军事学校——山营军事学院的八年级教师招聘广告。他的简历巧妙地忽略了自己没有学历的事实，一份天普大学的学位证书神奇地出现在了简历上。很快，休伊特就站在教室的讲台上，面对一群求知欲旺盛的 13 岁少年，教起了数学、地理和历史。那年春天，这家学校关门了（可能是用人不当导致的）。不过，休伊特的教学履历可谓成功。他以"休伊特老师"的身份加入了这所学校，学校关门时，他已经成为"经验丰富的休伊特老师"。

　　接下来的一切顺理成章。为什么要止步于初中老师呢？休伊特开始给当地的大学打电话，应聘物理教师的职位。很快，他发现费城药学与科学学院正在招聘教师。学院的系主任罗伯特·琼斯问及休伊特的姓名时，他报上了朱利叶斯·阿希金（Julius Ashkin）的名字。真正的阿希金拥有傲人的履历：他曾在哥伦比亚大学、洛斯阿拉莫斯（Los Alamos）国家实验室和阿贡（Argonne）国家实验室从事研究工作。休伊特借用了这个身份。琼斯被这份履历打动了。假阿希金得到了这个职位，并向大约 300 名学生教授微积分、三角学和代数。此外，他还要监管物理实验室的工作。这个骗局只有一个小小的破绽：真正的阿希金也在寻找教职。那年秋天，他开始在罗切斯特大学执教。

　　两位阿希金一度相安无事。休伊特给哥伦比亚大学写信，只花了一美元便获得了一份成绩单。他严格按照教科书讲课，他的学生们在考试中竟也取得了和其他教授的学生不相上下的成绩。他有一次险些被拆穿：他的父亲被一名偷车贼开枪射杀，记者蜂拥到他家周围。他害怕因为被摄像机拍到而暴露身份，于是连续几天闭门不出，工作也顾不上了。这场危机很快过去了。

那一学年平安地结束了，但休伊特感到自己离家太近。他随时可能在不知情的情况下暴露自己的身份。于是，他开始给更远的学校写求职信。他的行动得到了回应：明尼苏达州的伯米吉州立师范学院正在招聘老师。休伊特立即又寄去了阿希金的成绩单。这次，他在上面又添了一笔：在一家名为"克里斯蒂工程公司"的企业担任物理学顾问一年的履历。实际上，这一家公司并不存在，但休伊特想得周全。他很快就准备好了相应的文书材料。学院校长查尔斯·萨特加斯特进行背景调查时，这家公司的负责人"罗伯特·克里斯蒂"早就准备好了一份热情洋溢的推荐信。

休伊特带上了他的新婚妻子——他不久前娶了一名当地女子，后者对成为教授之妻深以为傲——搬到了明尼苏达州。很快，他就开始了一周16个小时的教学工作，课程包括解析几何、立体几何、大学代数和物理。但这些在他眼里还不够。伯米吉太小也太无趣了。他要去一家真正的大学，能让他和与他智力水平相当的人共处一堂。于是，休伊特再次寄出了求职信。

很快，他又收到了圣路易斯大学的聘书。他终于找到了配得上自己的学校。他提出了几项合理要求：他在之前学校的教学工作排得太满，让他没有时间思考和发现。于是在这里，他每周只教10个小时的课。他之前的学生水平太差。于是在这里，他只教研究生。至于大学代数，这种课程简直是对他智力的侮辱。在圣路易斯，他教的是核物理学、统计力学和张量分析。"朱利叶斯·阿希金"终于找到了精神家园。他也遇到过几次险情——毕竟他用的是一位货真价实的物理学家的名字——但休伊特总能做到滴水不漏。这位"阿希金教授"的事业蒸蒸日上。

与此同时，真正的阿希金在罗切斯特大学获得终身教职，并不断发表研究成果。休伊特密切关注着他的进展。每次有新文章发表，他就满怀担忧，生怕那会导致他身败名裂。会有人注意到学校的不同，并由此发现真相吗？

不能再这样下去了，休伊特需要再次改变。他又一次开始了求职工作。这次他将保留阿希金的名字，但要选择一个级别较低的学校。他认为较小的学校不会密切关注学界动向。

犹他大学激动莫名。他们收到了哥伦比亚大学、阿贡国家实验室和洛斯阿拉莫斯国家实验室充满肯定的推荐信——真正的阿希金是一位事业有成的杰出人士，很多人愿意为他的能力背书。这些推荐信可不是伪造的，只不过推荐的是一个冒牌货。休伊特的好运气仍在持续。犹他大学招聘委员会没给罗切斯特大学打电话。哥伦比亚大学甚至为可能的漏洞提供了一条最佳解释：确实有两个姓阿希金的人毕业于这所学校。第一个阿希金还在副教授的位置上苦苦奋斗时，犹他大学已经给第二个阿希金提供了一项史无前例的待遇：直接获得全职教授职位。

这时，远方来信了。信是寄给朱利叶斯·阿希金的，但在名字后面加了一个问号。邮戳显示这封信来自罗切斯特大学，寄信人名叫朱利叶斯·阿希金。真正的阿希金十分和善，他在信里说自己相信假冒的阿希金"本质上是个正派的人"。他写道，他愿意给他个机会停止自己的所作所为，他不会采取正式行动进行追究。不过，罗切斯特大学还有一位不打算就这样善罢甘休的人。犹他大学的校长也收到了一封信，寄信的是一个不愿轻易放过冒牌货的人。

休伊特还是被从轻发落了。校方甚至愿意给他完成大学学业的机会，但对休伊特来说，这样的待遇太低了。他无法接受从全职教授沦为区区学生。他回到了费城——其间，一位朋友帮他联系到去普林斯顿大学的机会，他也弃之不顾。阿希金这个身份是不能用了，但教授身份还没有丢——他此后又在阿肯色工程学院教授电子工程学，并在纽约州立大学海事学院教授物理学与微积分。

在第二次同时也是最后一次被拆穿时，休伊特否认一切欺诈指控。他宣称，自己完全没有错，错的是教育体系本身。这个体系有漏洞。既然他被这些学校雇用了，那么就不该怪他。从某种意义上说，他说得完全正确。这个体系是人设计的，而人具有相信的本能。我们不能时刻识破欺诈，因为我们根本没有做好这种准备，特别是，当我们面对的是一位成功甚至伟大的人物时，我们会不由自主地相信他。掌握权力的人，无论这种权力有多么不实际，都是最适合布下圈套的人。

我们会不假思索地服从权威，甚至不会停下来想一想我们为什么或者应不应该这样做。对于这种心理，最著名的——或者应该说最臭名昭著的实验，就是斯坦利·米尔格拉姆（Stanley Milgram）的服从性研究①。在这项实验中，参与者误认为自己在向一名有心脏病的男子实施危险的电击，但他们没有停手，因为他们被命令必须这样做。这种现象在不同场景下一再上演。一项研究发现，人事部门主管会对应聘者显露出种族歧视，只因为上级主管授意他们这样做。另一项研究则发现，在得到上级的授意后，员工就会参与腐败行为，比如盗窃或私改售价。当掌权者让我们去做某事时，我

---

① 近年来，这项研究被批评没有展示出其所声称的主旨，但米尔格拉姆的原始工作——包括多项研究，不止这一项最著名的——确实显示，很多人（并非所有人）服从命令的程度是令人吃惊的。这种效应被广泛复制了。

们会倾向于服从。当我们相信骗子的权力时，圈套就会发挥最大的效力。

弗兰奇和瑞文指出，职权不仅仅通过实际权力发挥效用。职权本身的指涉性就会对我们构成吸引：掌权者已经与我们产生了关系，或者我们希望与其在未来产生关系。

骗子要做的第一件事就是建立信任。而建立信任的方法就是装作他们认识你渴望成为的人，或者至少是你想要结识的人。扮成和你一样的人，扮成你想变成的人，扮成你告诉别人"这是我朋友"的人。这样一来，你就更容易落入骗子的圈套了。一个被伯尼·麦道夫欺骗的股票经纪人表示，"这人有种魔力，他的血统和名声可以让他获得信任"。

麦道夫还有另一项重要的法宝：他来自犹太人群体。他把这个群体的作用发挥到了极致。迈克尔·舍默表示："这是一项靠关系运作的骗局，一场内部人士的游戏。我们要互相照顾，他是我们中的一员。"麦道夫不是唯一这样做的人。骗子往往会利用某种群体来迅速为自己树立形象，获取信任，并成为这个群体的一员。宗教团体常常会成为目标——本书还会提到一个利用圣公会关系行骗的案例。此外，艺术品鉴赏家、某个俱乐部的成员等也是这种骗局的重灾区。我们认为某人具有权威，往往是因为他属于某个群体，而这个群体是我们特别想加入或渴望受到其垂青的。马修·布朗选择贵族身份是有原因的。人人都想结交贵族。

布朗对这一点自然心知肚明。他利用一切机会和每一个新身份来提高自己的可信度，包括编造的维基百科条目（这一条目很快就被删除了，但也保留了一段时间，足够受害者去发现）、社交媒体账号，还有他根据每个猎物特别建立的虚假身份。其中一些，比如他以"马修·德·昂格尔·布朗"之名建立的 Badoo 和 Google+ 账号，至今仍然存在。互联网让伪造一个可信的身份变得无比简单。只需在社交媒体上创造一个活跃的形象——账号越多越好——你就能变成一个真实存在的人物，其身份背景随你选择。再用不同的名字建立几个账号，展现你们之间的关系（"昨晚的游艇派对太赞了！"），你的身份价值就会变得更高。一般人都很懒，很少有人会在看到这些账号后去查询伯克贵族名谱公司 ① 的出版物。

正是因此，在 Yelp、亚马逊、eHarmony 等网站上的评价和检索服务出现后，一系列针对虚假评价的法律建议也随之出现了。我们的生活越是数字化，就越难以分辨现实与虚拟——也就越容易为圈套建立一个坚实的基础。

有时候，马修·布朗行骗过程中唯一靠的就是他的所谓关系——而这种关系的威力确实不小，即使是在银行开户也是如此。2004 年 10 月 14 日，《伦敦晚旗报》（*London Evening Standard*）报道了这样一则新闻：一名少年——后来证明就是布朗——的所作所为超出了年少胡闹的限度。这名 18 岁的年轻人让信用卡公司相信他是贵族成员。他谎称有勋爵爵位，在政府部门工作，年薪 8.6 万英镑，在 2002 年 11 月就拥有了第一张美国运通卡。信用卡公司没有做最基础的背景调查，因为他们相信了贵族身份的权威，不想冒险质疑一位绅士的话，不然就太不得体了。

在收到新信用卡一个月后，布朗去湖区度过圣诞假期。在五天的行程中，他住的是五星级酒店，开的是租金 500 英镑一天的豪华轿车。但对品位不凡的贵族青年来说，这个地方显得太土气了。因

---

① 一家专门出版贵族家谱的英国公司。——编者注

此，在 2 月份，我们这位"阿德布莱金的布朗勋爵"开始乘坐头等舱游览英格兰和苏格兰。他对食物、香槟和法国白兰地的品位极佳。很快，他就因为铺张浪费的饮食和比账单更慷慨的小费而出了名。信用卡账单堆积如山，而仍然没有人质疑——至少没人追根究底——这位年轻的爵爷到底能否偿清账单。毕竟，他是贵族，是顶级俱乐部的成员。这种关系会带来权力。人们都希望掌权者能喜欢自己，而不是认为自己很小气、疑神疑鬼，所以人们就会把怀疑埋在心里——就像在此之后，侯爵夫人在失去铜猪雕像时会做的那样。

布朗勋爵的行径远未结束。他会时不时进入伦敦，下榻在知名的梅宝尼克拉里奇酒店。现在他除了美国运通卡，还有一张巴克莱银行的信用卡——第一次办理成功后，办信用卡就越来越容易了。他在英国葡萄酒业连锁巨头奥德宾斯购买了数百英镑的红酒和烈酒，还在酒店周围的美黑美容院一掷千金。当然，他可不能脸色苍白地上镜。

与此同时，账单如雪片般飞来，还款却迟迟未见。局面到了临界点，这时，贵族身份也失效了。这是生意，有借就要有还。权威在这时候也没用了。很快，美国运通公司发布了一张"通缉"广告，寻找这个欠款 1.8 万英镑的持卡人。2003 年 8 月 15 日，布朗在普利茅斯火车站登上了一辆列车，检票员认出了他。勋爵阁下到达伦敦时，警车已经在等着他了。

不久之后，马修·布朗站上了米德尔塞克斯市政厅的刑事法庭。不过，刑事指控对他夸张的打扮也丝毫无损：衣领上别着粉色的康乃馨襟花，颈上缠着一条丝巾，头戴软呢帽，手持银头手杖，他就穿着这套行头走上了法庭。2004 年，他被判犯有 9 项欺诈罪——外加 224 项指控——被处以 3 年管教，而他因酗酒和滥用可卡因进入萨里一家每月收费 1.2 万英镑的诊所治疗。他就是这样进监狱的，正如他之后告诉梅尔文·巴雷特的那样，不过罪名和他说的不太一样。这就是布朗（就我们所知的）的首次犯罪行为。他靠的只是一些听上去很可靠的关系。权位，即使是假的，也具有力量。很多望族的名誉都被借用来行不法之事。克拉克·洛克菲勒（Clark Rockefeller）让数十人相信他是洛克菲勒家族的成员，而后来人们发现，他其实名叫克里斯蒂安·格哈斯莱特尔，是个杀人犯。但在超过 20 年的时间中，他不仅长期装作洛克菲勒家族成员，还多次伪装成英国王室成员和好莱坞制片人。身份变了又变，但不变的是身份的高贵属性。他清楚别人想听到什么。谁不想和洛克菲勒家的人做朋友呢？

　　早在洛克菲勒家多了这么一号人物之前，就有一位卡茜·查德威克（Cassie Chadwick）常年自称是美国企业家安德鲁·卡耐基（Andrew Carnegie）的私生女。她的计划非常有迷惑性，也非常简单。她在克利夫兰雇用了一位优秀的律师，并让他开车送她去卡耐基的宅邸。在那里，她假装进屋和卡耐基本人见了面，而实际上她只是和管家说了几句话。在回来的路上，她又假装不小心掉出了一张价值 200 万美元的（伪造）本票，她声称是卡耐基写给她的。律师相信了她。他把话传了出去——当然是以低调的方式。卡茜靠着源源而来的借款过上了奢侈的生活。人人都相信，卡耐基死后，他们能得到丰厚的回报。人人都想站在未来的继承人这边。查德威克本来可以继续骗下去，不过她闹得太大，惊动了卡耐基本人。后者立即宣布完全不认识她。1904 年，她终于被捕了。

　　弗雷德·德马拉在选择关系时也很小心。他在盗用身份时从不乱做决定。他总要看看这种身份代表了什么权力，这种权力是否会引起目标的兴趣，这个伪装是否能够成为这次圈套的良好基础。在宗教团体中，他总会扮成学术界的巨擘。教众看到这样一位学术大家愿意抛下一切，将自己奉献给神，总是感到与有荣焉。他们希望他能喜欢他们，并把他们看成具有同等智力的人。而他在得克萨斯州监狱做典狱长时，又换上了一副强硬的面孔：一位来自南方的绅士，作风硬朗，痴迷研究法律，希望成为司法系统的一员。他是囚犯们梦想有朝一日能成为的人——改过自新的酗酒者——因此受到他们的爱戴。但他也能恩威并施，因此也得到了上级的赏识。为任务量身定做的圈套，其功效才能得到最大的发挥。

西奥迪尼指出，我们对加入一个有吸引力的组织的渴望，是我们被他人说服的一个最强有力的因素。这也是圈套能得逞的重要原因之一。如果某件事得到了我们信任的组织的认可，或者完成这件事就能让我们加入梦寐以求的群体，那么我们就更容易去做这件事。

即使这个组织是我们不那么感兴趣的，我们依然更愿意被其接纳，而不愿意被排除在外。普渡大学的社会心理学家、主要研究排斥的基普林·威廉姆斯（Kipling Williams）发现，在一场虚拟的扔球游戏中，被其他成员弃选的人们会自我感觉很差，更需要归属感——这一心理学概念衡量的是我们需要成为某个组织一部分的程度。在另一项无关的任务中，同样还是这些人，他们会更容易模仿同伴的行为。现在想象一下，这个组织很有名。想象你正试图获得麦道夫或库尼亚万的认可，但对方就是不关注你。这种效应会更加显著。你会加倍地渴望归属感，落入圈套也就加倍容易了。

就算你是最厉害的下套大师，掌握了所有的劝说策略，关键还是在于你是什么样的人，或者你看上去像什么样的人，这会影响这些策略的效果。你实施策略的方式以及遇到困难时的反应也会起到影响。圈套成功有赖于多种因素：不光是你的身份和你采用的劝说策略，还包括你提出要求的具体方式。换句话说，权力更多来源于观点的组织方式，而不是观点的内容本身，你怎么说话比你说了什么更重要。一个高明的骗子会利用这种方式来操控我们感知或思考的方法。也许他并不强势，也许他只是你在街上碰到的一个"好人"，但他却掌握着权力，能够影响你的现实生活，影响你对某个观点或是要求的理解、分析方式。如果他技巧高明，你很快就会用他的方式看待世界，而忘记了你在上当之前习惯的方式。

举例来说，一个人通过调整展现在我们面前的选择的顺序，就能让这些选择显得更好或更差——即便这并非我们的本意。2006年，康奈尔大学约翰逊管理学研究院专门研究决策学的心理学家 J. 爱德华·拉索（J. Edward Russo）进行了一系列实验，以证明通过一点策略，就能轻易让我们的选择与本意背道而驰。首先，他和同事们向一组学生描述了两家餐厅的十项特点（气氛、每日特色菜、距离、上菜速度等），并让他们挑选自己喜欢的餐厅。两周后，他们又对这些学生进行了回访。这次，餐厅特点的介绍顺序被刻意调整过了。所有信息都和上次一样，但较差餐厅的优点被排在了前面，缺点则被放在了最后。然后，每位受访者要再次对这两家餐厅做出选择，并为自己对这次选择的确定程度打分。从 0 分（完全不确定）到 100 分（完全确定），50 分则代表只有一半确定。

这次，大部分人（62%）选择了上次评价较差的餐厅。实验介绍的第一项特点对这家餐厅有利，这让后面所有的信息都显得无足轻重了。实际上，在看到第一个特点后，已经有 76% 的人表示，较差的餐厅是他们的选择。更重要的是，这些人根本没意识到自己在做什么。这些人选择了自己平常根本不会去的餐厅，但他们对自己选择的信心和上次一样强。

在食物的选择上，这种效应看起来不那么重要。但这种顺序对选择的影响只是决策架构（decision architecture），即信息呈现方式的多种因素之一。这些因素可以令我们以某种特定的方式进行决策，而这种方式并不一定与我们本身的偏好相符。

决策架构有其积极的一面。行为经济学家理查德·塞勒（Richard Thaler）和法律学者卡斯·桑斯坦（Cass Sunstein）在 2008 年出版的《助推》（Nudge）一书中对“助推”这一概念有所阐述。道理很简单。在很多时候，我们的选择并非来源于固有的偏好，而是受一系列情境因素的影响而形成。比如，我在外吃饭时本没想喝酒，但如果酒单就在我眼前，也许我就会点上一杯。

助推起作用的心理机制就是骗子“软实力”的全部基础。正如骗子绝不会用看得见的方式强迫他人，助推也不会强行推动或是禁止某种行为。“禁止吸烟”的标志不是助推，而是规定。助推会直接对选择本身加以改变，改变决策呈现的方式。塞勒和桑斯坦用一个看似矛盾的概念解释了他们的理论——自由家长制①（libertarian paternalism）。既然环境无论如何都会影响到我们的选择，何不利用这一点来让环境起到积极作用呢？或者，从骗子的角度来说，何不

① 塞勒和桑斯坦提出的概念，是一种更隐晦、温和的家长制。具体表现为通过一系列看似不干预对方的举措，营造出某种环境，让对方容易做出符合自己期许的选择。——编者注

利用这一点来做坏事呢？

　　顺序效应只是一系列影响的冰山一角。这些影响还包括位置效应，也就是某种事物的具体位置。骗子总是利用这种效应，把他们希望你看到的东西或人安排在显著的位置。还有默认效应，也就是默认你做出了某种选择：比如臭名昭著的直销公司 Publishers Clearing House，就会利用默认效应让你订阅很多你根本不想订阅也无法取消的杂志；或是你在网上购物之后就不停地给你发邮件的零售商，你根本没同意过让他们这么做。还有锚定效应——你的第一印象会影响你之后的决策。比如，菜单上首先映入你眼帘的价格如果很公道，就会让后面的菜价也显得不那么离谱了；或者按月付款计划会让一大笔钱显得没有那么多。类似的效应还有很多，而其共通的原理其实很简单：某样事物呈现在你眼前的方式是非常重要的。我可以担保，骗子非常清楚该如何呈现骗局以对你不利。这就是设圈套的艺术。

　　一天晚上，在和职业扒手阿波罗·罗宾斯共进晚餐时，他在长达十分钟的时间里使我相信，他能读取我的想法。他从桌上拿起三样东西，把它们并排放在一个小屏风的后面，并让我从中选择一个拿在手里。结果他一次又一次地猜对了我挑选的东西，甚至能猜中那样东西在我的哪只手里。我感到不可思议，随后他解释说，他其实是在用精心设计的话语来控制我的选择。他每次都对引导我动作的话语稍做改变，让我听起来觉得他能预测到我的每一步行动。我虽然行动完全自由，但他却能预知我的动向。我在这里不能泄露他的具体手法，但这个方法其实就是决策架构：安排选择的顺序、用特定的言语来显示他总是能预知下一步。这就是一个微型的圈套，一次足以影响你对未来感知力的示范。

　　骗子甚至会通过限制选项来影响我们的选择，这利用的是默认效应。俄亥俄州立大学的柯蒂斯·霍格威特（Curtis Haugtvedt）对劝说技巧，特别是对谈话与互动，以及互联网、广播、电视和书籍对我们的影响进行了专门研究。他发现，一些特性可以让信息更容易达到效果，其中一条就是对选择本身的限制。我们通常喜欢限制选择的数量。如果面对太多选择，我们就会摇摇头走开了，这就是所谓选择性疲劳。但是，如果一个劝说性的说法会引起强烈的负面反应——"你根本没有选择"——那么这个说法就会吸引更多的注意力，从而更容易被人记住。如果一个说法看上去很有说服力——"你的孙女遇到了麻烦，你没有选择，必须马上寄钱过去帮她"——我们会更倾向于被这个说法打动，而不是停下来仔细思考其他可能。如果一个骗子代替我们做了决定，并让它看起来是我们自己的主意，而其实我们还没有下定决心，这时候情况就对骗子有利了。比如直接寄到你家门口的杂志或者产品，或者已经被你找到的钱包——你甚至想都不用想，就会把钱包还回去。

　　霍格威特指出，另一项有效的策略就是尽可能多准备信息，确保提前留下第一印象。也就是说，尽早发出模棱两可的信息，让你的目标朝着特定的方向思考问题。然后，当骗子提出一项建议时，受害者已经考虑过这个建议了，尽管这种考虑可能是无意识的。这时，受害者会感觉两个人想到一块儿了。

　　预先准备信息这一招非常有效，因为它利用的是我们已经熟悉的一种心理：因为熟悉而产生的轻松感。不经意间提到某件事，然后过一段时间——几天后尤其有效——当你再详细提起这件事时，它就会显得更具说服力了。这种现象被称为"真相的错觉"（illusion of truth）：如果我们对某事感到熟悉，就会更容易认为这件事是真的。

骗子常常会用"想想这样的场景""想象一下吧"这种措辞开头，比如，让你想象你中了大奖去领奖的场景。你要拿这笔钱去干什么？要怎么花钱？要去哪里？转眼间，你就来到了温暖的海滩，或是徜徉于巴黎的街头。西奥迪尼在一项研究中让参与者观看有线电视广告。一个月后，比起单纯被告知有线电视的好处的人，在那些被要求"想象你能得到的好处"的人中，付费订阅有线电视的人数多得多。"想象一下某事的好处"这种伏笔可以在提出任何具体建议之前就早早埋下。在对方意识到你在兜售任何东西之前，说出看似不经意的一句话，其实就是设下了圈套。这样一来，当你抛出真正的建议时，对方就会认为这是来自他自己的主动想法（这招除了在骗局中很常用，还是夫妻间常用的小把戏）。

劝说成功的最后一招：不管你说了什么，按什么顺序，怎么说的，只要你说得够多够快够复杂，就能成功。我们同时考虑很多事的时候最容易做出错误决定，即使这些事都过去了。骗子利用这一点，让我们同时跟踪好几件事的进展：好几个人，好几个活动的部分，好几段事物的来历。靠小动作的骗子就是这样的：设三牌赌局的骗子让我们"盯着红桃Q"，看那张牌在骗子两手之间穿梭；或者"袋中之猪"，这个骗局让我们以为捡到了一个装满钞票的钱包，最后却发现里面全是碎纸。骗子能在最后一分钟用巧妙的手法进行调包，这一招能成功，都是因为我们的脑子还忙着思考他们编造的故事。在这些骗局中，我们要考虑的事太多，导致我们对关键的细节视而不见。我们的脑子实在忙不过来了。

泰勒·阿尔特曼（Tyler Alterman）曾是一名心理学系学生，后来成为旧金山湾区的企业家。他在还不到合法饮酒年龄时，曾试图进入芝加哥的一家酒吧。他当时没用伪造的身份证，而是完全依靠一套心理学策略——所谓"吸引注意法"。这很简单。他用大量的信息把门卫搞糊涂了，让他顾不上看身份证上的出生日期。"你好啊，兄弟。"他开口对门卫说。在门卫回应之前，他就提出了一项完全无关的要求："你知道哪儿有卖肉桂味脆角吗？"这时，他递上了自己的身份证，上面显示他不到 21 岁。"我女朋友超爱吃肉桂味脆角，我答应她要给她买的。"门卫把身份证还给了他。"附近有卖这玩意儿的商店吗？"门卫终于有机会回答他了："肉桂味脆角吗？没有，帮不了你。"这时，泰勒已经进酒吧了。他成功地增加了门卫的认知负荷。这一招他在大学中用了很多次，频频奏效。这种圈套完全建立在呈现形式之上，效果好得惊人。

达伦·布朗（Derren Brown）是英国最著名的魔术师之一。2007 年，他用同样的方法在纽约大显身手。他证明了只要给人们施加足够的认知负荷，他们甚至不会注意你用白纸付账。他的第一站是一家卖鱼的摊位，目标是带走三片比目鱼肉。"这地方真不赖。您是本地人吗？您住在这儿多久啦？"布朗在挑选鱼肉时柔声问道。店主答道，住了 20 年了。"一共多少钱——18.55 美元吗？"布朗问了两遍，然后突然说起了地铁。"我觉得坐地铁有点吓人。我不爱坐地铁。别人跟我说，坐吧，没问题。"这时他伸手付账。"您之前住在哪儿？斯塔顿岛吗？就在那边，是吧？好了，谢谢您。"他出门走人，带走的是鱼肉，留下的是一沓白纸。同样的场景在珠宝店再次上演：这次带走的是一枚价值 4500 美元的铂金戒指，留下的还是白纸。只有一个人没被布朗的花招骗过，那是个卖热狗的小贩。他一接过白纸就破口大骂："你这个混蛋！"布朗只好灰溜溜地走开了。

当我们的思维遭遇信息轰炸时，还会出现别的问题。心理学家凯瑟琳·米尔克曼（Katherine Milkman）发现，当我们要考虑的事过多时，会更容易决定去做自己想做的事，而非自己应做的事，这两者往往互相矛盾。而即便没有外力的影响，我们也很难选择去做"应做的事"，比如存钱、锻炼、签合同的时候阅读细则、控制我们的脾气等。理性的"应做"往往会让步于感性的"想做"。我们"想"花钱而不是存钱，"想"暴饮暴食而不是保持体形，"想"尽快得到这样东西而不管后续的麻烦，"想"发泄脾气而不是控制自己。

心理学家巴巴·希弗（Baba Shiv）做过一项实验：要求参与者记住七个数字——这是模拟思维超载的常用方法——同时选择吃巧克力蛋糕还是水果沙拉。结果三分之二的人选择了蛋糕。当参与者仅需要记住两个数字时，只有不到一半——41% 的人选择了蛋糕。对那些本来就感情冲动的人来说，这种区别尤为明显。骗子熟知该如何把两个数字变成七个数字，让我们更难去选择"对"的事，而更容易去选择"纵容"自己——也就纵容了骗子。圈套的成功全靠展现的技巧。

加州大学圣克鲁兹分校的社会心理学家安东尼·普拉卡尼斯（Anthony Pratkanis）在研究真实骗局时，发现的正是这种方法。从 1998 年开始，普拉卡尼斯率领一个研究团队致力于研究并打击欺诈行为。这个团队名为"消费者欺诈研究小组"。2004 年，他和同事们收到了骗局的第一手证据。这并非来自供述或事后回忆，而是来自正在进行的骗局。这些证据是由 12 家执法机构提供的由卧底收集的 600 多盘录音带。这些录音带涵盖了七种骗局：投资欺诈，如庞氏骗局；硬币骗局，用高价换来名不副实的"珍稀"

硬币；讨回损失骗局，这种骗局的目标是其他骗局的受害者，向其保证能"讨回"他们损失的资金，当然是收费的；信用卡或身份盗窃；赌金骗局，许下稳赢的空头承诺；彩票骗局；以及旅游骗局，低价卖出一个无法实现的外国假期。所有这些骗局中骗子的话都被录下来了。

不出意外，普拉卡尼斯在分析录音带时发现，每个骗局总是以料敌机先开始。他发现，成功骗子的首要标志就是为潜在目标量身打造剧本。骗子会在接触目标伊始就为其建立一份心理档案——包括对方的需求、欲望与软肋的类型——都在设局过程中详细列出。比如，一位孀居的寡妇与一位虔诚的家庭主妇显然需要区别对待。然后便是动之以情，经过精心设计，与目标建立信任关系。一名骗子声称他在与一名特别虔诚的受害者通电话时，总会花上 15 分钟和对方一起祈祷。受害者希望上帝帮她做决定，骗子当然双手赞成。

直到此时，骗子才开始劝说目标，或者给对方下套——在这样做时，大多数骗子最喜欢用"排山倒海"的策略，在最短时间内用尽可能多的方法向受害者发起攻势。他们会用上每一个劝说策略，但并不是孤立地使用它们。十八般兵器一拥而上，这一招出奇有效。正如一名骗子所说："我的诀窍就是把受害者带入一片迷雾……我要在这片迷雾散尽之前尽量快速多次地让他们上当。"

他们用到的策略可谓应有尽有，多种多样：展示稀缺性（趁早下手！），建立可信度（我来自合法机构），描述幻象（许诺未来的财富，即描绘未来的幻象），以及利用群体效应（别人都在这样做！）。结果显示，真正的骗子的行为和理论预测的一模一样。

▼

　　马修·布朗在被揭穿后的形象如何呢？尽管被布朗骗得身无分文、声誉扫地，但梅尔文·巴雷特还是冷静地评价了他。"很明显，他感到自卑。这让人不禁想问，这种性格的形成是否与他父亲的早逝有关。"巴雷特说，"他就是对自己信心不足。他深信，没有人会喜欢他，爱他。细想一下，这其实很悲惨。"过了一会儿，他又补充道："我想他很渴望被爱。我曾以为他非常迷人。他那么有魅力，风趣又活泼。可惜这一切都是在表演。"——骗子总是这样。

第五章
完美故事

> 我们成功的全部秘诀在于骗自己，让我们相信自己能改变世界——毕竟从统计学上讲，我们成功的可能性不高。
>
> ——汤姆·彼得斯（Tom Peters），美国管理学家

2014年4月底，北卡罗来纳大学教堂山分校做出了一项几乎史无前例的决定：开除一名终身教授。这名教授提出要退休，但校方拒绝了他。想体面地辞职？不行。校长卡罗尔·伏尔特强调，他是被开除的。"您的行为使您不再配得上本校教职人员的身份。"她在通知他校方听证委员会的决定的信中写道。这名教授当时在校内担任物理与天文学特聘教授。他发表过271篇学术论文，被引用高达7000余次，全美有近百位终身教授对他表示支持。到底是什么让校方做出了这么严厉的处理决定呢？

保罗·弗兰普顿（Paul Frampton）在热门约会网站Matel.com上认识了丹妮丝·米兰妮。弗兰普顿当时68岁，离婚独居，是一位理论粒子物理学家。工作占据了他生活的大部分时间，但他想要更多：孩子、幸福的家庭生活和爱情。这时米兰妮出现了，真是天

作之合。

丹妮丝·米兰妮是个大美女。她是一名来自捷克的模特，32岁，比他小了近40岁。她曾在几年前获得世界比基尼小姐的桂冠。像她这样的人怎么会爱上他呢？在弗兰普顿看来，这再自然不过，因为她对他说自己喜欢年纪大的男人。到处拍照的工作越来越无趣了，人们总对她品头论足，认为她是个花瓶。这一切让她受够了。她已经准备好，要做出改变。

弗兰普顿和米兰妮在接下来的11周里互相通信。根据《纽约时报》一篇长文报道，他们通信频繁，内容亲密而富有激情。她对他说过很多次她爱他。他们虽然从未谋面，但爱情有时就是没来由的。不管爱以什么形式来临，你都必须接受。他要给她打电话，她拒绝了。为什么不干脆见面呢？她对他说，自己正要去玻利维亚拍摄一组照片。他可以到那儿和她见面。终于，这对有情人要团聚了。

弗兰普顿出生于英国伍斯特郡的基德明斯特。他来自一个中下层家庭，家人深以他的学术成就为傲，并在邻里间大力宣扬。他以两门学科优等的成绩毕业于牛津大学布雷齐诺斯学院，于1968年获得了博士学位。后来，他又远赴芝加哥，跟随学科领军人物、日本物理学家南部阳一郎进行博士后工作。1985年，他成为北卡罗来纳大学教堂山分校的教授，并在这个职位上工作了近30年。

这已经不是弗兰普顿第一次被婚姻的诱惑吸引到国外了。他在与前妻安妮-玛丽离婚后，曾飞到中国与在网上认识的一名20多岁的女子见面。她曾说过愿和他结婚，但在见面后改变了主意。弗兰普顿说，那是因为两人没有缘分。不过丹妮丝可不一样——她也许就是他命中注定的另一半。

2012 年 1 月 13 日，弗兰普顿抵达了玻利维亚。他在夏娃宫酒店等待爱人的到来。不巧的是，她必须去布鲁塞尔拍摄另一组照片。但匆忙之下，她忘记了自己的行李箱——这种快节奏的工作会让人晕头转向，这也是她想要抛开一切到北卡罗来纳的罗利开始新生活的原因之一。他能带着箱子去看她吗？弗兰普顿当然乐意效劳。当天晚上，在夏娃宫酒店外的昏暗街道上，一个男人给他送来了一个平凡无奇的黑色行李箱。弗兰普顿把箱子拿到房间里，发现里面空空如也。他往里塞了几件脏衣服，就上床睡觉了。

第二天，他乘飞机到了布宜诺斯艾利斯。丹妮丝向他保证，会帮他买好去布鲁塞尔的机票。在接下来的 36 个小时里，弗兰普顿一直坐在埃塞伊萨国际机场，等着未来的妻子发来下一步指令（他在此期间计算过两人成婚的可能性，结果发现几乎是板上钉钉）。但说好的机票迟迟不来，倒是一位朋友帮他买了回家的机票。弗兰普顿虽然满心失望，但仍然肯定自己和丹妮丝一定能在北卡罗来纳相聚。他把行李托运到新航班上，等待登机。当时是 1 月 23 日，他在玻利维亚已经待了 10 天。

广播里响起了他的名字。他后来对《纽约时报》说，他以为自己被升级到了头等舱。不是他还是谁呢？杰出的学者自然应该受到特别优待。结果等待他的不是头等舱，而是警察。那个平凡无奇的行李箱一点也不平凡：箱子的内衬里是足足两公斤的可卡因。在接受短暂审讯后，弗兰普顿被暂时羁押，关进了监狱。丹妮丝怎能如此背叛他？也许交给他箱子的男人才是背叛者。他满心妒火地在箱子里塞了毒品，让他们过不上好日子。事到如今，任何事都是可能的。弗兰普顿被投入了维拉德沃托监狱。

他花了一段时间才明白事态的严重性。他认为自己和丹妮丝还是未婚夫妇。"保罗是个有魅力的男人，但他的情感太不成熟，像个小孩子。"这是前妻对他的评价。她在离婚后也一直是弗兰普顿的好友。弗兰普顿即便身陷囹圄，在电视上看到米兰妮登台时还是会开怀大笑。"这时，其他犯人会大声喝彩，把保罗当成英雄。"安妮－玛丽说。他还认为自己是犯人中的异类。他说，其他人都有罪，唯有他一人无辜。"有些人声称自己没犯罪，但我在和他们深入交谈后就发现他们其实都不清白。"他说，"我想，里面像我这样的人还不到百分之一。"

▼

欺诈游戏进行到这一步，猎物已选好，好戏已开演，圈套也已布下。我们不再进行抽象的、自己也并不在意的行动。我们已经投入了感情。圈套已经以极富说服力的形式展现在我们面前，似乎我们将以最好的形式得到最想要的东西。因此，当故事开始讲述——也就是我们被告知自己将如何从中获利——这时其实不是别人在讲故事了，我们成了讲故事的人。骗子一路走来都在等待这一时刻，让"好得不像真的"变成"其实这很正常"，让我们相信自己是与众不同的，并理应得到奖赏。这不是飞来横"福"，而是命中注定。可能性也许不到百分之一，但我就是那个百里挑一的人。

我们最基本的需求之一就是自我肯定：我们需要感到有价值，感到被需要，感到自己有意义。我们要如何实现这一点呢？在20世纪前半叶，心理学家认为人的自身是一个现实的整体。他们认为，对我们来说，准确找到自己的价值和在世界上的位置是一件无比重要的事。人本主义心理学派的创立者、以提出需求层次理论闻名于世的亚伯拉罕·马斯洛（Abraham Maslow）在其 1950 年发表的重要论文《自我实现的人：心理健康研究》（"Self-Actualizing People: A Study of Psychological Health"）中指出，全面实现的，或者说"自我实现"的人必须"有效地"感知现实，并接受自身的一切不足，无论这种现实与其自身的理想相差多远。只有这样，人们才能发挥自己全部的潜能。

8 年后，积极心理学与精神健康基础实证研究的先驱之一、纽约大学人类关系研究中心的创办者——玛丽·雅霍达（Marie Jahoda）将健康心理定义为能够正确感知自身在现实中的定位，而不是扭曲这种感知、使其符合某种想象或欲望的心理状态。她为全面心理健康提出了六项标准，对现实的正确感知是其中之一。1967 年，归因理论（attribution theory）——我们如何为各种事件找出原因的理论——的创立者之一、心理学家哈罗德·凯利（Harold Kelley）指出，人类就如同执着的科学家，通过不带偏见的、系统性的研究追寻真理。他写道，准确地感知现实，是追寻真理的最有效的方式。

然而，从 20 世纪 70 年代开始，这种对准确感知的强调开始发生了动摇。事实证明，我们在认识自身时并不准确，而且这种准确性其实也并不利于我们自己：残酷的真相并不会让我们取得成功。我们最想要肯定的那个自己，和一个陌生人通过一小时甚至一分钟的观察后认识到的我们，是不一样的。我们想要肯定的是那个最好的、最应得到奖赏的自己：是那个经过扭曲的、理想化的自己，而不是完全真实、未经修饰的自己。因此，我们会有意以符合我们理想的方式描述我们自身和我们的现实。在对我们真正重要的事上，在我们自视为自我身份的核心特质方面，我们会展现出最大的偏见。从某种意义上说，我们都会成为弗兰普顿口中的"不到百分之一"。在我们自己的心目中，我们总是与众不同的。而与众不同的人不会是笨蛋，与众不同的人是要发号施令的，他们不会受骗上当。这就是骗子的故事总能获得成功的原因。我们已经做好准备，甚至跃跃欲试地相信我们会获得好处。毕竟，与众不同的人理应得到好东西。

热斯莱娜·德·维德林（Ghislaine de Védrines）出身于法国的名门望族，是巴黎一所成功的私立学校的校长。她首次遇到蒂埃里·提利（Thierry Tilly）时，万万想不到在未来几年内，这个声称自己将要获得法学学位并具有一些专业资格认证的人将主宰她和她整个家族的生活。他的计谋之错综复杂，不逊于美国悬疑作家丹·布朗的小说中的情节。2012 年 11 月，提利与一名同伙因"夺取"德·维德林家族财产并"使他们丧失了 10 年的生活"被判入狱。此时，德·维德林家族的祖孙三代 11 名成员已经将超过 600万美元的财产、300 年历史的家族地产和不计其数的个人物品拱手献给了这两名骗子。提利让德·维德林家族相信，他们是一个古老秘密的守护者，正在遭到共济会、犹太人和其他"邪恶力量"的追杀。他们就这样一点一点地把自己的生活交到了提利的手上。到最后，这家人移居到了英格兰，从事着卑微的工作，靠饼干和白水度日。他们的财富、接受的教育和贵族血统早就被抛诸脑后。

真相大白后，公众感到无比震惊。这些智力过人、受过教育的成功家族成员，怎么会前赴后继地被这样一个听上去像天方夜谭的故事骗倒？他们怎么会只因为这个毫无证据、完全站不住脚的故事，就让自己日复一日、年复一年地挨饿受穷？这就是骗子故事的力量：这是一个关于"与众不同"的故事。

提利可谓老谋深算。他不是仅仅编造一个华丽的故事。在他编造的故事里，这个贵族家庭还成了一段珍贵历史的守护者。他知道，这家人以家族传统为傲——他们的朋友总是这么说——于是他便将传统作为获取他们信任的敲门砖。他对他们说，他自己也出身贵族，是哈布斯堡家族的后代。因此，他掌握着这家人因为年代久远而不为人知的贵族秘闻：他们家族的名号是打开古代宝藏的钥匙，而这把钥匙正是共济会密谋夺取的目标。他们不仅是一个贵族家庭，还是一个与众不同的贵族家庭，拥有一份旁人做梦也无法想到的遗产。这份遗产目前岌岌可危。他们的职责——不，他们的使命——就是要保护这份遗产。这样才能证明这一家人的与众不同，证明历史对他们的信任是值得的。

这听上去就不可信，但提利的口才实在太厉害了。他堪称洗脑大师，是操控人心的高手，对编造最具说服力的故事有着超乎常人的直觉。"我在广播里听到有人评论我们，说我们是有文化、受过教育、聪明的人，这理应让我们对提利有所防备。"克里斯汀·德·维德林在提利获刑后对《观察家报》（ The Observer ）表示，"但事实并非如此。我们根本没有办法防备这样一个撒下弥天大谎的人。"

2013 年 6 月，法庭审理了提利的上诉。他请求法官的宽容。他声称自己没有力量影响德·维德林这种有分辨能力的家族，所以他们才应该对此负责。法官认真听取了他的上诉，然后对他宣布了新的判决：十年徒刑。这刑期比他原来的八年还要多两年。

这种现象有很多名字："乌比冈湖效应"（Lake Wobegon effect）、"优于平均效应"（better-than-average effect）、"优越性错觉"（Illusory superiority）、"优越性偏见"（Superiority bias）等。无论被冠以什么名称，指的都是同一种现象：我们在任何情况下都相信自己是非凡的。这种非凡可能来源于我们的吸引力或是才华，比如弗兰普顿的例子，或是我们的家族在历史上的独特地位。无论何时何地，我们都坚定不移地相信自己是特别的——不仅特别，而且比其他任何人都特别。

1976 年，100 万名学生接受了一项调查，70% 的学生认为自己的领导能力超过平均水平；60% 的学生认为自己的运动能力超过平均水平；58% 的学生认为自己的人际交往能力超过平均水平——其中四分之一的学生甚至把自己放在最好的 1% 里。1977 年，内布拉斯加大学的教职人员中，95% 认为自己的教学能力超过平均水平；超过三分之二认为自己属于最好的四分之一。行为经济学家理查德·塞勒对自己的学生进行了一项调查，结果发现只有不到 5%的人认为自己的能力低于平均水平，而有超过一半的人认为自己属于最好的五分之一。当然，几乎所有人都认为自己的驾驶水平高于平均水平，比一般人的技术高，也不爱冒险。研究者曾对出过车祸并住院的驾驶者进行调查（超过三分之二的车祸是这些驾驶者的责任），让他们对自己的驾驶技术打分。结果人人都说自己的技术高于平均水平，打分结果和从未出过事故的驾驶者一模一样。

在专业方面，我们也认为自己比同事强，无论他人怎么说（我们可不是隔壁比尔那种吹牛大王）。准备晋升的职员和管理者们也都认为自己的公司或者自己要去的公司很快就能在竞争中胜出。在自我评价报告中，我们会在对专业重要的技能上给自己打高分。如果一定要说出哪些地方还有待提高，我们会倾向于与专业关系不强的地方。（比如作为作家，我可能会对我的编辑说，我在公共演说方面还有些不足——这样一来就能避免谈及对写作才能的自我批评。当然，这只是个假设，我的公共演说才能可非同凡响。实际上，我是最好的演说家。）

好好想想吧。如果有人问起你最大的缺点，你会说什么呢？你可能要努力想上很久才能准备好答案。这并非因为你完美无缺，而是因为你认为自己就是比他人强。你很可能说出"我是个完美主义者"这种恶心的话——以此聪明地（至少自己这么认为）将其伪装成缺点——而不愿意承认真正的业务上的不足。而如果你的工作出了差错呢？怪在老板身上。团队太差劲。市场乱套了。反正不是你的错。

这正是为什么"电报欺诈"和"百货商店骗局"的祖师爷——弗雷德和查尔斯·贡多夫（Fred and Charles Gondorf）兄弟能够长期蒙骗大量受害者的原因：每一个受害者都愿意相信自己是得到大奖的幸运儿，没人把自己当成傻瓜。在长达 15 年的时间里，这对兄弟把猎物骗到一个看上去很气派的赌马下注室，对他们说自己找到了电报系统的内线：一名心怀不满的雇员，他能侵入电报线路，在赛报公开前几秒钟得到消息（其实根本没这回事）。贡多夫兄弟手段太过高明，以至于百货商店骗局一度被称为"贡多夫骗局"。不计其数的可怜虫深信这对兄弟给他们开了后门，自己的投资是深思熟虑的结果，一旦错过将后悔终生。一名受害者威廉·奥莱利（William O'Reilly）甚至在被警方告知真相后还无法相信自己被骗。在 1915 年 6 月 5 日，弗雷德·贡多夫终于被捕后，《纽约时报》写道："他不愿相信那两兄弟其实不是内线。"截至那时，这两兄弟已经骗取了大约 1500 万美元。

此外，我们还认为自己是比他人都出色的好市民。研究优越性心理对行为影响的社会与认知心理学家让－保罗·柯多尔（Jean-Paul Codol）通过 20 多项实验发现，人们认为自己的行为比其他人更符合社会标准。我们比一般人更能落实垃圾回收。我们比一般人更乐于助人。我们比一般人更能做到随手关灯、绿色出行。我们比一般人更乐于向慈善机构捐款——当然啦，今年我只捐了 10 美元，但我敢打赌大多数人一毛钱也没捐。

坦率地说，我们认为自己比绝大多数人都强得多。我们更善良，更讨人喜欢。实际上，谈到几乎所有优秀品质时，我们都认为自己比周围大多数人强。而在几乎所有的坏习惯方面，我们则认为自己不如其他人差。康奈尔大学的心理学家戴维·邓宁（David Dunning）和他的同事们通过 6 项实验证明，人们会高估自己受到社会认可的品质，如对社会规范的接受程度、求知欲、阅读广度、想象力和在重大事件上表明立场的勇气等。而遇到一些潜在的负面倾向，如冷漠和顺从等，他们就会把自己撇清。此外，即使在积极属性方面，他们对那些符合自己之前自我描述的属性的评价，也要比那些他们没有提过的高。

如果让我们从诸多关键词中选择一些来形容我们的个性和关键品质，那么在结果中，褒义词一定会比贬义词多得多。我们更善于记住自己做的好事而忘记坏事，记住自己的优点而忘记缺点。我们对具体事件的印象也同样经过扭曲：我们经常遗忘失败的细节，对于成功则不然。骗术高手正是利用了这一点，才能轻易地"植入"虚假的记忆。骗子让我们认为，我们的行动始终是我们自己决定的：是我想到要进行投资或是下赌注的；是我要决定去南美洲和我未来的妻子见面的。没人逼我这样做，全是我自己的主意。当然是这样了。故事就这样自行铺开了：我们知道自己会从中获益，因为我们就是如此聪明。

对于已经发生的事件来说，我们会把其中好的一面归功于自己的才能，而把坏的一面归咎于环境的影响——这被称为"控制点理论"（locus of control），即我们对控制生活的力量来源的认识。在一项研究中，参与者两人一组进行工作，并被告知他们的工作成绩低于、高于或正好处于平均水平。如果成绩很好，两名成员都会认为是自己的功劳。如果成绩低于平均，每个人都会指责另一个人。而如果成绩正好是平均值，每个人又会强调自己的表现很好，是另一个人拖了后腿。我们还容易认为自己不擅长的技能本身就无足轻重——骗子很喜欢利用这一点，因为大多数人并不擅长财务管理和数据的精密分析等技能。

当我们把自己和他人进行比较时，自己总能占据上风，原因很简单：我们更注重自身的优秀品质。但实际上，不可能人人都是出类拔萃的。在一项实验中，一群外界观察者观摩了学生参与的一场团队互动活动，然后给每个学生的不同方面打分，包括热情、自信和友善程度等。同时，这些学生也要给自己打分。结果不出意外，外界观察者的分数比学生给自己打的分要低得多。

当然，大多数人都是一般人，尽管没人愿意承认这一点。在虚构的乌比冈湖镇，所有的孩子都有超过平均水平的智商和外貌。他们的运动才能也超乎寻常。他们的艺术才能同样出众——这并不是说他们数学不行，他们数学也很好。尽管他们不会成为莫扎特——其中一些还是可能的，有的父母暗想——他们的音乐才能也超过普通人。他们长大成人后离开乌比冈湖镇闯荡世界时，也会继续优秀下去，成为最好的人。

骗子会使尽浑身解数，让我们感觉自己优于常人。骗子会利用我们的虚荣心，利用我们对自己最重视的事情的虚荣——他们在料敌机先阶段就把我们的心理摸透了。弗兰普顿教授，您真是才华横溢，我最看重男人这一点。您的才华和我的美貌真是完美的搭配。您可真是个有眼光的投资者，科法克斯先生。您真是慧眼识人，巴雷特先生。骗子的故事总是着眼于我们的非凡才能。

而我们对此深信不疑。并非因为故事天衣无缝——超级模特还需要上婚恋网站，而且还看上我了？——而是因为我们希望故事是真的。我们越是觉得自己出类拔萃，就越容易被骗。一个骗子经营的是一种被称为"轻击"的小型骗局，手法是在掷骰子的最后关头用一个四面是五点、两面是六点的作弊骰子换掉正常骰子。他告诉戴维·莫勒："纽约人是最好下手的目标。这种人觉得自己什么都懂，你根本难不住他们。他们自作聪明，最容易上当。"纽约人认为自己见多识广，饱经世故，因此是最容易上钩的群体。

故事会自行铺开：很多骗子会为自己的罪行找借口，是因为被自己的故事迷惑了，他们至少在某些时刻忘记了自己在说谎。毕竟，对例外性的信念对骗子和猎物来说都是一样的：我可以这样做，因为我可以成为社会规范的例外。我们的老朋友德马拉在一次骗局中伪装成了本·W.琼斯，一位体面的南方绅士。他决心打击犯罪，于是来到得克萨斯州做起典狱长。得州刑罚系统一向不以仁慈宽容著称，对自己的员工也是如此。在被雇用之前，德马拉被要求提供三名前雇主的推荐信和八名熟人的私人推荐信。如此苛刻的证明总该让他知难而退了吧？不，德马拉完全沉浸在角色里，真心对那个职位志在必得，并相信一切难题都会迎刃而解。而在他成功之后（德马拉自己杜撰了大多数推荐信），他对自己例外性的自信——即使在这里他也不会被抓到——让他遭遇了失败。他太过自信，甚至把刊登着他本人之前被捕的文章和照片的《时代》周刊拿给一名囚犯观看。那名囚犯立即揭发了他，本·W.琼斯被不事声张地解雇了。

这种自我感觉例外的想法可见于所有类型的骗局中。迈克尔·舍默指出，乔纳·莱勒和兰斯·阿姆斯特朗都有这种想法："莱勒的自白和兰斯接受奥普拉访谈时的表现差不多——都言不由衷。"两人都没有愧疚感，有的只是自鸣得意和被揭穿后的不甘。"斯蒂芬·格拉斯和乔纳·莱勒这种人，就像一个危害性不那么大的麦道夫，但本质是一样的。正如兰斯所说——这个圈子里所有的自行车手都服用兴奋剂。我被抓是因为我倒霉——他唯一后悔的就是这个。"

▼

弗兰普顿并不适应监狱生活。他患有肺病，在满是灰尘的空气中咳嗽不已。同时，他还有高血压，压抑的监狱生活对此也有害无益。但是他说，尽管"入狱是段极不人道的体验"，他和其他犯人被"像牲口一样对待"，但他还没放弃科学，用监狱的电脑继续自己的研究，并关注物理学方面的进展，如希格斯玻色子的发现。

他继续在 arXiv 网站上发表研究成果，这是一个网络资源库，登载未正式发表的数学和科学文章。他还坚持通过电话指导两名研究生的学业，甚至还挤出时间来审阅论文。

2012 年 10 月，弗兰普顿获准离开监狱，在一位老朋友家接受软禁。他的律师说服法官相信他的肺病十分严重，并在监狱中进一步恶化。

　　与此同时，北卡罗来纳大学教堂山分校不再对他发放高达106835美元的年薪。弗兰普顿对此提出了抗议，80多名教授联名写信对他表示支持，称这是对终身教职体系的威胁。但校方没有更改停薪的决定。

　　审判持续了三天。检方一样一样地拿出了对弗兰普顿不利的证据。情况开始显得不妙了。证据包括与"丹妮丝"的通信，他在通信中对"缉毒犬"表示了担忧。同时，他还照料着那个"特殊的小行李箱"。他还在一条信息中写道："在玻利维亚它一文不值，但到了欧洲就价值百万。"另一条是："周一抵达的计划改变了。你一定不能告诉那些吸可卡因的暴徒。"另一条是："我得知道，你是忠于那些坏人——经纪人和玻利维亚的朋友，还是忠于好人——你的丈夫？"弗兰普顿解释说，这都是笑话。他说，事后看来这些笑话颇为无聊，但在当时显得非常好笑。此外，他当时严重睡眠不足。证据还包括写在纸巾背面的计算过程，算的是那些毒品价值多少。但他辩解说是在被捕之后写的。他只是习惯计算自己看到的每样东西而已。

　　2012年11月21日，在被捕近一年后，弗兰普顿被判犯有走私毒品罪，须入狱56个月。"我对此感到十分震惊，难以置信。"他在被判刑后的第二天告诉罗利的《新闻观察报》(*The News and Observer*)，"这是严重的错判。如果这一切发生在美国，陪审团一定会认定我无罪的。"

　　在被判刑后不久，他又收到了坏消息：时任北卡罗来纳大学教堂山分校教务长的布鲁斯·卡尼告诉他，他将被学校开除。弗兰普顿当即要求教务听证会委员会就此进行听证。

▼

为什么弗兰普顿坚信自己是无辜的呢？在外人眼中看来如此明显的欺骗与利用，为什么他却毫无察觉呢？他真的相信自己的行为会被当成一场恶作剧——然后期待大学法外开恩，为他保留位置吗？这种看上去像是故意装无辜，至少是愚蠢透顶的行为，如果结合当时的情境，其实并不难理解。故事的力量并不在于其逻辑的严密，而在于在讲述故事的当下，我们已经无力进行理性思考。这种偏见不仅让我们更容易相信在旁观者眼中显得夸张的故事，还会对我们看待事实和做出决定的方式造成影响。

吉瓦·昆达（Ziva Kunda）是一名致力于研究动机认知（motivated cognition）的心理学家。动机认知指的是我们自发的认知偏见成为我们对世界看法的动机这一过程。昆达在一项早期研究中发现，当个人的得失处于危险状态，人们的逻辑思考能力就会荡然无存。昆达让参与研究的学生们阅读了一些人的档案，其中有的人和这些学生经历很相似，有的则截然不同。结果学生们对这些人的个人生活和事业是否成功的预测出现了很大差别。对越和自己相似的人，学生们就越无法客观地衡量证据，只是倾向于得出一个积极的结果——成功的婚姻、杰出的学术生涯等，虽然这一切都没有什么根据。昆达指出，这些学生正在用被她称为"自我认知偏见"（self-serving bias）的心理机制对外部世界做出解读。

而且，这种偏见不仅仅会在假设性预测中显露。在另一项研究中，昆达让学生们阅读了一篇文章。这篇文章讲述的是摄入咖啡因会增加女性患纤维性囊肿的风险（她对学生们说这是《纽约时报》科技版刊载的文章，但实际上文章摘自一本医学杂志，而且其中的观点后来也受到了质疑）。随后，她让学生们评估自己在未来 15 年内患病的风险，并评价这篇文章的可信度有多高。很快，学生们的评价出现了一个有趣的模式：喜欢喝咖啡的女生承认自己患病风险较高，但她们也对文章表示了高度怀疑。她们表示，希望看到更多证据。对她们来说，这篇文章不太站得住脚。但其他学生，无论是男生还是少喝或不喝咖啡的女生，都认为文章是可信的。

这说明了什么？简单来说，当事情与自己有关时——关乎我们的性格、生活和决定——我们的个人情结就会对客观认知造成影响。我们会系统性地对以我们个人特质为基础的证据进行错误的评估。如果我们发现证据，证明我们自身出了问题，那么我们就会直接对这个证据进行质疑，而不是思考如何去改变我们自己的行为。这么说吧，如果我在书中描写了一个受害者的种种特点，而你发现自己正符合这些特点，那么你更可能认为我是个不称职的研究者，而不会认为你自己是骗子的好猎物。你会说，得了吧，那些人被骗不是因为他们有这些特点，你根本什么研究也没做，只是拍拍脑袋就写了这本书。

事后看来，弗兰普顿得到的信息确实非常可疑，但在当时呢？"我不是多疑的人。"他对《电讯报》说，"所以尽管事后看来很奇怪，就连我也承认这一点，但当时在我眼里这些都是非常合理的。在被捕之前，我真的没起一点儿疑心。"这番话其实不无道理。我们无法客观看待问题。我们只能看到自己希望看到的东西。因为骗子的故事讲的都是我们将如何获得利益，因此就成了整个骗局中最容易被我们接受的部分。在这一点上，我们和骗子是一致的，我们咎由自取。

弗兰普顿在计算自己迎娶米兰妮的成功率时忽视了几个事实：他根本没见过她；每次他一接近，她就消失不见；跟他打交道的不是一个可爱的未婚妻，而是一个心怀不轨的家伙。他一心只想着爱慕与崇拜，憧憬着未来。当他被这种想法冲昏了头，任何有关毒品的笑话在他眼里就真的只是笑话而已。

我们具有自我认知偏见，所以我们倾向于将事件合理化，把注意力集中到能证明我们的选择正确的理由上，而不是那些证明我们错误的理由上。这是一种逆向确认：我们想要做某事——比如为丹妮丝拿箱子，而且我们想要认为自己的决定是对的——一个好丈夫就应该这么做，所以我们就会整理出那些让我们的决定看上去合理的证据，即使我们在开始做出决定时根本没有考虑过这些证据。这个行李箱没有任何问题，虽然它是一个陌生人在深夜的玻利维亚街头交给我的。为一个从未谋面的女人拿一个空箱子也是完全正常的。她总是喜欢和我开玩笑，因此有关可卡因的短信也是玩笑——而且我希望她能喜欢我，能认为我"很酷""有眼力"，开得起玩笑。我的梦中情人绝不会真的伤害我。就算她想要栽赃，别忘了我是个天才，我一定会察觉的。我知道真爱是什么样的。真爱我的人怎么会给我可卡因呢？于是我就发了短信。毕竟，不存在真正的危险。她看到我这么懂玩笑，一定会更爱我的。我虽然比她年纪大，但我像年轻人一样爱开玩笑。我会通过所有考验的。

保罗·斯洛维奇致力于研究我们做决策的心理，特别是在风险环境下——也就是在我们下某种赌注的时候。这种赌注可能是金钱方面的，也可能是个人方面的。斯洛维奇指出，一旦我们想要去做某件事，无论出于什么原因，支持这件事的理由在我们心里就会显得比反对的理由重要得多。反之，如果我们不想去做某件事，那么反对的理由就会突然显得更加重要。我们会更注重能够证明我们选择的正当性的理由，而不会基于最适当的理由做出选择。如果弗兰普顿觉得丹妮丝长得不漂亮，他很可能会带着否定的心态评估网上的同一份个人资料。他甚至会直接发现这是一场骗局，只不过是婚恋网站上千千万万所谓"甜心骗局"中的一个罢了。他会说自己的结论是基于证据做出的，但其实根本不是这样。他会在一开始就认定自己不喜欢她，然后再去寻找理由，以合理化这个结论。

即使在锒铛入狱后，弗兰普顿还是不相信丹妮丝骗了他。据《纽约时报》报道，他在接下来的几个月里都坚称他们两人都被陷害了。"他开始给我打电话的时候，还以为自己几天内就能回家。"安妮–玛丽·弗兰普顿对《电讯报》说。不过她可不这么想。她直截了当地说："我知道，对不认识保罗的人来说，很难想象一个人能够如此聪明却又如此不通常理……他的朋友都会告诉你，他完全是个笨蛋。他是个天真的傻瓜——他真的是个白痴学者。"她最后说："他的愚蠢毁了他的人生。"

故事之所以有这样大的力量，原因之一就是，尽管我们用有利于自身决定的方式思考，但我们意识不到自己在这样做。我们以为自己很理性，但其实我们不知道自己到底为什么要这样做。理查德·尼斯贝特（Richard Nisbett）和蒂莫西·威尔森（Timothy Wilson）在一篇以社会和认知心理学历史为主题的论文《你说的比你知道的更多》（"Telling More Than We Can Know"）中指出，人们所做的决定往往受到自己意识范围之外的微小因素的影响——但如果告诉他们这一点，他们是不会相信的。他们会给你列出一系列冠冕堂皇的理由，解释他们为什么做出这样的决定。但是，真正的原因其实在他们的认知范围之外。甚至当尼斯贝特和威尔森明确指出具体原因时，大多数人还是坚持错误的解释。比如一名实验的参与者需要解开一道谜题，这时有人走过窗帘，让窗帘像钟摆一样前后摆动，这名参与者由此得到灵感，利用绳索当钟摆解决了这道谜题。但当尼斯贝特和威尔森指出是窗帘提醒了她后，她还坚称自己没有受到暗示，解决问题是她经过深思熟虑和反复权衡的结果。

20世纪70年代，一种新兴的艺术形式在纽约的艺术品市场上红极一时：19世纪的美国油画。当然，这些油画存世已经超过百年，但它们从未特别流行过。突然，这些油画成了市场的宠儿。到70年代末，这些油画已经成为大拍卖行的抢手货，被最时髦的艺术收藏家挂在墙上，一幅画要价数十万美元。众所周知，艺术品的世界变幻无常，潮流来来去去，默默无闻的艺术家可能一夜爆红，炙手可热的艺术家也可能重归寂寞。但这次流行不属于这种原因，而是出自一名非凡的骗子之手。故事大师的名头非他莫属。

肯·派雷尼（Ken Perenyi）曾是一名艺术品伪造者，他曾成功地向画廊、收藏家和拍卖行出售他伪造的19世纪油画。他对此毫无愧疚，说起此事时显得非常愉快。"我很喜欢自己的工作。"一个冬日午后，他在佛罗里达州家中的客厅里对我说，"这是一项智慧的比试。我对此毫不后悔——唯一的遗憾就是被联邦调查局识破了。"他对自己各项本事中最骄傲的一点，就是他在几个同伙的配合下让很多人相信他们的藏品中正需要添一幅巴特沃斯的画作。"当时新市场正开始迅速发展。"派雷尼回忆道。没有人知道自己期待的到底是什么，甚至不知道自己想要的到底是什么——于是，派雷尼就积极提出建议，并伪造出完美符合其建议的油画。与此同时，派雷尼还让画廊主人和收藏家们相信他们自己才是决策者，相信是他们自己决定要买什么样的画作，相信派雷尼被他们耍了，以低价卖给他们这些油画。到 1978 年，苏富比拍卖行的商品目录上有整整两页的巴特沃斯画作待价而沽。这两页画作中每一幅都炙手可热——当时正是 19 世纪画作的流行期。而实际上，每一幅都是派雷尼在最近几年内画出来的。

派雷尼从未受到正式指控。联邦调查局找到他以后，他只是被警告不要再犯就被释放了（现在他画的是"合法赝品"，即言明是仿作的画）。他不知道这是为什么，但他估计是因为大拍卖行无法承担揭露真相的代价。"19 世纪的美国油画是苏富比的重中之重。是他们开启了这股风潮，并推波助澜。这些画从未沾染过任何丑闻。"他推测说，"如果我的事被公开了，他们就不得不查：'天哪，这件事到底有多严重？我们卖出了多少幅假画？'"派雷尼不只涉足了 19 世纪油画的市场，他还是市场的创立者之一。他先让目标想象自己想要的是什么，然后又出色地实现了他们的想象。毕竟，他们配得上最好的艺术品，不是吗？

我们对自身特殊性和优越性的错觉不仅会让我们对事件与决策的解读发生误差，还会在事件发生后很久再次对我们造成影响。因为这种影响，我们会改写过去发生的事，这会让我们很难从过去的经历中学到东西。我们会有选择地回忆起好事，忘掉坏事。我们会改写正面事件，让我们自己在事件发展中的作用显得更加重要。至于负面事件，有时我们甚至会彻底忘记它们曾经发生过。换句话说，像弗兰普顿这样的人被释放之后，很可能无法从过去的行为中学到任何东西。

记忆是个微妙的东西。我们一旦受骗一次，就很可能再次上当。很多骗子会说，最好的目标就是那些被骗过的人。格式塔学派（Gestalt school）的心理学家布鲁玛·蔡格尼克（Bluma Zeigarnik）发现了后来以她的名字命名的"蔡格尼克效应"——我们对尚未处理完的事情比对已处理完的印象更深刻。我们的思维还没有放弃思考，而且我们会感到一种需要看到结局的强烈渴望。她还指出，这种效应有一种例外，但这一点很少被提起：我们其实不会对所有未完成的事情记忆深刻。蔡格尼克发现，对某些人来说，会出现完全相反的现象。如果这种人感到他们在某件事上表现很差，那么他们就会很快忘掉这件事。一旦事件本身是一件坏事，那么对未完成这件事的记忆就不会在脑海中占据优先地位了。对骗子来说，这种效应简直是黄金机会：目标会尽力忘掉自己被骗的不愉快经历，认为那不过是因为运气不佳。所以下次再碰到同样的故事，他又会认为这是个好机会了。

1943 年，克拉克大学与伍斯特州立医院的心理学家索尔·罗森茨威格（Saul Rosenzweig）进一步研究了蔡格尼克提出的这一例外——如果这个未完成的事件代表了失败，而完成它就意味着成功呢？罗森茨威格召集了一批学生进行拼图游戏，图案都是日常物品，如船、房屋、葡萄等，每幅正方形拼图的边长都为 30 厘米左右。按照蔡格尼克此前设计的实验步骤，每名学生只能拼好半幅拼图，在拼另一半时会被打断。然而，并非所有人都用同样的方式完成了拼图。

在一次实验中，罗森茨威格从学生职业介绍所中召集了一些学生，并按小时付给他们少量费用。他告诉这些学生，他们的职责是协助评估拼图在一项未来研究中的作用。研究者们希望发现这些拼图是否会对他们的研究目的起到良好作用。每位学生都被明确告知，拼图实验绝不是为了测试他们的能力或其他任何关于他们的事情。"不要着急，也不要感到受任何约束"，更重要的是，"如果我在你完成之前就打断你，不要感到奇怪，"他说，"如果我在你完成之前就发现了我想从你那幅拼图中获得的信息，我肯定会这样做的。"

另一组学生则要进行一项完全不同的实验。这组学生并非招募而来，他们是门诊部负责人指导的学生，负责人亲自逐一邀请他们来参加实验。这次，拼图被当成了测试智力的考题。"你们每个人都要互相竞争。"最后计算总分的时候，每幅拼图的分值都一样，但由于不同的拼图难度各不相同，因此留给每幅拼图的时间也不一样。"如果你在时间限制之内没有拼出任何一幅图，我将不得不打断你"，更重要的是，"你的成绩会作为评判你工作能力的唯一标准，所以请努力拼好。"说得就好像他们还不够努力似的。

在拼完最后一幅拼图后，参与研究的每名学生都要立即列出自己记得的所有拼图，不用说明顺序。罗森茨威格将两组学生列出的清单进行对比后，发现结果与预测的一模一样。第一组学生完美地展示了蔡格尼克效应：他们对被打断拼图的印象远比完成的拼图深刻。然而，在第二组学生中，这一效应完全反了过来。在这一组中，学生们对完成的拼图的印象远比未完成的深刻。罗森茨威格指出，两组学生分别体现了兴奋与自尊的作用：第一组体现的是进行工作带来的兴奋，第二组体现的是完成工作带来的自尊。（尽管在1943年，社会实验的道德标准并不高，但第二组的学生们在实验后被立即告知了实验的真正目的。他们并未因为这个实验而感到自己的智力下降。）

骗子的数量往往会被低估，因为很多受害者到最后都坚持自己没有受骗。我们的记忆是会进行选择的。当我们感到某件事意味着自身的失败，我们就更可能去忽视它，而不是从中学习。因此，很多受害者坚称自己不过是境遇不佳，而绝非被人蒙骗。2014 年 6月，一份记载着多次受骗者名字的所谓"笨蛋名单"在英格兰出现了。这份名单在非法组织中流传，被出售给别有用心的人。后来，执法部门掌握了名单的内容，里面有多达 16 万个名字。当局开始联系名单上的人时，却意外地遇到了阻力。受害者坚称自己从未被骗过，一定是哪里搞错了。

当然，回忆那些令我们的能力或品格蒙羞的时刻并不能让人感到愉快。我们更愿意假装那些事从未发生过。即便我们记得，我们也更倾向于去推卸部分责任。比如，那场考试是暗箱操作，并不公平；都是她的错；都怪他太凶了；她没给我机会；都是他自找的；我太累 / 太饿 / 压力太大 / 不堪重负 / 太渴 / 太无聊 / 太担心 / 太忙 /运气太差了。不幸的是，由于这种忽视和推脱，我们也就无法吸取教训了——在骗局中，这意味着我们将不能正确地评估我们受骗的风险。我们被故事骗倒，就是因为我们想要相信骗局能为我们带来的收益，并不愿找任何理由去证明骗局不过是一场镜花水月。

实际上，卡耐基梅隆大学的社会心理学家、研究决策机制的巴鲁克·费什霍夫（Baruch Fischhoff）为这种错误解读过去经历的心理起了一个名字："早就知道"效应。它还有一个更广为人知的名字——后视偏差（hindsight bias）。我早就知道上次是个骗局。所以我不认为这次的计划是骗局，这就更能证明这次的计划是正当的。到这一步，骗子甚至不用说服我们了，我们自己就把自己说服了。

我们看不到证据体现的东西，我们只能看到自己希望看到的东西。正如普林斯顿大学的心理学家苏珊·费斯克（Susan Fiske）所说："不同于科学家寻找真相的赤子之心，我们发现的却是这样一幅不堪的图景：一个江湖骗子试图让证据以最有利于其已有理论的形式出现。"这个江湖骗子指的不是那些欺骗我们的人，而是正在自我欺骗的我们。

▼

可叹的是，我们对自身优越性的信念，会在最具讽刺性也最为不幸的地方得到体现，那就是对这种信念根深蒂固程度的判断。当然，我们知道有些事看上去太好，所以一定不是真的。天下没有免费的午餐，这种老生常谈我们都明白。但我们会有一种错觉，认为自己对上面提到的各种偏见具有一种独特的免疫力，而这种错觉是很难打破的。我们压根就想不到，在一些具体情境下，我们也会产生这些偏见。1986 年，伊利诺伊大学的心理学家琳达·佩洛夫（Linda Perloff）和芭芭拉·费茨尔（Barbara Fetzer）发表了一系列研究结果，这些研究的目的在于发现我们对自身弱点的认识是否会与我们对其他人弱点的认识有所不同。研究结果反复证明，人们会低估自己在生活中受到伤害的程度。他们受伤害的风险要远低于"一般人"，至少他们自己是这样估计的。

佩洛夫和费茨尔让研究的参与者把与自己比较的对象从"一般人"换成他们熟悉的人，比如朋友或家人，希望能让参与者认识到自己的风险。然而，出人意料的是，结果事与愿违。这完全没有让参与者感到自己更容易受到伤害，反而让他们认为自己的家人和朋友也一样不会受害。当然啦，这种事是会发生，但不会发生在我或者我的亲友身上。换句话说，他们没有调整对自己风险的评估，而是把自己的这种过度自信扩大到了亲友身上。两位学者得出结论：我们总是会低估自己和身边人的风险，无论这种风险是患心脏病还是犯罪。

这一点对几乎所有优于平均效应来说都成立。当事情发生在我们的朋友、亲人、同事甚至是陌生人身上时，我们都可以准确地看出他们的偏见，却无法发现我们自身的。在一项研究中，参与者是斯坦福大学的学生和在旧金山机场随机挑选的旅客。他们能够在一系列主观评价方面准确地指出普通美国人或自己同学的弱点，但他们对自己的评价却完全是盲目的，甚至看上去是有意为之的，就好像弗兰普顿或德·维德林家族一样。就连研究者向他们说明这种偏见，并指出人们倾向于夸大自己的优点、掩盖自己的缺点后，绝大多数人还坚持自己开始的评价是准确的——其中 13% 的人甚至表示自己的评价太谦虚了。他人都戴着主观的有色眼镜看世界，但我自己的判断肯定没问题。不谦虚地说，我最客观了。

2014 年夏天，我采访到了一个不寻常的家庭。这家的两兄妹是两桩相互独立的骗局的受害者。戴夫是在克雷格列表网站上交换演出票时被骗的。他原本买好了票要去看演出，结果有事去不了，于是刊登了一则广告，想换成另一天的票。几天之后，他收到了回复：一个名叫阿什莉的女人想要换票，但不巧的是，她买的是电子票（为防止被骗，戴夫声明只换纸质票）。戴夫有点担心，但没有其他人要和他换，而他又实在很想去看那场演出。再说，阿什莉看上去挺可靠。他用谷歌简单查询了一下，发现了她在领英（Linkedin）上的账户，她在上面有一份看上去很正当的职业。于是他们交换了演出票。一切似乎都挺顺利，但他和女朋友去看演出时出了问题：保安告诉他们，他们手里的电子票已经被使用过了。他们就这样成了常见的票务骗局的受害者。骗子通过正当途径购买了电子票，但转手卖给了很多人。

与此同时，在美国的另一边，戴夫的妹妹黛比订了一份不存在的杂志，被骗了 50 美元。一个男人来到她家门前，对她讲了一个关于救赎的故事：他自称曾犯罪入狱，如今正努力改过自新。她本不想订什么杂志——杂志已经够多了——但他的故事打动了她，而且他还提到，订这份杂志能帮她减税。她曾决心多行善事，而现在就是个好机会。结果，她上网查询这份杂志时，却发现网站消失了。当然，那份杂志也一直没有送来。

这两次都是无伤大雅的小骗局，但有一件事值得注意：这两兄妹都能轻松地发现对方被骗了，但事情发生在自己身上时，他们却当局者迷，确信自己是例外的。当然，戴夫明白克雷格列表网站上充斥着骗局，但他非常想去看演出，而且他那么小心，让他上当的可能性几乎不存在。黛比则绝不会从陌生人手里买电子票——多傻的人才会那么做啊？另一方面，黛比知道有很多人会谎称自己历尽苦难只为骗取钱财，但她想为值得的理由献出一点爱心，而且那个男人的故事听上去挺真实的。对她个人来说，被那种人骗的可能性几乎不存在。但戴夫则会在掏钱之前先调查明白——小心一点总没错。事情落在对方身上时，他们看得一清二楚。而事情发生在自己身上时，他们只看得到自己想看的东西。

玛丽·雅霍达——人们叫她米琪——对偏见十分敏感。她是不得已的。雅霍达 1907 年冬天出生于维也纳的一个犹太家庭。1936年，她被捕入狱——不是因为犹太人身份（当时奥地利尚未被希特勒占领），而是因为她社会民主党的政治身份。她后来越狱逃亡，来到伦敦。但她的第一部著作却被查抄，几乎全部被付之一炬。这一次，是因为作者是犹太人。

后来，她来到美国，在纽约大学任教。她不仅研究精神健康，还研究社会性偏见。在那里，她取得了与自己早年观点差异很大的发现。她曾经认为，对现实的准确认识是精神健康的首要条件。她曾在一份针对研究人员的报告中写道："歧视他人者都不愿意承认这一点。"这些研究人员用带有偏见的问题去检测他人是否有偏见。当时，她没能意识到，人们不愿意承认的不仅有反犹思想。如果你看不到一项缺点，那么你很可能看不到任何缺点，至少是其中的大部分。如果你说别人心怀偏见，他们会嘲笑你，并给出一堆理由来解释自己没有偏见。如果你对他们说，他们自以为在很多事情上都很优秀，但这种想法其实是错误的——他们并不客观，并不出众，他们的世界观充满了偏见——他们会立即对你的说法嗤之以鼻。或者换句话说，在读过这章以后，你虽然会对这些自我感觉良好的事例感兴趣，但你仍然会坚信你个人早就想到了这些。你现在对自身和世界的了解是非常客观的，而其他人都可能受骗上当。

骗局之所以能大行其道，从某种意义上说是因为我们希望这样。我们想要相信骗子的故事，迫切想要相信那些天上掉馅饼的好事。骗局与金钱无关，也与爱情无关。骗局关乎我们的信念。我们相信自己是精明的投资者，相信自己能慧眼识人，相信自己德高望重。我们相信好事会发生在自己身上。我们相信我们所在的世界充满了奇迹，而非不确定性和消极的事。在这个世界上，好事会发生在耐心等待的人身上。讲故事的骗子就是靠这些信念让我们上钩的。

　　1835 年 8 月，天文学家威廉·赫歇尔爵士之子约翰·赫歇尔（John Herschel）爵士公布了一项惊人的发现。他用最新的望远镜在月球上发现了前所未见的奇景。那是怎样一番景象啊：白色的沙滩、蓝色的湖水与海洋，形如水牛的野兽脚踏着光洁的石子路，漫步于茂密的森林之中。上面还有一种很像独角兽的生物，它们有一副如羊似马的外形和一只尖角，但通体湛蓝。还有一种像水獭的动物，和人一样用双脚行走。最棒的是，那上面还有一种和人类相似的生物——后背上长着半透明翅膀的蝙蝠人。这些蝙蝠人的生活方式看起来也和我们差不多。赫歇尔看到，有些蝙蝠人在水中沐浴，还"像鸭子一样"扇动双翅。他还看到一些蝙蝠人从奇异的树木上摘取果实食用。这些生物的生活看起来非常快乐、繁荣、和平。理查德·亚当斯·洛克在《纽约太阳报》（The New York Sun）上发表文章，报道了赫歇尔令人难以置信的发现。

　　这个发现确实令人难以置信。整件事是一出精心策划的骗局，为的是给那些容易上当的读者提供刺激。结果比预想的还要成功。不仅读者完全相信了这个骗局，连其他媒体也信之不疑。《纽约时报》称这个故事"可能且可信"。耶鲁大学的教授和学生们也纷纷讨论起了这个新闻。当真相大白后，很多人还拒绝相信。他们说，这不是骗局，这是一场阴谋。那些蝙蝠人真的存在，但消息走漏后，政府就开始行动，企图掩盖真相。事件的走向并不令人陌生：耸人听闻的新闻被耸人听闻地报道，读者对骗局的接受程度也耸人听闻。但至少，这只是一出为博读者一笑的假消息，没有受害者，也没造成不良影响。但读者们不顾明显的破绽、对骗局坚信不疑的事实证明，讲得好的故事具有影响人心的巨大力量。我们的世界是一个令人难以置信的地方，会发生奇妙的事情。

乔治·奥威尔（George Orwell）写道："统治的秘诀就是对自己一贯正确的坚信和从过去错误中吸取教训的能力的结合。"骗术高手们都明白这一点，我们也应该好好领会这句话。

保罗·弗兰普顿最后还真成了一个例外。2015 年 1 月，在距刑期还有两年半时，他获准离开布宜诺斯艾利斯，前往伦敦——这种慷慨的条件可不是所有犯人都有。现在他在寻找另一份学术职位，你如果有资源，可以推荐给他。

第六章

取信于人

> 我实现了他们的梦想。我是偶像。我是英雄。我是他们生活的主人与裁决者。
>
> ——查尔斯·庞兹（Charles Ponzi），骗术大师

1889 年 3 月，威廉·富兰克林·米勒（William Franklin Miller）问几个朋友，愿不愿意每人给他 10 美元的投资。米勒性情温和，长着一副孩子气的面孔，身高不足 5.5 英尺 ①。他为了修饰不知何时折断过的鼻子，留了一脸黑胡子，这让他显得颇为庄严。他是本地区的杰出人物——他是汤普金斯大街公理教会的成员，这是布鲁克林区最好的教会之一。他还曾是该教会慈善部门基督教奋进协会的负责人。他在教会里认识了三个小伙子——哈特曼、伯格斯特龙和布拉格。其中最小的刚过 17 岁，最大的也才 20 岁。米勒对这三个人公布了自己的计划。他神秘地对他们说，如果他们每人给他 10 美元，他会保证让他们在之后的每周都有 10% 的收益。三个小伙子精神一振：10%，这个数字太诱人了。

---

① 1 英尺约合 0.3 米。——编者注

　　米勒放低了声音，告诉他们自己在纽约股票交易所里有内线。这个"内幕交易"不但能让他保证 10% 的收益，还能靠一份神秘的"盈余"保证本金的安全。随后，他又详细解释道，这个内部消息"来自一份从未失败过的投机性收益"。如果谁想退出，只需提前一周通知他，就能拿回全部本金，分毫不差。三个小伙子动了心。没错，这听上去好得不像真的，但话又说回来，米勒是个可靠的人。他虽然只有 22 岁，但比他们经历丰富得多。而且他之前就在股票市场上工作（米勒没提过自己只是市议员雅各布·A. 康托办公室的勤杂工，周薪 5 美元）。他甚至还在马西大街和帕克大道的交会处有一间办公室，就在赫伯与布兰德商店的楼上。谁知道呢，他既然租得起这间办公室，没准他真的有什么内线。三人决定回去好好想一想。

　　3 月 16 日，奥斯卡·伯格斯特龙来到了弗洛伊德大街 144 号，米勒的新办公室。他走上楼梯，进入了一间装潢简单但精致的房间。这里曾是一间卧室，现在房间里摆着一张书桌，上面满是看上去很有分量的财务文件。旁边有一张小桌，周围摆着几把椅子。当然，还有一个庞大的高级保险柜，这里毕竟是存放真金白银的地方。房间里只有米勒一个人。他对资金十分小心，不会在没必要的事情上铺张浪费。别人把辛苦赚来的钱交给他，他当然要把每一分钱都花在刀刃上，根本无须浪费在雇用助手这种事上。

　　伯格斯特龙拿着 10 美元向书桌走去。米勒郑重地接过了钱。他向这名略显紧张的年轻人保证，这笔钱一定安全。他撕下一小张纸作为收据，上面写着"用于股票投资。保证本金不受损失。股息保证每周至少 1 美元，直到本金收回"。米勒就这样得到了第一个客户。

米勒说到做到。直到4月上旬，伯格斯特龙每周都来弗洛伊德大街收钱。而正如承诺所言，他每周都收到了10%的收益。伯根斯特龙对米勒大为折服，又追加了10美元投资。

到了8月，生意越做越好，米勒雇了几个帮手：约翰·米勒和路易斯·米勒，还有查尔斯·谢勒，都是14岁的男孩。他自己做过办事员，现在给别人当起了领导。10月时，他已经租下了整栋大楼，大楼的主人格斯·布兰德也成了他的投资人。他在4月投了20美元，6月投了100美元，8月投了10美元，11月又投了50美元。

客户人数越来越多。现在，米勒不再随便撕张纸给人写收据了。他用上了带抬头的信纸。信纸上写着"10.00美元的投资会为您带来52.00美元的年收入"。落款是"威廉·F.米勒，富兰克林财团经理、银行家与股票经纪人。每日上午10点到下午3点进行股票交易"。本杰明·富兰克林的照片被印在信纸上，下面是他的名言"通往市场与财富之路同样平坦"。秋天将尽时，他已经有了非常专业的证书，上面还加了"投资、股票、债券、小麦和棉花期货"的资质。

10月，投资持续成功，米勒决定成立公司。他写信给投资者，通知他们从12月2日开始，"富兰克林财团"将成为公司的正式名称，启动资金100万美元。他说，这对投资者和他自己同样有好处。他们可以把投资变成股票——所有帮助过他的人都是在帮助自己。据他估计，到1900年3月1日，股价将涨到每股400到500美元。大家会一起变成富翁。对了，从现在开始，最小投资额变为50美元。"我愿祝贺富兰克林财团的所有投资人，富兰克林在我的管理下获得了非凡的成功。"

成立公司的过程比预想中要长一些。有些事先没想到的困难，这也可以理解。一些投资者开始不耐烦，但米勒很快就提醒他们，"我的志愿是把富兰克林财团打造成华尔街最大最强的财团，我们将可以操控股市的涨跌，这会让我们获得比现在那些家伙高五倍的利润"。同时，和以前一样，他们绝对、完全、保证不会有任何损失。"我们的业务诚实、安全、合法、有利可图。"对于心存疑虑的人，他只说了一句话："你也许觉得这不可能，但你知道，一定有一种办法能让人在短期内财富翻倍，否则就不会有杰·古尔德、范德比尔特或弗劳尔财团这些在华尔街上白手起家的大亨和财团了。"当然，他是对的，否则，该怎么解释那些人的成功呢？

焦躁的投资者们平静了下来。很多人被米勒的诚意说服，又投入了更多资金。

富兰克林财团进一步发展壮大。凭借着信誓旦旦的保证，对新进投资者的慷慨回报和成百上千、遍布全美报纸的广告，其业务迅速发展起来。在广告方面，米勒花了至少 3.2 万美元保证定期发布广告，增加曝光率，加以耸人听闻的标题，如"威震华尔街，威廉·F. 米勒的富兰克林财团大获全胜……这位崭露头角的大师令其同行黯然失色"。到 11 月，富兰克林财团已经拥有超过 1.2 万名投资者，每天有 2 万~6.3 万美元不等的投资进入米勒的账户。

投资者的长队沿楼梯而下，穿过大门，在弗洛伊德大街上蜿蜒。你能看到已经领到分红的幸运儿走下楼梯，脸上喜气洋洋。剩下的人则为了这份机会努力挤上前去。在一个凛冽的冬日早晨，排队的人实在太多，竟挤垮了弗洛伊德大街 144 号的门廊。

办公室里则是一派井然有序的专业景象。现在屋里有两张可翻盖的书桌，和一张摆着煞有介事的通告的大桌子，通告上宣扬的都是富兰克林财团的成功。桌子中央有一道木轨，将投资与分红款项分开。办公室右侧是一个带玻璃窗的小隔间，投资者在这里领取分红。隔间里的架子上有成堆的记账单和金银货币，人人都能看到。真是一幅美好的画面。

到 11 月 24 日，米勒已经收到了近 120 万美元的投资。

▼

1988 年，加州大学洛杉矶分校的心理学家谢丽·泰勒（Shelley Taylor）指出，一种强烈的偏见会造成我们对世界的误解。我们不仅认为自己是出众的，还相信我们的生活将会一帆风顺、越来越好。从某种意义上说，我们天生就会把事情想得太过乐观，就算在那些我们无力控制的事上也是如此。这种倾向被称为"积极偏见"（positivity bias）或"乐观偏见"（optimistic bias），这也来源于我们对自身出众性的信念，但表现在我们对生活的期待上：我们将如何生活，命运会怎样对待我们，我们能在多大程度上掌控周围的环境和发生的事情。就连悲观主义者也有这种偏见，因为这不是对世界或其他人的乐观偏见，而是对你自己的。就连最酸的怀疑论者也觉得自己比别人强。

欺诈游戏的下一个阶段是取信于人，这个阶段的关键就是要让人信以为真。这时，你看上去已经胜利在望，一切都按计划进行。你的投资正在不断获得收益。你的皱纹在消失，体重也在减轻。那个医生看起来真的医术精湛。那瓶酒真是琼浆玉液，那幅画真是妙笔生花。你这次交易做得真是漂亮。你下注的那匹马也赢定了。

骗子的故事让我们看到自己的非凡之处：我们很好，因此好事应该发生在我们身上。看吧，好事果然发生了，我们一开始就相信对方果然是没错的。10%的收益一直很稳定，和当初说好的一样。没有哪个骗子是完全空口胡说的。他一定会拿出一些好处来稳住你。骗子要让他的猎物觉得自己已经胜券在握，哪怕只有那么一会儿。

艺术品欺诈犯格拉菲拉·罗萨尔斯在她卖到市场上的数十幅赝品中也掺杂了若干真迹。假酒供应商鲁迪·库尼亚万和哈迪·罗登斯托克（前者已被判刑，后者仍未定罪）在举办豪华晚宴时上的酒也都是正品佳酿。当然，所有的庞氏骗局在维持不下去之前都正常运转。这样的例子还有很多。

我们很不善于预测未来。当然，未来本来就是不可预测的，但我们总是想反其道而行之。事情顺利时，我们会认为未来也会一帆风顺——甚至还很可能越来越好。泰勒写道，我们倾向于认为"现在比过去好，而未来会更好"。在一项面对美国人的调查中，大多数人表示相信未来会持续变得越来越好。在一项研究中，大学生被要求写下自己的生活和事业在未来的可能性。结果，乐观回答的数量是悲观回答的四倍。泰勒写道："大多数人似乎在说：'未来是美好的，对我来说更是如此。'"

当事关我们自己的生活时，我们会更加倾向于肯定好事将会发生，坏事与我们无关——对于难以准确预测的事件来说更是如此。对于那些和我们有关的事情，我们会乐观得不切实际——我一定能在期限前完成这本书，没有什么能阻挡我——我们对克服困难的预期也乐观得不切实际。真的吗？真的没有什么能阻挡我吗？

1990年，心理学家罗伯特·瓦隆（Robert Vallone）和同事们请一些学生预测了41项可能在新学期中发生在他们身上的事。这项清单的内容包括参加兄弟会或女生联谊会、到旧金山市旅行、参与一项运动、在 11 月的总统大选中投票、某门课程不及格、每天学习超过两小时、某门课程得到更高的绩点、交一个稳定的男 / 女朋友、至少给父母打 5 次电话、改变事业目标、改变政治立场、制订研究生或职业计划、思念家乡、无法放弃不合适的恋爱对象等。其中一些预测是积极的，另一些则是消极的。到了学期末，研究者们又召集了这些学生，看看他们的预测是否准确。

在 70% 的预测，即 29 个事项中，学生们表现出了至少 10% 的过分自信——也就是说，真实情况与预测情况之间的差距至少有 10%。在另外 8 个事项中，这一差距超过了 20%。学生们总是错误地高估了自己的生活：他们总是认为积极的事件会发生在自己身上，而自己能够避免消极的事件。但后者却实实在在地发生了。比如，他们几乎有十足的把握——80%～85%——自己到学期末还能保持异地恋情。但实际的成功率还不如掷硬币的结果。

小拉尔夫·莱恩斯是俄勒冈州加斯顿一处大型林场的继承人，这份家业价值 1550 万美元。他是一名坚定的不婚主义者。2004 年，57 岁的莱恩斯拜访了附近一位名叫蕾切尔·李（Rachel Lee）的占卜师。他对自己听到的解读感到很满意，于是在接下来的两年中成了李的常客，经常出入她的店面，听取更多建议。他感到自己可以相信这名女子。她一生中受了不少苦——丈夫死于癌症——而她看上去真诚可靠。2006 年 10 月，莱恩斯的父亲遭遇了中风。这让莱恩斯想到，可以雇用李做老人的全职健康护理员。毕竟，她曾长年照顾自己的丈夫。于是，李开始了新工作，月薪近 9000 美元。她的男友布兰西则成了林场的维护人员。父亲死后，莱恩斯授权李来管理财产。李开始购置地产——在各个城镇买下灵媒店和房产。她对莱恩斯说，这是"实现投资回报"的完美方式。她自称此前曾在房地产业工作过。莱恩斯完全相信了她的建议。

随后，在2007年，她又开展了下一步计划：把自己十几岁的女儿珀莎（Porsha）介绍给莱恩斯。不过，莱恩斯只知道她叫玛丽·马科斯，完全不知道她与李的关系。为了扮演这个角色，珀莎戴上了一顶金色的假发——这是莱恩斯最喜欢的发色——还操起了一口英国口音，并刻意安排了一个机会与莱恩斯碰面。

莱恩斯对此记得清清楚楚。那是在2007年10月21日，他刚参加过一场林场主间的会议，让李到机场去接他。李让他在吸烟区等她。在那里，坐在椅子上的一位美貌金发女郎直接叫出了他的名字。她自称能够与周围的人产生共鸣，从他身上感知到了强烈的精神信号。她说出了他的很多个人信息，甚至包括他的生日。她说这些信息直接流进了她的脑海。莱恩斯完全相信了她。他问起她的姓名。她自称"玛丽·马科斯"，是个兼职会计师。两人约定下次一起喝咖啡。

他们的友谊迅速升温。马科斯不失时机地透露了一个秘密：她没有合法身份，很快就会被遣送出境。莱恩斯答应娶她为妻，然后她拿出一些法律文件让他签名——后来这些文件被证明都是假的。2010年11月，莱恩斯的房产被转到了马科斯的名下。

这时进行到了骗局的关键时刻。马科斯想要一个孩子。莱恩斯同意进行人工授精。他记得她拿来一个装满干冰的大罐子，让他向里面"存入"精液。莱恩斯以为她是把精液带到加州的一家诊所去进行授精。但马科斯其实另有计划。她是真的怀孕了——孩子父亲是另一个男人。男孩降生后——她给孩子起名为"乔治·阿玛尼"——她告诉莱恩斯这是他的儿子。蕾切尔·李当起了孩子的保姆。

2012 年，马科斯提出想再要一个孩子，莱恩斯高兴地同意了。他对自己不断增员的家庭感到很骄傲，很期待再添一口人。不过这次马科斯是假装怀孕。到该显怀的时候，她在衣服下面塞了个垫子，让自己看起来身怀六甲。然后，她带来了坏消息：格洛丽亚·珍——这是莱恩斯为未降生的孩子起的名字——没能保住。她流产了。莱恩斯听到消息后十分伤心。

为什么马科斯要假装怀孕呢？因为蕾切尔·李需要更多时间。到"流产"的时候，她已经完成了对莱恩斯财产的清算，让这个一度兴旺的林场变得一文不值了。

2015 年 2 月 19 日，67 岁的莱恩斯出庭做证。他显得困惑而烦乱，不能完全明白到底发生了什么。"我以为我和一个名叫'玛丽·马科斯'的人结婚了。我不知道她在哪儿。"他对法庭说。他也没有做好准备去相信人们告诉他的实情。"出于我本人的原因，我会继续戴着婚戒。"李被判入狱 8 年 4 个月。她的女儿珀莎，那个被莱恩斯当成"玛丽·马科斯"的女人，如今已经 25 岁。她承认犯有共谋罪，被判入狱 2 年 10 个月。布兰西·李则被判入狱 2 年。

莱恩斯不仅在法庭上表现得不肯接受现实，在与李一家共处的 10 年中，他就曾多次听到警告。他与蕾切尔·李共同出席本地活动时，一些朋友向他表示过怀疑。2010 年，他带玛丽参加高中同学会时，他的表妹卡琳·芬尼莫尔直接表达了自己的震惊。她根本不知道他结婚了。她对检方说，他以前有个习惯，每一两周都会到她家坐坐，和她聊聊天，但两人逐渐疏远了。她能感到他被隔绝在自己的圈子之外，这肯定不是好事。此外，还有更直接的证据，比如他的孩子和他长得一点儿也不像。莱恩斯选择对这一切视而不见。他本可以发现破绽，但一切看上去都那么美好。于是他做了简单的选择：继续相信。直到银行对一些以他名义进行的金融交易表达了担忧，警方开始介入调查。如果莱恩斯能决定的话，他恐怕会一直相信到最后，那样事情会比现在更轻松愉快。对于这种更愉快、更轻松的生活的基本欲望，正是"取信于人"这一步能成功的关键。

来自我们周围环境的信息出现后，我们会关注正面信息，并倾向于隔离并忽视负面信息。这种选择性的感知让我们变得更富同情心，更快乐，更能关心他人，更有效率，更富创造性。当我们接收到负面信息时，我们（通常）能够处理，因为我们会找理由证明那其实并不是我们的错。我们很有能力，只是这一次事情出了点儿差错。即便我们不去找理由，良好的自我感觉也能让我们更坦然地接受坏消息。是的，我搞砸了，但我能补救。

但正是这种对信息的选择性处理，让我们把米勒的 10% 收益归因于自己敏锐的投资眼光，而非某种奇异的外因。既然这种收益是我们眼光独到的结果，那么它必然会永远持续下去，而不会因外部环境的变化而结束。如果我们期待某件事能成功，那么我们就会看到这件事即使在不利条件下仍然能成功的证据。米勒的收益到底是高超投资策略的结果，还是来源于其他地方呢？只要钱源源不断地按照约定进入账户，我们就不会太深入挖掘原因。我们只会认为他是个投资高手。这难道不是我们选择他的原因吗？

以股票市场为例，根据市场长时间的表现，我们可以得到大量数据——图表、趋势、涨跌的循环、预期收益等。但当一切顺利时，就连最精明的投资者也难以相信，他们可能很快就会开始亏损。1998 年股市处于牛市时，有人让投资者预测自己在下一年的年收益率。他们都做出了 14% 的乐观预测。而在预测今后 10 年的收益率时，这些人变得更加乐观，他们估计自己的年化收益率为 17.4%——而美国股市的长期年平均收益率在 10% 到 11% 之间，交易者和职业投资者对此心知肚明。

正因如此，泡沫会一次又一次地迅猛膨胀——对整个市场或某一特定领域都是如此——然后会同样迅猛地破裂。每个人都会从理论上明白，泡沫迟早会破，但从实践上看，似乎总是还没到破的时候。毕竟，一切都是这么顺利。取信于人这一步骤的关键之处就在于此：让人完全相信一切顺利。既然一切顺利，而且你又相信以后也会同样一帆风顺，为什么现在就要退出呢？

这种无视自身风险的盲目乐观情绪并非现代市场的特色，而是要古老和普遍得多。17 世纪早期荷兰的"郁金香狂热"（tulip mania）是历史上最有名的泡沫之一。当时的人们对这种花的渴求异常强烈，导致价格飙升，在 17 世纪 30 年代，甚至有一名水手因为误把郁金香球根当成洋葱吃掉而获罪入狱。这个故事虽然可能是杜撰的，但其体现的氛围却丝毫不假。在 1637 年，泡沫达到顶峰，一些球根的价格在短短三个月内飙升了 20 倍。一种名为"永远的奥古斯都"的郁金香特别受欢迎，在 17 世纪 20 年代的售价竟高达上千荷兰盾。在泡沫破灭前一周，一株"永远的奥古斯都"的价格相当于一所位于阿姆斯特丹的豪华住宅——5500 荷兰盾。当年 2 月，市场崩溃了。这就是投机的本质，也是我们无尽乐观情绪的本质：如果我们无所期待，泡沫就不会出现；如果我们充满希望，泡沫就会应运而生。取信于人并不需要什么证明，只要当下的成功就够了。

尽管泡沫和骗局不能混为一谈，但两者的区别其实并不大：两者都有很多共同的本源，由于相同的原因出现，而且尽管有诸多失败的先例，但两者的生命力都惊人地顽强，其原因也大同小异。有时，人们极难分辨什么是骗局，什么是泡沫。同一件事情，对某人来说是泡沫，对另一个人来说很可能就是骗局。

1714 年，约翰·劳（John Law）来到了巴黎。他身材修长，气质高雅，对女人和赌博抱有同等的热情。很快，劳就在路易大帝广场附近安了家——这里位于巴黎第一区中心的黄金地段，住在这里的都是位于社会顶层的权贵阶级。今天，这里被称为"旺多姆广场"，丽思卡尔顿和旺多姆酒店都坐落于此。很快，劳就开始在阿姆斯特丹银行任职。他在家乡苏格兰是一位声名显赫的经济学家，自小受到身为银行家的父亲的培养。同时，他还有一种让自己在上流社会中备受欢迎的魅力。

劳会隔三岔五地与奥尔良公爵等人赌博作乐，后者在未来将成为法兰西的摄政王。公爵很快喜欢上了这个有趣的苏格兰人。他发现这个人知道该怎么与身居高位的人相处，同时又不会太过卑躬屈膝。从阿姆斯特丹到威尼斯，劳曾与欧洲最杰出的人物相谈甚欢，但同时他又明白该怎么做一个举止得体的宾客和一个最具魅力的密友。

当时，法国正深陷债务的泥潭。路易十四一生穷兵黩武、穷奢极欲，去世时留下了约 20 亿里弗尔的国债。贵金属严重短缺，无法铸造新币。国王去世时，继承人年仅 5 岁，公爵便成为摄政王。面对国家的窘境，公爵向他的老友征询财政方面的建议。

劳很快便开始执掌当时的法国通用银行，不久之后更被赋予统领全国的财政大权。他有个计划。多年以来，他一直宣扬建立中央银行系统，以金银储备为后盾，使用纸币作为交易媒介，来使金融体系更富弹性。在今天看来，这是再正常不过的事。至少在理论上，我们的金融体系就是这样运行的。但在当时，这是极富创造性的举措。当时并没有流通中的纸币，一切买卖均以贵金属交易。使用纸币可以增加货币供给量，同时劳还希望纸币能够刺激消费和贸易，从而让法国走出困境。劳建立了一家贸易公司——密西西比公司，从事与海外殖民地的贸易活动。公司通过发行股票募集资金，购买货物与贵金属，让法国经济得到急需的刺激。

接下来发生的事直到今天还争议不休。有一件事是确定无疑的：密西西比公司的股价在达到历史最高点的一年后，于1720年崩盘了。少数富有远见的投资者看到公司股票发行得越来越多，纸币也不停加印，经济却几乎没有出现相应的起色，就断定这是一个陷入死循环的系统。于是，一些投资者——包括两名王室成员——决定售出股票。很快，其他人也开始抛售股票了：股价已经很高，何不换成现金呢？劳又加印了150万里弗尔，用来支付给这些投资者，但人们不再接受纸币了，而是要硬币。在兑付大潮下，此时已更名为皇家银行的通用银行倒闭了。劳则被追逃离了法国。他化装成一名乞丐以逃避追捕。8年后，劳因肺炎死在维也纳，去世时身无分文，孑然一身。

一些人认为约翰·劳是一名骗术大师，利用皮包公司发行毫无价值的股票，把法国带向了经济崩溃的边缘。当时的一首歌谣是这样唱的：

我在周一买进了股票

周二升到几百万

于是周三我买了豪宅

周四又坐进了豪华马车

周五我去了舞会

周六被送进了济贫院

一名贵族评论道："纸币体系就这样结束了。它让一千名乞丐变成了富翁，却让十万人变成了穷光蛋。" 1976 年，杰伊·罗伯特·纳什（Jay Robert Nash）记录诈骗历史的著作《骗子与欺诈客》（*Hustlers and Con Men*）出版了。在书中，纳什把劳列入了史上最强骗子名单。2014 年 10 月，经济与金融史学家约翰·斯蒂尔·戈登（John Steel Gordon）表示，劳的所作所为堪称史上最伟大的骗局。

但现在也有很多人认为，劳并不是一名骗子。他的计划在理论上是可行的，但他却输在了泡沫心态上。他认为自己能够一直发行股票、印制纸钞，与此同时巩固贸易公司，让整个体系运行下去。信心会保持高涨，因为信心已经很强；股价也会一直上涨，因为此前从未下跌。

那么，他到底是一名骗子，还是仅仅时运不济呢？我们永远无法得知。这是一个关于知识与目的的问题。他到底是真心想扶持经济，还是抱着捞钱的心态爬上高位，想时机一到便远走高飞？没人能做出评判。在来到法国之前，他在苏格兰老家曾因为沉迷赌博败坏了父亲留下的家业，之后又因为在一场决斗中杀了人而被判死刑（他逃到了阿姆斯特丹，后来又返回了苏格兰）。辗转进入法国宫廷之前，他的计划已经被苏格兰和阿姆斯特丹拒之门外。法兰西当时看上去和理想的骗局受害者没什么两样：整个国家负债累累，濒临破产，已经慌不择路。有那么一段时间，劳看上去似乎确实带领国家走在了正路上。穷人的手里有了钱，呼吁革命的人也安分了下来。谁又能说好日子不会持续下去呢？取信于人的关键就在于让目标相信长远的利益。无论是不是有意欺骗，劳确实知道如何取信于人。一名超越时代的改革者和一名懂得利用人们对未来乐观心态的老练骗子，这两者之间的界线有时非常模糊。直到最后一刻，法兰西和她的人民还在为这个计划添砖加瓦。它怎么竟会在如日中天的时候轰然倒塌呢？

我们的思维就是这样。我们无法在成功之时预见失败，或者说尽管我们会想到失败，却从不真的认为它会来临——不会现在发生，也不会发生在我们身上。我们对未来的乐观心态是非常强大的。

实际上，我们的乐观心态强到能让我们自己制造出对成功未来的幻想，甚至不需要米勒、劳或麦道夫这样的人诱导。我们看到一个骗局正在顺利进行，就会雄心勃勃，说服自己我们的投资是明智的，无论这种投资是金钱、时间、名誉还是其他什么宝贵资源。只要想看，我们能随时随地看到好兆头。这就是康奈尔大学心理学家托马斯·吉洛维奇（Thomas Gilovich）在1985年发现的"热手谬误"（hot-hand fallacy）的成因之一。吉洛维奇在棒球迷中发现了这种效应。他们会断言某位选手"手热得发烫"。选手和教练似乎也相信这种说法——甚至会在选秀时挑选那些"手热"的选手。

在吉洛维奇看来，这种说法非常不可信。他是一名认知心理学研究者，研究对象是理性和非理性心理。他明白，根本没有理由相信人的天赋和技能会出现如此巨大而持久的差异。他还和阿莫斯·特沃斯基（Amos Tversky）共事过，后者在大约 10 年前与丹尼尔·卡内曼共同提出了"小数定律"（law of small numbers）：我们会倾向于把从大样本中得出的结论错误地移植到小样本中。一旦出现与结论不同的现象，我们就会认为是运气的原因。举例来说，掷硬币正面朝上的概率是 50%，那么我们就会认为，掷十次硬币应该有五次正面朝上。我们没有考虑到的是，这种概率是通过大样本得出的。所以，如果连续出现反面朝上的情况，我们就会认为是运气在作怪了。

西蒙·洛弗尔曾是一名骗子，后来金盆洗手，成为一名魔术师。他写了一本书，揭示骗子如何利用"小数定律"心理。有一种最简单的小骗局，就是让人们在自己认为极有可能或极不可能发生的事上下赌注，然后再一举反转那些看上去极为笃定的预期。在这种赌局中，骗子先做出某种声明，然后问周围的人有没有敢和他打赌的。比如声称自己能够把一支香烟打成结而不破坏卷烟纸。这怎么可能呢？任何人只要试过几次，都会跟你打赌，说你做不到。但如果先把香烟用烟盒外的玻璃纸紧紧卷起来，再带着玻璃纸打结，不可能就变成了可能。这种赌局利用了人们的预期，然后做出与预期完全不同的事。骗子利用了取信于人的心理，为自己的目的服务。

吉洛维奇和同事们决定测试"热手效应"是否存在。他们分析了 NBA 篮球队费城 76 人队和波士顿凯尔特人队的投篮命中率数据，结果没能发现"热手效应"存在的任何证据：一名刚刚投入一球的球员，下一球投中的概率并未提高。超水平发挥并非"手热"的结果，而纯属偶然。球员的表现完全符合概率分布，而并非突然获得了某种魔力。

即便"热手效应"已经被反复证伪过了——2006 年，一项针对过去 20 年数据的分析发现，所谓天才突然涌现的证据严重不足——这种心理还是影响着我们对未来的想法。如果某位球员"手风正顺"，其他人应该把球传给他，因为他一定会投进。[①] 卡内曼指出，在对冲基金中也存在同样的效应。如果一只基金在几年内大获成功，投资者就会蜂拥而至。他们认为，当下的成功，即便是在金融市场这种极不稳定的环境下，也意味着持续的成功。但这些可观的回报却往往会烟消云散，甚至导致亏损。毕竟，这是一场概率的游戏。当然，基金经理的业务水平也很重要，但他最终也得靠运气——而天赋不足时，运气往往会戴着天赋的面具招摇过市。

我们不仅会愚弄自己，认为当下的成功意味着未来更大的成功，还会把自己的欲望投射到对某件事成功率的判断上。换句话说，我们倾向于认为未来会按照我们的预期发生好事，在重要的事情上尤其如此。于是，保罗·弗兰普顿确信丹妮丝·米兰妮会成为他的妻子，小拉尔夫·莱恩斯确信自己能和"家人"愉快地生活，奥斯卡·伯格斯特龙确信自己把所有的钱都交给威廉·米勒，就能靠着源源不断的投资收益过上好日子。

1935 年，哈佛大学的心理学家杰罗姆·弗兰克（Jerome Frank）让一些志愿者完成三项不同的任务，每项任务要重复多次。这些任务很简单：第一项是尽可能快地写出一组单词；第二项是向一根棍子上扔套环（就是套圈游戏）；第三项是在限定时间内在头脑

---

① 　近年来，也有很多研究指出"热手效应"确实存在，只是其影响被过分夸大了。——译者注

中对一系列形状进行排列组合。每次，当一位参与者完成了某项任务后，弗兰克就会告知其表现如何，并询问对方在下一轮任务中会表现如何。结果弗兰克发现，参与者越想表现好，就越会对自己在未来的表现做出乐观预期，即使这种表现与参与者过去的表现毫无关系。我们希望自己的计划获得成功，投资获得回报，爱情开花结果，好运常在，身体健康，外貌变美，并把这些欲望化为对未来的预期。这很容易理解——但这也正是"取信于人"这一步骤会令人深信不疑的原因。骗子就是靠这一点才把短期骗局发展成长期骗局的。我们和骗子一起说服了自己。

我们不仅会对骗局产生积极性错觉，对骗子本身也会产生这种错觉。一旦我们开始信任某个人，认为一切都万无一失，就会相信，因为这个人直到现在都是诚实可靠的——只有我们这样想——那么他在未来也必然是诚实可靠的。

维克多·拉斯蒂格 1890 年出生于布拉格。他在孩提时代就早早显现出了非凡的语言天赋。十几岁的时候，他就掌握了捷克语、英语、德语、意大利语和法语。这一天赋在后来发挥了巨大作用：拉斯蒂格的三寸不烂之舌成了他发家致富的法宝。他后来自称伯爵，成为 20 世纪早期的骗术大师。他曾把埃菲尔铁塔卖给了脑筋不灵光的投资者——不止一次，而是两次——他让他们相信，铁塔很快会被拆除，当成废铁卖掉。他还发明了著名的"印钞箱"，可以完美复制 20 美元钞票——只需 4000 美元即可购买（对有钱人收费更高，据说曾有一名银行家花 10 万美元买了一台）。他在钱箱中装了一个活动底板，并在里面放了一些真钱，这一手几乎从未失败。他甚至还成功地把一只印钞箱卖给了一名警长，而后者本来是奉命来逮捕他的。

拉斯蒂格的声望与日俱增。他到芝加哥后，甚至惊动了当地的黑帮教父阿尔·卡彭（Al Capone）。他对这位贩卖私酒的大亨说，如果卡彭给他 5 万美金，他能在两个月之内让这笔投资翻倍。当然，卡彭并非没有怀疑拉斯蒂格，不过他手下兵多将广，谅对方也不敢耍花样。"好啊，伯爵，"卡彭说，"就像你说的，60 天翻倍。"做不到的话，下场自然不必多说。

拉斯蒂格不但足智多谋，而且小心谨慎。他喜欢过奢华的生活，但更喜欢活着。他不敢冒着赔钱的风险，把卡彭的钱用于投资，一分也不行。他压根没动过这个心思。他只是把所有的钱都放入了保险箱，然后就回到了纽约的大本营。接下来的两个月里，拉斯蒂格照常经营自己的生意。到了约定的那天，他回到了卡彭的办公室。

卡彭急切地向拉斯蒂格要他的双倍回报，但伯爵却满怀歉意地低下了头："请接受我最深的歉意。我很抱歉地告诉您，计划失败了。我失败了。"随后，他把手伸进自己的口袋，拿出卡彭交给他的钱，还给了这位黑帮大佬。他接着说，自己真的努力想让计划成功，他也很需要赚钱，但失败了就是失败了。

一时之间，卡彭有些语塞。他说，他早知道拉斯蒂格是个诈骗犯。他本以为对方不是靠着坑蒙拐骗给他赚来 10 万美金，就是卷钱走人了。但现在，伯爵展现出了性格的另一面，这让他印象深刻。"上帝啊，你竟然这么诚实！"卡彭叹道。他给了拉斯蒂格 5000 美元，帮他"渡过难关"。这正中拉斯蒂格的下怀。他利用了卡彭的"识人之明"。

罗德里克·克莱默（Roderick Kramer）每年都会在斯坦福大学

商学院教授谈判课程。每次面对新学生时，他都会提出一个问题：你判断他人是否诚信的能力有多强？他反复发现，大约95%的人都认为自己这方面的判断力在平均水平之上——这可不是一般的平均水平，而是斯坦福商学院学生的平均水平。在这些学生眼里，别人也许看不准人，但他们自己不但能看出他人是否可信，还能看出他人是否可靠、诚实、公正。班上超过四分之三的学生都认为自己属于识人能力最强的前四分之一，有五分之一的学生认为自己绝对属于最好的前10%。我们都很有自信，觉得自己能看出他人的人品有多可靠。而一旦对方证明了我们的眼光是正确的，基本上就不可能再失去我们的信任了。

▼

1889年11月24日，富兰克林财团募集到120万美元投资的当天早上，另一件大事发生了：《纽约时报》在头版头条刊载了关于这个财团的文章——货真价实的文章，不是米勒花钱做的广告。这篇文章的标题只有几个字，直截了当地劝诫读者"抛弃米勒的公司吧"。

文章称，金融界的专家对这个企业产生了许多疑问：担保人是谁？资金都投到哪里去了？持续不断的高额回报从何而来？投资者们发现，四天前，确实有一家名为"富兰克林财团"的企业在新泽西州申请成立，但它与米勒毫无关系。"我对米勒先生一无所知，包括他的商业活动或报上刊载的他在布鲁克林的动向，我全不知情。"新泽西的这家企业的秘书霍华德·伍德这样告诉媒体。事情变得越来越可疑了。"他们没有领导，没有总经理。他们只能在新泽西州以外通过董事会投票进行商业活动，但这个董事会从未召开过，因为根本就没有董事。"

米勒的高额回报已经吸引记者们的注意几个月之久。在财团愈发炙手可热的同时，围绕着其投资、具体操作和财务安全的媒体调查也越来越密集。记者们反复来到米勒的门前刺探消息，要求米勒答疑解惑，给出财务声明。11 月 24 日的文章是这一切努力的结果。于是，在那个星期五的晚上，市场因周末休市，投资者也去度周末时，米勒北上逃亡，在周末结束前就到了加拿大。

米勒北逃的同时，警方开始收网。他逃跑几小时后，警方来到了弗洛伊德大街上的办公室，发现里面已经空无一人。塞西尔·莱斯利——米勒的外联负责人和新闻发言人——也已经不知所终。同样去向不明的还有米勒的合伙人施莱辛格。看上去房间的主人似乎走得匆忙。桌上还有 4500 美元现金和价值 400 美元的粘好邮票的信封。房间角落里有一个未开启的大型保险柜，大约 45 名职员和秘书站在房间里，显得困惑而不知所措。他们是来领工资的，该给他们的支票上哪儿去了呢？

当天晚上，上千人——有人说是 2000 人——挤满了办公室内外。他们并不特别着急，更多的是好奇。6 点后，他们又开始存钱了。这个存 50 美元，那个存 100 美元。当天早些时候，确实有人来要求公司还钱，但后来起了戏剧性的变化。有几个男人对公司职员大吼大叫，要求退钱。很快，他们拿回了自己的全部本金，却在不久后又红着脸回来，询问能否再次把钱存上。他们为自己的草率和多疑道歉。很快，要求还钱的人——大约有 100 人——又开始存进更多的钱。这股热潮愈演愈烈。"米勒先生从未让我们失望，"在门外徘徊的一名女性说，"他从来都按时付息。我六个星期前投入了 100 美元，现在已经拿回了 60 美元。制造麻烦的是那些报纸和银行家。没人相信报上说什么。"她继续说："都是嫉妒。他们想自己赚钱。"当地的一名药剂师 H. M. 尤利格表示，投钱给米勒是"最英明的决定"。

一名年轻女子劝说自己的三位朋友共同投资，她也同意上面的说法。她当天下午来到办公室，想要加大投资。有人警告她这是在犯傻，但她自信地答道："那不可能。米勒先生从来都言出必行。"街角马房的所有雇员都投资了米勒的财团。其中一名年长的德国人对旁观者做着保证。"米勒没问题，"他对《纽约时报》说，"他在这里无所不能。如果他愿意的话，我们会投票让他进国会。"当地的裁缝阿道夫·布雷曼投资米勒的生意后干脆关了张——连续两周，每周都拿到了 75 美元。他确信这笔钱会源源不断地进入自己的腰包。

星期六，大约 200～400 人又来到了米勒的办公室。门外的告示上写着"周六休息"。一直是这样的，这群人看上去很安心。米勒先生毕竟从未在周六来过，今天也不会例外。查尔顿女士来自布鲁克林的一家血汗工厂，每天辛苦工作 12 小时，只能挣 56 美分。她紧张地和周围人谈论着。两周前，她把 160 美元——她的毕生积蓄——交给米勒先生保管。她收回了 32 美元，这是两周的利息。她的钱会不会保不住？她焦急地问着周围的人。不会的，他们对她说。这只是针对"可怜的米勒先生"的一场阴谋。听了这些，她安心地离开了。

当天下午，来了更多投资者。跛脚的卡尔·普罗伊斯骄傲地向周围的人展示他昨天存入 450 美元的存单。他可不紧张，一点儿也

不。他只是来看看大家在吵什么。星期一一早他还会来——保准不
会迟到——来拿第一周的回报。很多人都和他一样充满信心。比如
H. D. 斯特伦克（投资额 500 美元），他是同一条街上的杂货商，相
信米勒先生永远说到做到。还有糖果店老板弗兰克·韦恩斯坦，他
投资了 50 美元，还在前一天劝自己的表兄投资了 200 美元，担保
说这里是最安全的地方。熟食店老板奥古斯特·韦伯对米勒的回
报也极有信心，劝说自己的老婆和丈母娘也投了钱。这笔钱数目
太大，他拒绝像周围人一样透露具体数额。"这与你无关，"他说，
"但我可以告诉你，如果米勒先生想让我星期一再拿 500 美元来，
肯定没问题。"

　　还有沃尔福德小姐，她来追加投资 50 美元，让自己的存款和
回报都翻倍。她不怎么读报纸。米勒先生逃跑了，不再收钱了？胡
说八道。她可不要听这些。

　　不仅仅是当地居民，还有警察、消防员、探长和邮递员，直到
当时为止，所有人都从米勒处得到了回报。人群中有人抱着侥幸心
理说："如果警官都不怕，咱们还怕什么？"

　　星期一早晨，焦急的投资者前来领取利息时，发现办公室已经
被警方查封了。

　　直到此时，他们还没有开始惊慌。米勒的手段太高，他们的态
度又太乐观，这种乐观来自他们的经验和需求。因此，他们对米勒
的回报保持着类似对宗教的信仰。他们说，最后一定会证明，这只
是一场误会。小商人、家庭主妇、米勒所在教会的成员……所有人
都来到了弗洛伊德大街，等着他的归来。他们反复强调，报纸才是
真正有罪的一方。他们恶意造谣中伤，米勒当然只好被迫出走了。
"昨日聚集在弗洛伊德大街 144 号门外的人似乎在等待他回来，"11

月 27 日，米勒逃亡四天后，《纽约时报》刊文写道，"等着他宣称财团会立即恢复营业，他将打败所有敌人。"

当地警察局的一名副巡长李斯是最先怀疑米勒的人之一。他想找人站出来指证米勒的罪行，结果只是徒劳。"我还没听到任何客户说米勒不好。他们都相信他是诚实的，拒绝相信他的业务是非法的。"布鲁克林的探长詹姆斯·雷诺兹补充道，"当地人都对他深信不疑。直到现在还有很多商人接受他的支票。这些人都对报纸感到愤怒，认为报纸毁掉了他们的'好事'。"11 月 28 日，米勒消失五天后，报道铺天盖地，警方的调查也逐渐深入，投资者们仍旧不为所动。装满现金的信件雪片般地飞向布鲁克林的邮局——投资者希望米勒归来，财团恢复日常业务之后（必然会的）照常接受投资。在百老汇大街和格雷厄姆大街交会处的邮局里有 1200 多封这样的信件，等待着从史上最伟大的操盘手那里得到回报。附近的邮政总局里，还躺着超过 1 万美元的邮政汇票。十几名探长在纽约各处撒网，搜索来自欧洲的货船和通往新泽西的火车，不放过任何可能透露米勒去向的线索。与此同时，大批人群聚集在弗洛伊德大街，等待着富兰克林财团重新盛大开业。

▼

对未来不切实际的乐观情绪不仅会让我们觉得如果当下一切顺利，以后也会一帆风顺，还会让我们产生自满心理，过度自信，导致机会来临时也不能及时脱身。就像米勒的投资者们，他们本意是来撤资，结果却投入了更多的钱。其中的逻辑其实很清楚。当你在犹豫不决时——"也许事情没有那么好"——却发现了使你安心的迹象：米勒的托儿假装来撤资，却很快又把钱投了进来（这是骗子惯用的招数：找一群同伙，收买足够的人，让他们看上去像目标，用他们来带领真正的目标）。这时你的内心开始交战了：哪种情形会让我更后悔呢？是确保安全但错过潜在的黄金投资机会，还是冒险一搏，如果持续高额回报就会大发横财？

预期情绪（anticipated emotion）——也就是我们预料自己如果采取某种行动就能感受到的情绪——会让我们强烈倾向于保持现状。预期后悔情绪会让我们继续做正在做的事；预期紧张情绪会让我们避免做任何会导致紧张的事情；同样，预期愧疚情绪也会让我们尽力去避免愧疚产生。

在一个著名的思想实验中，丹尼尔·卡内曼和阿莫斯·特沃斯基描述了两位股票投资人。两人都在某只股票上损失了 1200 美元，不同之处在于他们损失的方式。第一个人原本买进了某只股票，在经过考虑后又换成了另一只，导致了损失。第二个人则是因为一直持有的股票跌了，他没有经历过换股票这一步。谁的感觉会更差呢？几乎所有的实验参与者都认为第一个人——原本拿着赚钱的股票却换成亏钱的股票的人——会感到更多的悔意。一想到自己本来是对的，再坚持一段时间就能大获全胜，结果却功亏一篑，这种感受对大多数人来说太痛苦了。

上述实验完成后十多年，玛雅·芭–席勒尔（Maya Bar-Hillel）和埃弗拉特·内特尔（Efrat Neter）发现，同样的行为也适用于存在真实金钱的情况中。他们进行了一项实验，开始时交给参与者每人一张彩票，然后用另一张同样可能获奖的彩票外加一块可口的松露巧克力做代价去交换最初的彩票。五分之三的人拒绝做交换。两名心理学家又加大了交换的筹码：除了用彩票换彩票，再直接给愿意交换的人一些现金。即便如此，仍然只有不到 40% 的人愿意交换。得知后悔的可能性会进一步加大时，愿意交换的人又下降到了 27%：他们被通知，最后会公开抽奖，最初的拥有者将明确知道自己原先的彩票是否得奖。即便知道彩票其实被做过手脚——怎样都不可能赢——仍然仅有不到一半的人愿意放弃最初的选择。

芭－席勒尔和内特尔总结道，出现上述现象的原因不仅是所谓"禀赋效应"（endowment effect），即我们更加珍视自己已经拥有的东西。放弃中奖彩票的可能性带来的预期性后悔被强烈放大，战胜了一切理性思考。实际上，如果把彩票换成钢笔——完全不存在价值不确定性的物品，超过 90% 的人会选择交换。问题不在于放弃拥有的东西，而在于放弃获胜的希望，不得不带着悔意离场。

2007 年，一项跟踪研究发现，人们不仅不愿交换彩票，还认为如果进行了交换，那么交换过的彩票更可能获奖。真相是，如果一切按照计划进行，我们会更愿意相信计划本身是可靠的。如果我们犹豫不决，半途而废，也许以后都会为此后悔。那时谁是输家呢？正如常言所说：没有风险，就没有收益。

这正是骗子在取信于人阶段的法宝：你脑海中喋喋不休的声音。万一你抽身而去，结果发现根本没人骗你，你会不会感到后悔呢？

▼

米勒的行迹开始在美洲各地出现。12 月初，墨西哥蒙特雷的希拉格酒店的一名职员发誓说，看到米勒带着两个大行李箱办理了入住手续，随后又去了坦皮科，并从那里乘船去了中美洲。随后，这个人被逮捕并押送回纽约，结果人们发现他根本不是米勒，只是当地的一名记者。

投资者们终于开始坐不住了。伊丽莎白·蒂蒙斯曾将价值1000美元的债券委托给米勒。现在她想要回这笔钱，并不想再与米勒有任何瓜葛。伯格斯特龙，米勒的首位受害者，将米勒告上了法庭，要求对方退回自己前后投入的共计150美元。2月8日，真正的米勒被詹姆斯·雷诺兹探长在蒙特利尔逮捕了。在那个周二的晚上七点钟左右，他和另一名男子走在街上，雷诺兹在人群中认出了他。"你好，米勒。我是纽约的雷诺兹探长。"他边说边走近这名逃犯。米勒摘下了帽子。"你好啊，探长。"他答道。两人握了手，米勒面带微笑。探长对他说，自己即将回到美国，如果有米勒随行就再好不过了。当晚八点，两人乘上一列火车，疾驰通过美加边境。第二天下午两点钟以前，雷诺兹和米勒到达了纽约中央车站。

"好了，米勒，我们现在到纽约了。"雷诺兹对他说，"我要逮捕你了。"米勒笑了："当然，我明白。"这场不幸遭遇似乎丝毫没有影响他寡廉鲜耻的态度。

"任何有常识的人都明白我不在（加拿大）。"他对一名记者说。这名记者偷偷混进了看守所。米勒刚被拘留，一名律师就到场了。"自从我被和这家企业联系起来以后，我就像个足球一样被警察、律师和记者踢来踢去。"他觉得自己才是真正的受害者。他什么也没干，除了帮成千上万的人赚钱。

下午四点刚过，威廉·米勒来到了布鲁克林市政厅。他像往常一样衣冠楚楚，头戴常礼帽，身披灰色短外套，外套下面穿着黑色切维厄特羊毛西服。一大群人正等在那里。米勒低头走上台阶，旁边的雷诺兹让他显得格外矮小。人群在他身后聚拢，紧跟着他的脚步。此时，法庭已经拥挤不堪，所有座位都被占满，过道里也挤满了观众。米勒站在庭上，听取了法官赫德宣读的起诉：两项一级大盗窃罪，一项二级大盗窃罪。

根本就没有什么财团，也没有什么股票。米勒压根没在股市投资，他甚至不是股票交易所的成员。实际上，这么说也不对。他确实投资过一回。富兰克林财团刚成立时，米勒似乎相信了自己的谎言，花 1000 美元买了几只他认为一定会涨的股票。毕竟，他有内幕消息，是华尔街的天才。一周之后，这笔投资的价值确实发生了天翻地覆的变化：跌到了 5.36 美元。

米勒的所作所为就是历史上最早也最成功的庞氏骗局——只不过当时查尔斯·庞兹不过还是个 17 岁大的少年——拿彼得的钱给保罗当利息。只要你资金来源稳定，就不会出问题。但如果来源没了，一切就都完了。米勒赚取的财富在今天价值超过 2500 万美元。法庭判决书宣布，整个骗局是"欺骗性的、罪大恶极"。米勒的动机是"蒙骗和欺诈"。他犯下了大盗窃罪和"欺诈罪"。

米勒则辩称自己无罪。

法庭上的人们离开后，米勒被带到隔壁的一间小屋里。在接下来的一小时内，他安静地坐在角落，读着报纸，和守卫开着玩笑。六点钟刚过，他被带回了位于雷蒙德大街的看守所二层的 6 号监房。

4 月 30 日，米勒被判在纽约新新监狱服刑 10 年。这是当时法律规定范围内最长的刑期。米勒崩溃了。他的律师恳求法庭高抬贵手，但法官的态度很坚决。"这个男人建立的公司是否应该依法受到最严厉的惩罚，是个重要的问题。我的意见是，应该。"

法官詹克斯·赫施贝格尔表示，的确，受害者都"无知且不会思考"。谁会相信一个因为宣称能获取暴利而被人称作"520%"的家伙呢？这简直是摆明了的诈骗。但米勒的罪行是严重的，他必须为此付出代价。

时间来到 1903 年 6 月，现在站在法庭上的这名男子不再是那位衣冠楚楚的绅士了。他从上千名受害者身上骗走了数百万美元的财产。如今的他长期受疾病折磨，憔悴不堪，咳嗽不止——不久之前，他在监狱里还经历了一次大出血，这几乎要了他的命——米勒在为期三天的做证期间，需要竭尽全力才能保持站立。此次，他在为针对他的合伙人和律师罗伯特·亚蒙上校的指控做证。他希望以此换取提前释放的机会。

在前往最后一次公开露面的路上，跨过所谓叹息桥时，米勒垮了下去。两名狱警牢牢抓住他的胳膊，才没让他摔倒。"我对亚蒙先生的任何怨恨之心都已经被我所了解的监狱的苦难抵消了，"他在证词结尾表示，"我在这里说的全部是真话，无论这些话会导致亚蒙先生被判有罪还是无罪。"

1905 年 2 月 10 日星期五，米勒因配合有功而被赦免。他在新新监狱的位置被亚蒙取代。

在接下来的 10 年中，米勒在纽约的洛克维尔中心过着平静的生活。他化名"威廉姆斯·施密特"，成了一名杂货商。施密特这个姓来自他的姐夫。他的罪恶历史一直被隐藏得很好，直到他和姐夫发生了争吵，后者因攻击他人而被捕。作为报复，他的姐夫向邻居和媒体说出了米勒的真实身份。"我必须使用化名。"米勒后来说，"否则我绝不可能过上正常的生活。没人会相信米勒，但作为施密特，我过得不错。"

与此同时，米勒的骗局还在上演，只是换了行骗者。比如华盛顿财团公司，这家公司同样许诺每周 10% 的高额回报。投资者难道还没有从米勒案中吸取教训吗？一名资深记者质问这家公司的经理："您作为一名商人，难道不知道，任何人从华尔街或是其他任何地方每周稳定获取 10% 的利润都是不可能的吗？"

"我不知道这有什么不可能，"对方答道，"我听说有人在华尔街一天就本金翻倍了。我也见证了这样做的方法，但我自己不会做，因为我完全不了解股票。我想拉蒙特先生知道该怎么做。"

这家公司和米勒的公司宣称的投资计划完全一样，这怎么解释？"也不能说完全一样，"对方答道，"但就算一样，又能说明什么呢？没人知道米勒还会不会回来继续营业。我今天还听到有人说愿意半价收购米勒的投资证明，所以我想还是有人宁愿相信他也不愿相信报纸。"

▼

乐观偏见是最难以避免的偏见之一。因此，正如目标难以抗拒骗局一样，骗子自己也会因为这种偏见而落入法网。成功的诱惑就是如此强烈。很多骗子行骗的历史都长达数年，甚至数十年。的确，米勒只是昙花一现，但他精神上的伙伴——伯尼·麦道夫却把庞氏骗局经营了十年，这还是最保守的估计。我们的老朋友弗雷德·德马拉行骗的历史贯穿 20 世纪的 50、60、70 年代，直到环境所迫才不得不金盆洗手。从某种意义上说，一个骗子行骗的时间越长，就越可能玩过火。

我们初次听说一个骗局时，可能会觉得不可思议。我们很难相信，有人会真的认为这种事行得通。但"取信于人"的逻辑让很多骗子陷入其中。骗子往往需要经过很长时间才会变得肆无忌惮，米勒的例子很好地证明了这一点。"这个骗局在开始时规模很小，但随着受骗的人越来越多，规模也变得越来越大。"古德里奇法官在反驳米勒上诉时写道。10 美元算不上肆无忌惮，120 万美元就是了。乔纳·莱勒，因抄袭和故意歪曲事实而被出版社召回两本书的那位记者，最终露馅的原因是他捏造了美国摇滚歌手鲍勃·迪伦（Bob Dylan）的语录。迪伦还健在，而且他的歌迷十分忠诚，熟知偶像的每一句话。谎言被戳穿后，人们的反应都是难以置信：怎么可能有人如此胆大妄为？答案和米勒案一样。莱勒没有一开始就捏造迪伦的话。他也是从 10 美元开始的。但年复一年，都没有人拆穿他。到迪伦事件时，他可能已经认为自己再也不会失败了。骗子会变得像他们的猎物一样盲目自信，相信自己能永远骗下去。我本领高强，一切顺利，所以今后也会如此，有本事就来抓我啊。有时，正是这种心态导致他们落网。假如他们低调一点，也许就永远不会被人发现。

米勒在长岛的日子几乎称得上贫困潦倒。怎么会呢？那些钱都去哪儿了？大部分资金都没能追回，投资者也没能全部拿回自己的钱（作家米切尔·扎科夫称，投资者平均拿回了大约 28% 的钱）。

米勒变得太过自大，最终落入了自己的骗局。在逃往加拿大之前，他签字把财团的所有收入转交给了他的律师罗伯特·亚蒙，包括价值 20 万美元的债券。他后来对法官说，总共有 25.5 万美元。亚蒙让米勒相信他，因为律师与客户享有保密特免权，这笔钱是安全的。亚蒙说他会处理好一切。

最终，米勒只拿回了 5000 美元。据亚蒙所说，有 5000 美元花在"修理"一些闹事的人身上，另外 5000 美元则用来贿赂陪审团。为了"守护"基金，亚蒙还同时答应照顾米勒住在布鲁克林的妻子：他每周慷慨地给她 5 美元生活费。

开始时只是一个词，一句话，一个场景，一个被修改过的事实，或一个经过加工的数据。有谁注意到了吗？没有？那么就继续吧。很快，诡计自己就有了生命，骗子再添加更多的谎言，编织出一个虚假的世界。骗子不是精神病患者，甚至可能也不是病态说谎者。骗子只是骗子，太过陶醉于自己的诡计，太确信自己会成功，不相信会有失败的那天。

被抓住了又怎样？一切还是令人难以相信——正如米勒的受害者直到最后还拒绝相信，他们再也见不到自己的钱了。这一切简直太匪夷所思了。取信于人的伎俩就是这么厉害。风险太大了，之前一切又这么顺利，一定只是因为出了什么岔子——而不是一切都完了。人们坚持相信米勒是诚实的，同样，作茧自缚的骗子也相信自己是诚实的。他会一直抗议说，自己是无辜的，直到这种抗议变成脱离现实的最后一击。

因为赢利并不只意味着赚钱，它还意味着获取优势。的确，有时是金钱方面的优势，但也可能是认知上、名誉上或私人方面的优势。我们看到自己能掌握这种优势时，就会牢牢抓住它，永远不想放手。

第七章

欲擒故纵

那愚人被烧伤的、裹着绷带的手指，又颤抖着伸向了火焰。

——鲁德亚德·吉卜林（Rudyard Kipling），英国小
说家和诗人

詹姆斯·富兰克林·诺夫利特——人们都叫他弗兰克——一屁股坐进了阿道弗斯酒店大堂的豪华座椅。此时正值 11 月初，弗兰克已经忙了几天，需要休息一下。他此前两天一直住在圣乔治酒店，准备出售他名下的一处农场。弗兰克短小精悍，赤足身高不过 5 英尺 5 英寸[①]。他有着一张阔脸和两只蓝眼睛，声调冷峻，但不时爆发出阵阵笑声，这副模样让人容易忽视他对牛羊马匹和枪支弹药的熟悉程度。了解他的人会说，他"拔枪奇快，枪法神准"。弗兰克是一名牛仔，得克萨斯土生土长的。他在卢博克北部的黑尔县拥有一大片土地，这次来到达拉斯是要卖掉 2000 英亩地，再筹钱从迪克·斯劳特警长手里买下更大的一块地——1 万英亩，就在他原

---

① 1 英寸约合 2.54 厘米。——编者注

本的土地对面。

诺夫利特 54 岁，生意正顺风顺水。他在来达拉斯的路上还卖掉了几匹骡子。他希望在这里卖地也同样顺利。这样一来，他就能完成那笔交易了。他讨厌债务和贷款，只相信现金。很快，他手里就会有足够的钱来买下那一大块地了。越快越好。他已经感到孤独，家乡让他牵挂。他真心对大城市感到厌烦。

几天前，在圣乔治酒店，弗兰克遇到了来自达拉斯城郊希尔县的骡子买家 R. 米勒（这个米勒和富兰克林财团的那个毫无关系）。米勒对弗兰克说，他见到过无数从得州西部来的骡子和粮车，但从未去过那里。那里到底什么样？诺夫利特给他讲了那里的平原和沙地、盐湖和肥沃的土壤，还有绵延不绝的农场。他也提到自己正打算卖掉一块土地。

在经历了一番寒暄后，米勒道出了自己的意图：斯宾塞很想买下诺夫利特的土地。诺夫利特欣喜不已。他从一开始就喜欢斯宾塞——30 多岁年纪，穿着一身简简单单的商务套装，优雅而不浮夸，正是他自己这样的正派人——他也希望同这种人打交道。他对这位新结识的买家大为心折，甚至同意住进斯宾塞的酒店套房：斯宾塞告诉诺夫利特，他在附近的杰斐逊酒店开了一间有两个房间的套房，他本打算和一位朋友同住，但那位朋友却临时有事脱不开身，于是这间套房就空出来了。诺夫利特正好可以住进来，这样一来能省下不少钱——诺夫利特一向很在乎钱，否则也不可能有今天的财富。何况，他真的十分欣赏斯宾塞，希望有机会能够进一步结交这位朋友。再说，能有个伴排遣身在异乡的寂寞，也是一件好事。

当天晚上，两人来到阿道弗斯酒店和斯宾塞的老板会面，商谈购地事宜。就是在这里，诺夫利特舒舒服服地向座椅靠背靠去。

他的后背碰到了什么东西。他原以为是谁粗心落下的杂志，于是往前挪了挪，想把那东西拿出来。结果他发现，那东西不是杂志，而是一个钱包。鼓鼓囊囊的钱包，里面装满了钱——至少有200美元，这可不算少——还有一张巨额债券，面值高达10万美元。钱包里有一张共济会会员卡，上面写着"J. B. 斯特森"。包括股票经纪人联合会的会员卡，以及债券上保证履行承诺的签名在内的信息也都证明，这个钱包正属于这位斯特森先生。诺夫利特是个正直的人，他起身打算去寻找斯特森，让钱包物归原主。

他去问了前台，发现确实有一位斯特森先生登记入住，此时正巧就在房间里。诺夫利特和斯宾塞一起上了楼。他们敲了敲门，门开了一条缝。"抱歉，您是不是丢了什么东西？"

"没有。"对方粗鲁地答道，并直接关上了门。诺夫利特怔住了，随即走向电梯。

正当两人走到走廊尽头时，身后响起了一个声音："先生们！先生们！我刚发现我丢了一个非常非常贵重的钱包。"两人转身往回走，斯特森请他们进了屋。

首先是道歉，因为斯特森把他们当成了记者。这帮混蛋已经让他整个下午都不得安生了。但能结识两人，斯特森感到荣幸不已。能拿回钱当然是好事，但真正重要的是那张共济会会员卡，能拿回这张卡让他欣喜若狂。诺夫利特明白这种心情，他也是共济会会员。

为了表示谢意，斯特森提出给每人100美元作为酬谢。诺夫利特吃惊地看到，斯宾塞一把接过钱放进了口袋。诺夫利特礼貌地拒绝了。当然，100美元不是小数目，但他只不过是做了应该做的事情，能看到斯特森这么高兴就已经是一种报酬了。但斯特森坚持要表达自己的谢意。该怎么办呢？有了！斯特森提出要拿这 100 美元替牛仔先生做一笔投资。他就是干这个的，能带来巨额回报。通常，他的投资建议要收取高昂的咨询费，但这次是例外。他刚刚得到了一个消息，必须尽快行动。斯特森问诺夫利特，是否愿意接受这笔投资的利润呢？后者同意了。这看上去是个不错的折中建议。于是，斯特森离开了房间，去打电话安排投资。

斯宾塞走到斯特森的办公桌后面，诺夫利特在房间里慢慢踱着步，观察着房中的摆设。他看到有几个看上去很高档的衣柜，里面都是高级服装和鞋子。还有一张坚固的办公桌，上面堆满了报纸、股票报告、密码和钥匙——斯特森刚才解释过，他收到的大部分信息属于机密，因此他会与公司使用暗号进行联络。斯宾塞突然说，咱们真走运，这回结交了一位大人物。

斯特森很快就回来了。他交给诺夫利特一沓钞票，并对他说，这是他的盈利，刚从股市上赚的，一共 800 美元。这次，诺夫利特收下了钱。为什么不呢？这是新朋友帮他做的一次成功投资带来的回报。他拿着钱，正要出门离开，斯特森又抬手叫住了他。斯特森揽住他的肩膀，问他是否愿意明天早晨再来。他说，自己正等着棉花市场上的好消息，同时也很愿意继续结交诺夫利特，准备向他提出一个小小的建议。毕竟，诺夫利特帮他保住了财富和名声。后者点头同意了。

当天下午，诺夫利特去拜访了迪克·斯劳特警长，也就是他看上的那块土地的所有人。两人拟定了一份合同。对诺夫利特来说，可谓一切顺利：他的土地找到了买家，还有一份潜在的成功投资在等着他。他自信地对斯劳特说，他在 45 天内一定能付清 9 万美元的购地款。当天他交了 5000 美元的定金，和斯劳特握手告别，然后去闲逛打发时间。达拉斯的大街小巷看起来也变得友好了。

第二天一早，诺夫利特和斯宾塞就回到了阿道弗斯酒店。斯宾塞出去买晨报的时候，斯特森向诺夫利特提出了那个建议。他说，在每个月的某几天，他的公司能够控制特定几只股票的涨跌。他们会告诉他，什么时候该买进，什么时候该卖出——如果他严格按照指令执行买卖，就能赚一大笔钱。他现在只需要一个头脑灵活、诚实谨慎又可靠的人，用这个人的名字进行交易。诺夫利特正是最佳人选——他也是共济会成员，光凭这一点就足够了。

诺夫利特此前从未接触过股票市场，那一套交易机制对他来说几乎是天书一般。但他是个老到的商人，明白天下没有免费午餐的道理。如果你靠着他人不知道的信息获利——有时候这叫聪明，但有时候这也很危险。"这么做合法吗？"他问斯特森。他不想与任何灰色地带有瓜葛。

"绝对合法。"斯特森打包票说，"标准商业流程。我们一直这么做。"

诺夫利特同意了。他感觉自己能相信斯特森。共济会兄弟的情谊根深蒂固。不过，还有一个问题。"我手头没有钱。"他对两人说。（这时斯宾塞已经买完报纸回来，听取了交易计划。）

斯特森对他保证，这不是问题。不需要他的钱。斯特森是股票经纪人联合会的成员，能够在股票交易所从事交易活动，这个成员资格有 10 万美金的担保费。

股票交易所十分壮观。那是一个巨大的砖石建筑，里面有很多办公室和走廊，人流如潮，财富涌动。三人来到一扇玻璃窗前。斯特森介绍道，这里就是下委托单的地方。

有个人拍了拍诺夫利特的肩膀。"抱歉。"一个看上去像是工作人员的人说。他名叫 E. J. 瓦德，是股票交易所的秘书。"您是交易所的会员吗？"

诺夫利特摇了摇头。

"非常抱歉，我得请您出去。这里只有会员能进来。"

诺夫利特立即转身向外走去，他对秘书说，自己无意违反任何规则。斯特森让他在酒店里等他，诺夫利特未置可否。他不想继续了，总感觉哪里不对头。

这时，斯宾塞插话了。他说自己知道市场的规矩。他会陪斯特森一起办事的，诺夫利特只需要等着就好了。斯特森随即问诺夫利特，要不要把他昨天得到的 800 美元再投进去？

这一天终于结束了。诺夫利特把大半个下午都花在了闲逛上，他到市场去看了看牲口，比较了一番，然后回到杰斐逊酒店，靠在窗边回味着最近几天的奇遇。新的朋友，新的经历，还有新的金融交易方式。他虽然还不太理解这种交易，但它真的令人印象深刻。这时，房门被大力推开了。

斯宾塞兴高采烈地闯了进来——带着 6.8 万美元现金。他把钱扔到了床上。斯特森则像平常一样镇定自若，只是脸上挂着笑容。他一丝不苟地数出了诺夫利特那 800 美元带来的利润：2.8 万美元。这真值得好好庆祝一番了。

诺夫利特又惊又喜。他只不过做了件拾金不昧的好事，24 小时之后却发了一大笔财。这可真是天降横财啊。

这时，敲门声响起了。来的是瓦德——就是当天早晨把诺夫利特请出交易所的那个人。他问他们是否有足够的担保金，以防市场出现不利局面。身为非会员的他们必须预先对所有交易进行担保。

两人回答，他们没有足够的钱来担保。

斯特森从椅子上站了起来。他对秘书说，根据交易所的规定，他们在下周一前准备好这笔钱就可以了。

瓦德同意了。不过，他得先把他们赚的钱保管起来。他可以给他们开一张收据，但钱现在不能给他们。

三个人商议了一番。要怎么筹集担保金呢？最后，三人达成了协议。斯宾塞负责筹集3.5万美元。他的生意做得不错——"对一个刚退伍的年轻人来说还不赖吧？"——这笔钱很快就能到位。诺夫利特负责2万美元，其余的钱由斯特森筹集。

第二天，诺夫利特动身返乡。斯宾塞陪他一起回去。斯宾塞的钱已经在路上了，他想利用这个机会到农场参观一番。诺夫利特则需要从家乡的银行借钱，那里的人都认识他，而且相信他的承诺。

三天后，诺夫利特已经做好准备要拿回属于自己的钱了。

他们的运气在沃思堡市棉花交易所急转直下。或者应该说，是某人的愚蠢让他们付出了代价。斯特森指示斯宾塞卖出上涨了2%的"墨西哥石油"，但斯宾塞搞砸了。他弄丢了斯特森给他的纸条，凭回忆操作时却把卖出变成了买进。斯特森的信息本来没问题，斯宾塞却错误地执行了交易。

在他们相识一周以后，诺夫利特首次看到斯特森失去了镇定。"斯宾塞，你把我们都毁了！"他厉声叫道，把交割单朝斯宾塞的脸上扔去。他皮肤涨得通红，几乎变成了紫色，双眼突出，浑身的毛孔似乎都散发着怒气。"你把我们赚的每一分钱、我们本来能赚的钱都弄没了！"

斯宾塞则如失魂落魄一般。他哭喊说自己搞丢了母亲的房产，自己算是毁了。诺夫利特还不太明白发生了什么。他的2万美元就这么没了，一切都是因为一个愚蠢透顶的错误。

过了一会儿，斯特森平静了下来。他发誓要夺回一切。他要回到交易所，试图对冲掉损失。

剩下的两个人无声地等待着。他们都完了，因此只能不顾一切地盼望斯特森能得胜归来。

他们的运气似乎还没用完。斯特森真的赢了。他成功地卖出了股票，收回了损失。很快，交易所的秘书又来了。他们现在有 16 万美元——包括本金和盈利。但像往常一样，他们必须以现金交付保证金。

11 月 20 日早晨，诺夫利特再次动身回家。他一度赔了 2 万美元，但现在又赚了 2.5 万美元。他能收回所有损失，再赚上一笔。他在银行的信用额度用尽了，因此诺夫利特去找他的姐夫借钱。

▼

从某种意义上说，任何有关未来的决定，无论大小，都是一种赌博。这种决定带有先天的风险，因为未来本身就是不确定的。因此，在做出选择之后、知道结果之前，我们会等待、观望，在心里衡量现有证据，估算事情会按我们希望发展的可能性。换句话说，我们把已知情况汇总成一种预期，对于事情发展的预期。这种预期可以很简单——今晚我在餐厅订了座位，希望晚餐很可口；也可以更加复杂——我决定投资这块地产，希望 2015 年建成，花费 2000 万美元，从 2017 年开始每年获利 1000 万美元（很显然，我这辈子从没投资过地产）。新的情况出现后，这种最初的预期会反过来影响我们思考、感觉和行动的方式。此外，它还会影响我们对新情况的解读和评估。

　　如果我们相信了骗局，我们就有了一个非常具体的预期，也就是期待最后的成功。骗局到了这一步，所有事情都严格按我们的预期发展，我们的计划看起来执行得很顺利。我们已经获得了一些令人兴奋的成绩，赚取了不少利润。我们有了漂亮的实验结果、可信的新闻报道、稀有而珍贵的红酒或是艺术品。我们和骗子之间建立了信任的纽带——到目前为止，他们一直说到做到。取信于人的工作做得漂亮。我们认为自己已经接近成功，再加一把劲，我们最开始的信任和判断将获得完全的证明。

　　从骗子的角度看，这是做出致命一击的理想时刻：在目标最确信不疑的时候痛下杀手。目标已经尝到了胜利的滋味，正沉醉于自己的眼光和勇气。他已经上了钩，就算骗子继续让他赢下去，也不会再有更好的效果了。毕竟，目标得到的越多，骗子掌握的就越少。那么，如果骗子现在开始让目标输，至少是输一点，会怎么样呢？换句话说，如果突然之间，现实与预期出现了差距，我们该怎么做呢？

　　这就是欲擒故纵阶段最核心的问题。在这个阶段，骗子能看到他们到底能把我们骗得多惨。在料敌机先阶段，他们从人群中精心挑选目标。在动之以情阶段，他们通过情感攻势与叙事技巧，与目标之间建立关系。在请君入瓮阶段，他们对已经上套的目标展开劝说。在完美故事阶段，他们利用目标对其特殊性的盲目信念，告诉对方将如何获益。在取信于人阶段，他们让目标尝到甜头，让对方相信自己和骗子站在一起是正确的。然后，到了欲擒故纵阶段，目标要开始输了。在目标恍然大悟之前，骗子能做到什么程度？目标能接受多大的损失？事情不会完全暴露——那样骗子就会彻底失去目标，骗局也就走到了尽头——而是会开始出现裂痕。比如，目标会损失一点钱，计划会出现一些问题，某项数据出了错，一瓶酒"坏掉了"，等等。最关键的问题是：我们是会心生警惕，还是追加赌注？

我们带着取信于人阶段的乐观心态，确信最后的胜利属于自己，于是通常会追加赌注。我们本应止损离场，相反却加大了投入——这就是欲擒故纵阶段的全部目的。

利昂·费斯汀格（Leon Festinger）于 1957 年率先提出了认知失调理论（theory of cognitive dissonance），这一理论如今已经成为心理学中最著名的概念之一。费斯汀格指出，当我们经历与自己固有信念相冲突的体验时，将无法平衡这种冲突；我们无法同时具备两种对立的信念，至少无法有意识地做到这一点。费斯汀格在《认知失调理论》（*A Theory of Cognitive Dissonance*）一书中写道："个体会为与本身达成一致而努力。"是的，生活中充满了这样的例子。但总体说来，"不容否认的是，相互关联的观点或态度之间是一致的。一个又一个研究证明，个体的政治态度、社会态度等因素之间都存在着这样的一致性，"他继续写道，"一个人所知或相信的与他的行为之间也存在着同样的一致性。"如果我们相信教育的力量，就会送孩子去念大学。如果一个孩子知道某件事是不好的，但难以抵御它的诱惑，就会努力去避免被人发现他正在做这件事。因此，如果出现了矛盾——比如知道吸烟不好但还是吸了烟——我们就会努力降低这种冲突，费斯汀格把这种行为称作"减少认知失调"。

费斯汀格并非在实验室中，而是在他观察的一个邪教身上发现这种倾向的。这个邪教相信，在某一天的某个时刻，这个组织的成员会因为他们的善心而被拯救到外星。然而，那一天的那个时刻到了，一个外星人也没来。费斯汀格本以为这个邪教该解散了，结果却恰恰相反，这些成员立即修正了自己对外星人计划的理解。

尽管这种行为令费斯汀格大跌眼镜，但其屡见不鲜——实际上，在面对具有邪教般力量的骗局时，人的思维很可能产生这种变化。早在几个世纪以前，弗朗西斯·培根（Francis Bacon）就对此见怪不怪了。他早就正确预见到了这样的事。"其实，一切迷信，不论占星、圆梦、预兆或者神签以及其他等等，都同出一辙；"他写道，"由于人们快意于那种虚想，于是就只记取那些相合的事件，其不合者，纵然遇到的多得多，也不予注意而忽略过去。"① 换言之，人们会努力让头脑中的不和谐音最小化——也就是费斯汀格所说的减少认知失调。

费斯汀格指出，我们有几种方法来减少我们的认知失调。我们可以修正自己对当下现实的理解：告诉自己，实际上不存在任何不协调，只是我们看待事物的角度发生了问题。我们可以通过有选择性地寻找新的确定性信息或者忽视不协调信息来做到这一点。比如，认为关于吸烟的研究是不严谨的、样本有偏差、实验结果对自己不适用。或者，我们可以修正自己之前的预期，告诉自己，我早就预见到会发生这样的事，因此这不算失调：我早就知道他们会说吸烟有害健康，因此这个事实并不能影响我。我早就对此有所准备，并且做了决定。我认为我能成为例外。我们还可以修正现实本身：直接戒烟。一般来说，前两种选择比较容易做到。修正看法或记忆要比修正行为来得简单。改变我们对吸烟的信念，要比戒烟来

---

① 此处引文出自培根所著《新工具》一书，商务印书馆 1984 年版本，许宝骙译。——译者注

得容易。

即使出现了与我们的信念矛盾的证据，固有的预期还是很难消除。如果它们此前已经被证实过，就更是如此。心理学家尼尔·罗赛（Neal Roese）和杰弗里·谢尔曼（Jeffrey Sherman）写道："预期一旦形成，我们的认知系统就不愿去修改或替换它们。"我们不会完全忽略新的信息——那样就太不识时务，也太愚蠢了——但我们会更偏向于自己已经认定的想法。无论如何，我们都为这种想法的形成付出了不少努力。此外，我们认定的想法还会影响我们看待新情况的方式：在注意到矛盾性信息的同时，我们就会开始修正对它的解读，以便与我们的预期相符。

我们已有的预期会起到启发的作用：这种预期就像一幅认知地图，指导我们应该如何看待正在发生的事。这样一来，我们就不必在每次遇到新信息的时候重复做无用功了。预期越强，不确定性越强，我们就越容易产生所谓"预期同化效应"（expectancy assimilation effect），也就是去同化新信息，使之符合固有看法，而不是去转变那些看法本身。

查尔斯·麦凯（Charles Mackay）在 1852 年[①]写下了《大癫狂》（*Extraordinary Popular Delusions and the Madness of Crowds*）一书，批判了一些思想阴暗的法国人的欺诈行为。他在书中写道："当人们打算建立或是支持一项理论的时候，他们会不择手段地扭曲事实，为其目的服务。"从那时起，心理学家就把这种倾向称为"证实性偏见"（confirmation bias），也就是选择性接受事实的倾向，其目的

---

① 本书初版于 1841 年，疑为原书误。——编者注

是证实我们原先的预期是正确的。我们避免失调的愿望对我们评估现实的方式，甚至对我们选择评估或是忽视哪些证据都有着立竿见影的影响。这就好像律师的工作：收集证据，并以最有利于客户的方式把这些证据呈现出来，以一种非常独特而具有选择性的角度，呈现出最清楚明白、最具说服力的解释。

弗朗茨·弗雷德里希·安东·麦斯默（Franz Friedrich Anton Mesmer）的回春妙手已经成了他的招牌。他是一位内科医师，多年来掌握了一套疗法，可以治愈最棘手、最复杂的疾病。这套疗法的基础是动物磁力学说。麦斯默指出，人体内自然出现的磁力流可以治愈各种身体与精神疾病。弗朗泽·奥斯特赖恩是第一个被他治愈的病人。她患有惊厥症，需要 24 小时不间断护理，一切传统疗法都不起作用。麦斯默决定在她身上试验自己的疗法：他用一块磁铁去干扰严重影响这位年轻女子健康的"引力潮"。结果疗法起作用了。奥斯特赖恩声称，好像有一股液体从她的身体里流走了。她几乎是立刻痊愈的。很快，麦斯默在维也纳的诊所就凭借着不可思议的医术出了名。在他的回春妙手之下，一位盲人钢琴家得以重见光明，一位瘫痪病人再度健步如飞。

接下来，麦斯默把业务发展到了巴黎。在那里，他成为玛丽王后与莫扎特身前的红人。街头巷尾都在热议他具有催眠力量的医术。他有时直接用磁石，有时让前来问诊的人坐在磁化的水中，有时让他们握住一根磁化的棍子。他能一次催眠整个房间里的人，这些人会晕倒，突然开窍，并被治愈。很快，一家磁力研究所成立了。

然而，国王路易十六对此产生了怀疑。他命令法兰西科学院成立一个委员会，去调查麦斯默到底有没有真本事。本杰明·富兰克林（Benjamin Franklin）、约瑟夫·吉约坦（Joseph Guillotin）、让·巴伊（Jean Bailly）、安托万·拉瓦锡（Antoine Lavoisier）等巴黎科学界的精英着手调查"催眠术"的真伪。当时，富兰克林身染重疾，因此委员会决定在他的寓所进行测试。麦斯默本人并未出面，而是派了一位助手——或者说替罪羊，以防万一——前去接受测试。结果证明，这一手是明智的。这名助手"催眠"了一棵树，让一个 12 岁的孩子蒙住双眼，从树林中找出这棵被催眠的树。结果男孩找不出来。委员会据此回报国王，动物磁力学说毫无根据，整件事是一出彻头彻尾的骗局，至少从科学的角度来看是如此。

那么，从什么角度来看这不是骗局呢？如果它是骗局的话，又怎么会对那么多病人产生了疗效呢？催眠术证明了我们用信念改变现实的力量有多么强大，这其实就是"安慰剂效应"（placebo effect），或者减少认知失调的努力发挥最大功用的产物。我们想要相信一些事是有效果的，于是我们就用意愿的力量去推动它发挥效果。我们的思想会真的改变我们身体健康的现实。显然，麦斯默拥有很强的暗示力，在他的暗示下，很多人真的恢复了健康。从科学的角度来说，他的做法毫无价值。但人们对他玄而又玄的疗法趋之若鹜，他的成功越是出名，人们就越容易忘掉那些他没能治愈的病人。他的声望就这样与日俱增了。

另一项以科学方式证明信念改变现实力量的早期实验，同样不是出自实验室，而是来自教室。1965 年，哈佛大学的心理学家罗伯特·罗森塔尔（Robert Rosenthal）在小学校长丽诺尔·雅各布森（Lenore Jacobson）的帮助下做了一项实验，以验证教师对学生表现的预期是否能够影响教师本人对学生表现的判断。在橡树小学，罗森塔尔和雅各布森召集了一小组小学教师，并告诉他们，哈佛大学有一项测试，可以衡量学生的智力。他们声称已经对橡树小学的学生进行了这项测试，现在要对这些老师公布测试分数，为他们在进行教学时提供参考。研究者声称，一些学生正处于"成长爆发期"，他们可能在当年表现出显著的进步。当然，所谓"成长爆发期"的学生不过是随机挑选出来的，所谓哈佛智力测试也根本不存在。

尽管如此，老师们还是从这些"特殊"学生身上看到了智力突飞猛进的证据。在老师眼里，这些学生更富好奇心，学习速度更快，犯错也更少。罗森塔尔和雅各布森当时把这种现象称为"皮格马利翁效应"（Pygmalion effect），它如今又被称为"自我实现预言"（self-fulfilling prophecy）。当年年底，那些处于"成长爆发期"的学生真的超越了其他孩子。他们被寄予厚望，老师更加用心地教授他们——结果，奇迹出现了，他们真的进步明显。

尽管罗森塔尔的实验更多地被当成自我实现预言，而非证实性偏见的证明，但它确实证明了偏见根深蒂固的一个原因。首先，是经过选择性加工的信息让实际上并不突出的学生们在老师的眼中变成了佼佼者。这样一来，老师们就很容易注意到能够证实这些学生的优越性的例子，而忽视那些否定性的信息。然后，证实性偏见就真的改变了现实。老师们首先通过选择性分析信息的行为削减了认知失调因素——这里的失调指的是学生的真实表现和他们所谓"天赋爆发"之间的矛盾——然后，老师们完成了单纯减少认知失调几乎不可能完成的目标：改变现实结果。在这个案例中，他们经过改变的行为足以让事情朝他们预期的方向转化，或者说，外部世界配合了他们的错误预期，并让预期成了现实。处于智力发育阶段的孩子们对环境中细微变化的反应是惊人的。只要稍加呵护，他们就会苗壮成长；而如果漫不经心，他们就会凋谢、枯萎。老师们期待着"成长爆发期"的学生表现卓越，就会对这些学生另眼相看，这对班上其他学生是不利的。信念就这样改变了现实。因为，在一些事情上，我们的反应真的会影响结果——尽管可能引发不利结果，证实性偏见确实是难以消除的。毕竟，是思想让它存在的。

难道能说诺夫利特认为自己能弥补损失的想法是疯狂的吗？他已经获得了那么大的成功，而且斯特森对炒股又那么精通。这简直是理所当然的。暂时的损失很快就被抛诸脑后，那一沓沓钞票仿佛在向他招手。

根据一二年级学生的行为判断其潜能其实相对简单：行为的意义是模糊的，而且儿童的可塑性很强。就算不做测试，也能判断谁的潜力较高——这是很主观的判断，但仍然是判断。何况对老师来说，准确评估学生的潜力并不需要付出什么代价，老师又没在这上面打赌。（但对学生来说就不同了。这种判断对老师来说无所谓，但对学生却是有害的。我们不禁担心那些没被指定为"成长爆发期"的孩子们后来怎么样了。）但在更复杂、证据更清晰、对个人而言意义更重大的情况下，事情又会怎样呢？在这些时候，人们还会做同样的事——选择性评估证据，忽视不利证据，坚持自己的判断吗？骗子让目标提高赌注，这怎么可能？目标失利了一次之后难道不会彻底退出吗？欲擒故纵似乎注定要失败。正如常言所说：骗我一次是因为你坏，骗我两次是因为我傻。那么，为什么骗子又能在这个阶段屡屡得手呢？

1994 年，一些来自哥伦比亚大学的心理学家决定进行一项实验，测试对象是陪审团的判断。显然，对证据的准确解读是关键。

在一般人眼中，陪审团工作的理想状况是这样的：陪审员带着开放的态度参与工作，事先对案情一无所知。他们一件件地听取证言，审视证据，对每一个独立的事实做笔记。然后，他们把所有的事实放在一起审视，判断谁的故事——原告还是被告的——有更多证据支持。但到这一步还不算结束。接下来，他们要审视自己采信的说法，检查不支持这些说法的信息，确保这些信息不会重要到扭转整个判决，确保支持判决的"感叹号"要比这些信息提出的"问号"多。直到此时，陪审团才会做出判断。

迪安娜·库恩（Deanna Kuhn）和她的同事研究发现，现实中的情况却与理想中差距甚远。在她主导的实验中，她先让模拟陪审团的成员听了一段录音，录音内容是"马萨诸塞州控告约翰森"一案中法庭辩论的开庭和总结陈词、证人和被告的交叉询问，以及法官对陪审团的指导意见。弗兰克·约翰森被控告犯有一级谋杀罪。一天下午，他在酒吧与艾伦·卡德维尔发生争吵，事态升级，卡德维尔从口袋中拿出一把剃刀，威胁约翰森放老实点儿。当天晚上，两人又在酒吧相遇，并决定到外面去解决问题。没人知道在外面到底发生了什么，但结局很清楚：约翰森持刀刺死了卡德维尔。卡德维尔是否又掏出了剃刀？约翰森是主动去刺卡德维尔的，还是仅仅想掏出刀子来告诉对方自己也有武器？当天下午约翰森回家的目的是否就是拿刀，他又为什么要回到酒吧？两人之前已经吵过一次，为什么又要一起到外面去？问题纷至沓来。

模拟陪审员们赞成哪种判决？法官问。他们在选择时考虑了哪些因素？是否有极具说服力的证据？他们对自己的决定有多大信心？是否又有证据显示一级谋杀的判决可能并不正确？

库恩发现，陪审团的推理过程常常会走向理想的对立面。每位陪审员几乎都立刻给出了一个看似合理的故事，并自发地填补了原本案情中不确定的漏洞。结果显示，他们所谓"事实"产生了严重分歧。"卡德维尔先打了他的脸，他（约翰森）摔倒在地，然后卡德维尔又掏出了剃刀，"一名陪审员写道，"因此他（约翰森）认为他（卡德维尔）要用刀刺自己，所以掏出了自己钓鱼用的刀来自卫。"另一名写道："因为卡德维尔此前威胁过他，并在当晚攻击了他，所以他想要保护自己。他带着这把刀的目的应该是钓鱼之类的。所以，因为他（卡德维尔）从口袋里掏出剃刀并开始……你知道，他想要保护自己，于是就掏出刀来自卫。"他们自己编出了很多这类"事实"，真正的事实性证据却几乎没有。但在这些陪审员的脑中，他们的故事就是真实情况。

近40%的模拟陪审员甚至自发为被告辩护，而他们抗辩的论据，无论是自发的还是反驳他人时说出的，大部分都称不上真正的辩词。其中三分之二仅仅提出了指向其他裁决的证据，而不是针对当前裁决的。换句话说，在绝大多数情况下，真正的反面证据甚至根本没有被考虑过。

此外，虽然模拟陪审员没能对判决达成一致——信息过于模糊，可能导致多种判断——但大多数陪审员都对自己做出了"正确"选择这一点高度自信。对两类判决的支持人数基本一致：50%的陪审员选择了一级谋杀罪或正当防卫，48%选择过失杀人或二级谋杀罪。尽管如此，大家的自信心仍然高涨：三分之二的陪审员对自己的选择表示"高度确定"或是"极为确定"。

库恩的研究对象的年龄、教育水平、社会背景、生活环境和职业各不相同，但所有人都表现出了强烈的证实性偏见：给出一个看似合理的故事，再对证据进行选择性取舍，精心挑出符合自己认知的证据，并立即抛弃不符合的。对陪审团来说，准确的判断至关重要，因为陪审员的行动关系到人命。但赢得官司的人不需要有最好的证据，他只需要有最好的故事——最能打动陪审团的故事。一个好故事——或者一个能让别人的故事站不住脚的故事——胜过此后出现的一切铁证。因此，在欲擒故纵阶段，骗子如果执行得当，不但不会把骗局搞砸，反而会让它更上一层楼。我们已经听过了故事，又刚刚经历了取信于人阶段，证实性偏见越来越强：虽然证据看起来不对劲，但我们证实性的倾向让我们对此视而不见，并更加相信这个故事。我们已经陷得太深，无法做出客观评估了。

莫·莱文（Moe Levine）是一名传奇律师。从 20 世纪 60 年代开始直到 1974 年去世之前，他为数十名客户进行了伤残诉讼。他把自己采取的辩护策略称为"完整的人"。他的逻辑是：你不能只伤害一个人的一部分身体，你只会伤害这个人的整体。一个人在遭受严重伤害后，其生命就被永远地改变了。这一逻辑主导着他对所有案件的辩护策略，并为他赢得了"当世最佳律师"的美名。在一次导致原告双臂截肢的著名案件中，他为了给客户赢得赔偿金，做出了下面的总结陈词。

> 各位都清楚，在大约一小时前，我们休庭去吃午饭了。我看到法警过来带各位去陪审团休息室吃午饭。然后，我看到被告律师霍洛维茨先生和他的客户一起出去吃午饭了。法官和法庭书记员也去吃午饭了。于是，我转身对我的客户哈罗德说："咱们也一起去吃午饭吧。"我们在马路对面的那家小餐馆吃了午饭。（意味深长的

停顿）女士们，先生们，我刚才和我的客户一起吃了午饭。他没有了双臂，吃东西的姿势就像一条狗。谢谢各位。

据当时的报纸记载，他赢得了纽约历史上数额最大的庭外和解赔偿金。

欲擒故纵就是这样发挥作用的。它不在你眼前的客观证据上做文章，无论这些证据能否证实骗局导致经济损失或者伤残，应该获得赔偿。莫·莱文靠着情绪的力量而不是事实赢得了官司，正如斯特森和斯宾塞靠讲故事消除了一切关于损失的怀疑。骗子都是讲故事的高手，因此当事情显得可疑时，他们有办法让我们更相信故事，而不是理智地转身走开。他们不只强调原来的故事，更知道如何扭转对他们最不利的证据，反过来证明他们有多么值得信赖，他们的计划有多么高明。

对诺夫利特来说，他对斯特森和斯宾塞已经有所了解——他们都是正派人，曾经帮助过他，给他赚过钱，并答应要买他的土地。这影响了他看待那起事后被证明是危险信号的事件的看法——斯宾塞不但弄丢了斯特森的指示，还在下单时犯下了低级错误。诺夫利特已经有了一项非常具体的预期：斯特森是个金融天才，有稳赚不赔的手段，而且丝毫不求回报。此外，斯宾塞和他自己很像，他对妻子很好，告诉儿子自己要买下农场，并掏出自己的钱来展示了诚意。所以这件事到底是一场阴谋，还是斯特森努力补救的无心之失呢？整个故事看上去很可靠，不像要发生什么变化的模样。毕竟，之前的故事都很有说服力，从一开始就有充足的证据支持。

"人类理解力一经采取了一种意见之后（不论是作为已经公认

的意见而加以采取或是作为合于己意的意见而加以采取），便会牵引一切其他事物来支持、来强合于那个意见，"培根写道，"纵然在另一面可以找到更多的和更重的事例，它也不是把它们忽略了，蔑视了，就是借一点什么区分把它们撇开和排掉。"[①]证据越多，骗子的说服力就越强。

▼

　　三个男人回到了沃斯堡，他们一共筹到了 7 万美元，距离所需的 8 万保证金还差 1 万。不过没关系，斯特森决定先把钱送到交易所。

　　这时，诺夫利特喊了停。他可不是笨蛋，在筹集到所有的钱并确认钱的去向之前，他是不会把钱交出去的。斯特森对他保证没问题，拿起钱就向门口走去。

　　诺夫利特拔出了一把史密斯 - 韦森双动式左轮手枪。这可是真金白银，他在没搞清楚状况之前是不会眼睁睁看着这些钱被带出门去的。

　　斯特森可不是这么做生意的，他满脸厌恶地把钱扔回了床上。"拿着你的钱滚吧，"他啐道，"既然你遵守不了我们的约定。"诺夫利特绝非不守信之人，他一向言出必践。不过，他开始怀疑对方是否也能说到做到。"你们是一伙的。"他对两人说，"两位真是一流的骗子。"

---

① 　此处引文出自培根所著《新工具》一书，商务印书馆 1984 年版本，许宝骙译。——译者注

斯宾塞开始抽泣，斯特森却直视诺夫利特的双眼，做了一个动作：共济会会员表示痛苦的秘密手势，轻易不会使用。诺夫利特放下了枪。

"兄弟，"斯特森面上带着微笑说道，"你知道的，我曾让你保管 6 万、7 万美元过夜，而从未质疑过你的诚信。"他继续说，"刚才我带着钱要出去时，我认为自己只是在履行诺言。"

情绪稳定后，三人再次坐了下来。他们约定，由斯宾塞去筹集余下的 1 万美元。他把钱汇给诺夫利特后，再由斯特森和诺夫利特共同前往交易所，拿回 16 万美元。约定好后，斯宾塞出发去了奥斯汀。他将在那里卖掉一些自由债券，凑够剩下的钱。斯特森则将带着 7 万元现金去达拉斯，在那里的交易所确认交易。他与诺夫利特约好，第二天上午十点整在凯迪拉克酒店会面。

第二天，诺夫利特九点半就到了约会地点。他不想错过这次会面。十点很快过去了，十一点也过去了。诺夫利特越来越心急。他给前台留了一张便条，就出发到各个酒店去寻找斯特森——也许他记错了地方呢。之后，他又回到了凯迪拉克酒店。不好意思，先生，没有叫斯特森的人来过。这时，诺夫利特终于明白，他不但失去了毕生的积蓄，而且也没有人来买他的地了。他不但丢了 4.5 万美元，而且还背上了 9 万美元的债务。他要拿什么付给斯劳特？他被骗了不止一次，而是两次，虽然他曾感觉到不对劲。为什么这种事会发生在他的身上？他这种以精明的生意头脑闻名的人竟成了他人的笑柄——很快，一家报纸就会把他称为"飞去来傻瓜"——被骗了一次之后重蹈覆辙。这就是欲擒故纵发挥到极致的威力。

▼

当现实与预期背道而驰，选择性认知并非我们唯一的选择。正如费斯汀格所指出的，我们还能修正此前的信念。从本质上说，我们能够改写历史。

有人说，事后诸葛亮，事前猪一样。尽管我们时常这样带着笑为自己愚蠢的错误开脱，但我们其实没有意识到，我们常常会对自己的记忆进行修改，好像我们不是事后才看明白，而是早就预见到了事情的发展：我早知道她没好结果；我早知道他会拖后腿；我早知道他会做那个决定。早知道，早知道，早知道。但是，假如我们真的早知道了，难道会采取不同的行动吗？"每天股市闭市后一小时内，就会有很多专家在广播里自信满满地解释当天股市的走势。"卡内曼说，"听众很容易得出错误的结论：市场行为有理可循，能在早些时候预测出来。"

1972 年秋天，美国总统尼克松访华的准备工作已经进入最后阶段。人人都知道这将是一次历史性的访问，但没人知道它究竟将以何种方式被载入史册。媒体上充满了各种猜测：访问会获得成功吗？会有什么收获？双方将讨论哪些问题？希伯来大学的巴鲁克·费什霍夫和露丝·贝斯（Ruth Beyth）意识到，他们一直在等待的好机会来了。多年以来，两人一直致力于研究人们事前与事后判断的特点。他们把自己的发现称为"潜入性决定论"（creeping determinism）——根据已经发生的事情，潜移默化地修正早先的看法。不过，他们一直没有机会对自己的理论进行精确的测试，让现实生活中的预测得到证实，再对预测者的记忆进行测试。

这天下午，两位心理学家让他们班上的学生们做出一些预测。

他们对学生说，尼克松总统就要前往中国了。这次访问可能会出现若干情况：美国在北京建立一个永久性外交使团，但不会承认中华人民共和国；尼克松至少会与毛泽东会面一次；等等。以 0（毫无可能）到 100（一定会发生）为标尺，学生们认为这些情况有多大可能会发生呢？两周后，尼克松访华结束，他们再次发出了问卷。不过，这次他们对学生的要求有了一点变化：重写他们早先的预测——也就是写下他们两周前认为各种情况发生的可能性。同时，他们还向学生们了解，他们是否密切关注这次访问，以及他们是否确切知道问卷上提到的情况是不是真的发生了。

费什霍夫和贝斯不是只对一组学生做了测试。他们在不同时间对不同班级发放了问卷（一些问卷是关于尼克松访问莫斯科的）。一些学生两次答题的间隔是两周，但还有很多学生的间隔是 3 ~ 6 个月。两人发现，间隔时间越长，记忆就越不可靠：在两次答题间隔为 3 ~ 6 个月的学生中，足有 84% 的人出现了记忆错误。他们出现了后视偏差。事后回头看，我们不会说自己早应该想到，而是会说我们其实真的早就想到了。

对诺夫利特来说，他在初期投资蒸发后应该怎么做呢？他可以承认自己错了，被最古老的骗局之一——"神奇钱包"骗倒了，或者可以说自己早就预见到了风险，但觉得斯特森的计划还是可靠的，因此仍然选择了投资。那么如果第二种可能是真的，他为什么不继续掏钱支持斯特森呢？事后看来，他当时确实不够聪明。当时他表现出了极强的后视偏差。

斯特森表现出的轻蔑加强了这种错觉：它触发了两人共有的对共济会情谊的记忆，让诺夫利特想起了友情与信任。他曾帮诺夫利特赚过那么多钱，还把大笔现金放心地托付给诺夫利特保管。换句话说，斯特森做了骗子最擅长的事：把我们的注意力吸引到他们想让我们记住的事情上，让我们忘掉那些对他们不利的事实——比如斯特森拿着钱走出去这件事。再说，带着积极的眼光看问题，所有的事情都能被重新解释，不是吗？他斯特森不过是按规矩办事，诺夫利特怎么能这么多疑呢？

诺夫利特收起枪，最后一次交出自己的钱，并眼看着斯特森离开的时候，他实际上是在尝试应用费斯汀格减少认知失调策略的第三条：试图改变现实。现实就是，他会损失自己的钱。但如果他的投资是可靠的，又怎么会损失呢？那不过是一场意外，一次霉运罢了。要改变这种霉运，最好是再追加一点赌注。这正是骗子在"欲擒故纵"这一步利用的心理。

1796 年，法国天文学家与数学家拉普拉斯（Pierre-Simon Laplace）在《概率论》（*Essai philosophique sur les probabilités*）中指出，"诸多支撑希望、对抗负面意外的幻觉主要取决于概率"。这是已知的对偏见最早的论述，近年来已经变成认知心理学领域研究最广泛的课题——"赌徒谬误"（gambler's fallacy）。这一名称来源于概率的圣殿——赌场。一名赌徒输了一局，然后又输了一局，紧接着又输了一局。他为什么还要继续呢？为什么不及时止损，抽身而去？我们倾向于相信，概率会起到补偿作用。如果掷硬币时连续八次背面朝上，我们会认为第九次肯定该正面朝上了。对我们来说，很难认识到概率是不在乎时机的，概率不在乎我们想什么，不在乎之前发生了什么事。每个事件对于之前的事件都是完全独立的，对它之后的事件也不会起到任何影响。尽管如此，赌徒仍然坚信下次一定会走运。好事多磨，幸运女神就在不远处了，就在下一次掷出的骰子里，在转动的轮盘中，在翻开的纸牌上。

生活并非赌场，生活中的赌徒谬误往往并非真的谬误，而是对变化中的事物的精确适应。哈佛大学的心理学家史蒂芬·平克（Steven Pinker）在《心智探奇》（*How the Mind Works*）一书中指出，"连续一周的阴天能让人预见到晴天快要来临，正如一列火车上的第一百节车厢比第三节车厢更可能是最后一节"。正因为有了这种想法，当我们面对那些真正依靠概率的事件，比如赌桌旁或是股市里的赌博，以及那些虽然并非纯靠运气，但也具有高度不确定性的事件，比如金融投资时，赌徒谬误（这回真的是谬误了）就更容易出现：毕竟，我们有时候真会赚到。

1951 年，加州大学洛杉矶分校的精神病药物学家默里·贾维克（Murray Jarvik）——他还是尼古丁戒烟贴片和一些早期 LSD 迷幻药的发明人——曾设计了一个试验，让参与者尽力做出猜测。在这个试验中，他每隔四秒钟就会说一句"对号"或者"加号"。在说之前，他会先说"开始"，这时，参与者就要猜他接下来要说什么，然后记下其中一种符号。然后，贾维克会告诉他们"正确"答案，这时参与者再把贾维克告诉他们的符号画在他们刚刚猜测的符号旁边。

贾维克让三组学生参加了试验。每一组的对号和加号并不是真正随机念出的，对号的频率要更高些。在三组中，对号出现的频率分别为 60%、67% 和 75%。如果参与者能够根据真正的概率和反馈进行分析，他们应该很快就意识到，自己应该多猜对号，少猜加号。

实际上，他们正是这么做的。对号频率越高的组掌握这一规律的速度就越快。但有一个明显的例外：如果参与者连续遇到两个以上的对号，接下来继续猜测对号的人就急剧变少了。无论在哪一个组，对号出现的频率有多高，参与者就是不相信对号会连续一直出现。他们觉得下一个肯定该是加号，轮也该轮到了。贾维克把这称作"负近因效应"（negative recency effect）。他写道："在对总体概率的学习过程中，负近因效应的干扰很强，在连续三到四次对号之后，之前对概率的正确认识就会被暂时消除。而在连续四到五次对号之后，对下一次的预期就会倾向于另一种可能，即加号。"

负近因效应首次通过试验展示了赌徒谬误。即使在有高度可能性存在的情况下，这种效应还是会打败逻辑。贾维克试验之后的数十年间，这种效应在真正的赌徒身上反复得到展现，无论他们是在赌场里、买彩票、打牌、猜硬币还是炒股。

诺夫利特刚刚损失了 2 万美元。但只要再投资一次，他就能把钱赢回来，还能赚到更多的钱。于是，就像所有的赌徒，哪怕是看上去最理智的赌徒那样，他越陷越深了。

骗术高手明白，目标的损失并不意味着骗局的终结。正因如此，欲擒故纵这一招才能让目标越陷越深，而不是抽身而去。在正确的时机下，损失可以带来更大的投入。有证据表明，如果我们经历了某种特别痛苦的情况——比如损失巨款——然后再成功地克服困难，或者仅仅靠投入更多的钱来安慰自己说已经克服了困难，我们就会产生一种莫大的成就感，同时还会对造成痛苦的原因产生一种忠诚感。在一项早期的试验中，哈罗德·杰拉德（Harold Gerard）和格洛佛·马修森（Grover Mathewson）发现，如果试验参与者在遭受严重电击后才被获准加入某个小组，那么这个人就会认为这个小组的吸引力更强。我们也许会承受损失，但一切都是值得的：我们在经历痛苦后会更加义无反顾，无论这种痛苦是肉体上的（电击）还是精神上的（金钱损失）。

想一想罗伯特·克赖顿在那些年里对德马拉有多么忠诚吧。他被德马拉骗了很多次，他曾拍胸脯担保德马拉"洗心革面"了，随后却又上了他的当。他为德马拉的骗局赌上了自己的名誉，骗局不可避免地流产了，他也随之声名狼藉。他为了让德马拉"改过自新"，投入了大笔资金，却丝毫没有得到回报——德马拉还在几次官司中声称自己"受骗"了，说克赖顿欠他很多钱。德马拉一次又一次地欺骗克赖顿，而后者却一次又一次地相信德马拉，相信他们的友谊。德马拉可谓欲擒故纵的大师，把这一手玩了很多次：的确又给你造成了损失，但下次我发誓会改好的，只要你跟我继续下去。对方怎么能拒绝他呢？

不幸的是，我们的损失越是严重，就越容易犯错。心理学家谢丽·泰勒指出，乐观的错觉是面对威胁情况的防御机制。即便在我们还没有意识到自己的世界已经受到威胁的时候，我们就已经开始用乐观的错觉来保护它了。我们在还没明白自己已经受骗的时候就开始更加相信骗局，这是为了保护我们自己的信念，相信一切都会变好。

▼

并非所有受害者都是弱者。对诺夫利特来说，被骗一次已经太多了，何况两次。他发誓要亲手复仇。在接下来的四年时间里，他走过三万英里，足迹遍及美国各地、墨西哥和古巴，并深入加拿大荒野。他一个接一个地找到了这个把他的财富和名誉毁于一旦的庞大团伙的全部成员。"去抓那些混蛋吧。"他的妻子对他说，"要抓活的。"他成功了。

1967 年 10 月，诺夫利特去世时已经不再被称为"飞去来傻瓜"。他被称为"黑尔县之虎"，成为凭一己之力摧毁全美最大犯罪组织之一的英雄。

第八章
得寸进尺

> 与一般的观念不同，骗术并非什么新奇玩意——它
> 是一门古老的生意经。
>
> ——弗兰·勒波维茨（Fran Lebowitz），美国演员

曾经，在近 20 年时间里，当代艺术界涌现了一批从未有人见过的大师之作。作者是 20 世纪最杰出的一群抽象表现主义艺术家——杰克逊·波洛克（Jackson Pollock）、马克·罗斯科、罗伯特·马瑟韦尔（Robert Motherwell）、克莱福特·斯蒂尔（Clyfford Still）、威廉·德·库宁（Willem de Kooning）、巴尼特·纽曼（Barnett Newman）、弗朗兹·克莱恩（Franz Kline）、萨姆·弗朗西斯（Sam Francis）等等。这批艺术品规模惊人，质量无可置疑。将这批画作带到公众面前的经销商名叫格拉菲拉·罗萨尔斯，她与一位神秘的收藏家保持着独家关系。这位收藏家从父亲手中继承了一大批艺术品，上面提到的画作正是出自这笔遗产。负责公开这些画作的画廊是曼哈顿历史最悠久的诺德勒画廊。

这些画作的购买者都是艺术品收藏界的有头有脸的人物，包括声名显赫的企业家、演员和艺术爱好者。这些抽象表现主义的大师

之作很快就得以在全世界展出，遍布各地展览，还出现在贝耶勒基金会美术馆和古根海姆博物馆中。

各路专家对这些画作发表了看法。马克·罗斯科帆布画作分类目录（分类目录是艺术家作品最权威的官方纲要）的作者、历史学家戴维·安法姆称，其中罗斯科的画作令人惊叹。当时正在制作罗斯科纸张画作分类目录的英国国家美术馆表示，希望在即将出版的目录中加入一幅出自这批画作的罗斯科作品。一名专家称，其中的一幅波洛克作品"属于大都会博物馆"。但这批无价之宝到底来自何方呢？

格拉菲拉·罗萨尔斯来到美国的时间不长。她出生于墨西哥一个显赫的天主教家庭，自幼便置身于社会顶层精英之中。与罗萨尔斯家交往的都是艺术家、收藏家和政治家，他们与这个小女孩亲切交谈，向她身为主教的伯父寻求指点。据她回忆，在这些家族朋友中有一对年迈的夫妻。他们是来自欧洲的犹太移民，同时也是狂热的艺术品收藏家。他们对格拉菲拉讲述自己遇见的艺术家与购买的画作，这令小女孩心驰神往。她暗想，这就是她以后要做的事情。

小女孩长大后开始周游世界。在西班牙，她遇到了一名男子，并立即坠入爱河。他叫何塞·卡洛斯·博甘迪诺·迪亚兹，发誓要永远照顾她。两人决定到美国碰碰运气，因为那里充满了机遇。他们在市郊买了房子，并有了一个女儿。终于，罗萨尔斯梦寐以求的画廊——国王美术画廊开业了。她一心投入到艺术品之中，何塞·卡洛斯则从事一些慈善与人道主义工作。生活非常美好，比她想象的还要好。1986 年，罗萨尔斯获得了美国的永久居住权。

20 世纪 90 年代初，从墨西哥传来了消息：罗萨尔斯家的老朋友，那位艺术品收藏家去世了。和老人不同，他的子女对美术毫无兴趣。他们一心只想清理掉这些画作，为储藏室腾出空间。对他们来说，与其保存这些作品，不如全部卖掉省事。他们听说罗萨尔斯现在在艺术界工作，便问她是否愿意帮这些画作找到新家。价钱并不重要，他们任由她来决定这些画的市场价值。他们之所以雇她来做这件事还有一个重要原因，就是信任她能保守秘密。他们相信，她作为这个家庭的朋友，能够对某些事保持沉默。收藏家的儿子反复强调，最重要的事就是这些画作的出处绝不能被人知晓。他们的父亲是一名未公开的同性恋者，这其实已经算不得什么秘密，而那些画作的来路也并不太正当。收藏家有一位"志同道合"的特殊密友，曾与那些艺术家共同工作，因此能够从容出入各家画室，把那些未被列入正式目录的画作带出去，从而逃避令人厌烦的纳税要求。他们不想公开父亲有损家族荣誉的同性恋身份，也不想被看成逃税者。收藏家的儿子一再重申，绝对要保持彻底的匿名。

罗萨尔斯欣然接受了这项委托。但有一个问题：她该怎么卖出这些画呢？对于这么一大批大师作品来说，她自己的画廊实在太小，又没有名气。此外，她并不精通抽象表现主义绘画，不能准确地判断这些画作到底值多少钱，也不知道哪些收藏家会对它们感兴趣。因此，她需要专业人士的帮助。

从 20 世纪 80 年代中期开始，罗萨尔斯就频繁参加纽约艺术界的各种活动。她参加各种拍卖会，在开幕典礼上展开社交，在全城各处的活动与派对上都能看到她面带笑容、手持香槟的身影。就是在这样的场合，她遇到了吉米·安德雷德。两人一见如故。和罗萨尔斯一样，安德雷德也说西班牙语。他是一位优雅得体、品味不凡的年长绅士。他的伴侣也给罗萨尔斯留下了好印象——理查德·布朗·贝克，当代艺术收藏家，以眼光精准、出手大方著称。此后，每次当罗萨尔斯遇到安德雷德，两人都像多年好友一般致意——相互飞吻与盛赞，笑个不停。罗萨尔斯得知，安德雷德在诺德勒画廊工作已有数十年之久。那里正是售卖罗萨尔斯手上这批新画的最佳场所。

罗萨尔斯给安德雷德打了电话。他此前已经安排她去过一次诺德勒画廊，那次她手上有几幅理查德·迪本科恩（Richard Diebenkorn）的素描。但这次，她告诉他，她手里的东西可比上回重要得多。她请他介绍自己与画廊的总监安·弗里德曼认识。她说，她有一幅画，弗里德曼一定愿意看看。

安·弗里德曼已经不记得第一次遇到格拉菲拉·罗萨尔斯的场景了。那不是什么重要的聚会——吉米的某位朋友带来了一些迪本科恩的画，那些画也没有很高的价值。那是 1991、1992 还是 1993 年的事了？她已经记不清了。有人拿来了那些画，她把画卖掉了，仅此而已。

但这次会面，她记得很清楚。令她印象深刻的不是格拉菲拉·罗萨尔斯，而是她双手捧出的那幅画，浅桃红色的背景上是两朵云彩般的色块。"美得令人窒息。那是一幅罗斯科的杰作。"她闭着眼睛，这样对我说。弗里德曼身材高挑纤细，浓密的灰色卷发下是一张棱角分明的面孔。她戴着一副无框眼镜，爱穿运动鞋而非高跟鞋，但这无损她外表的优雅。回忆那件事令弗里德曼感到心痛，毕竟，那次会面最终导致她几乎身败名裂：被诺德勒画廊解雇，遭到欺诈指控，眼睁睁地看着自己深爱的画廊关门停业。（罗萨尔斯在认罪时并未提及弗里德曼。在写作本书时，后者从法律角度看是清白的。）此外，她还失去了朋友，失去了客户，失去了人们对她曾有过的高度尊重和信任。她从未预料到这一切会发生，完全没有。那些画实在太令人震撼了。它们怎么可能是假的，或者以艺术界的行话来说，是"错的"呢？

弗里德曼问过罗萨尔斯，这幅画是从哪里来的。没错，这是一幅杰作，但杰作也得问明出处。画作是不会凭空出现的。罗萨尔斯解释道，那是一位私人收藏家的藏品。那位收藏家希望保持匿名——她对那个家族做出了承诺。这幅画是私下购买的，从未被记录过，已经被保存了几十年。在超过半个世纪的时间里，这门艺术已经逐渐衰微了。罗萨尔斯唯一愿意表明的，就是有一位 X 先生，他在抽象表现主义的全盛时期曾与一些日后注定会名垂史册的艺术家交往甚密。他用现金直接从画家手里购画，这些交易从未被正式记录过。没有正式交易文件可查，因为压根就没有过这样的文件。罗萨尔斯说，即便有过一些收据类的证明，也很可能在 X 先生去世后被他的女儿丢掉了。他的儿子现在想把这些画全部卖掉。

关于这个儿子，罗萨尔斯透露了哪些消息呢？她只说他是东欧后裔，曾居住在瑞士和墨西哥。2001 年前后，弗里德曼与罗萨尔斯已经合作多年，并锲而不舍地追问关于这家人的更多消息。罗萨尔斯终于向诺德勒画廊透露了这家人的姓氏——与一位墨西哥画家的姓氏相同。那位画家也是欧洲后裔，曾在瑞士居住，在墨西哥去世。他的几个儿子在他死后继承了他的艺术收藏品。他们后来证实，罗萨尔斯售出的那些画跟他们父亲的藏品毫无关系。但是，那份证明来得太晚了。

开始时，格拉菲拉只说 X 先生有几个子女，他们都不喜欢艺术。弗里德曼对她说，自己只有获得更多信息才能继续运作此事，并请她留下画作以待评估。于是，罗萨尔斯离开了。

正巧，全世界首屈一指的罗斯科研究者戴维·安法姆当时从英格兰来到了纽约。他来到诺德勒画廊看了这幅画，之后表示，这幅画优美地展现了罗斯科的风格，并对弗里德曼保证，这幅画是"对的"。这与弗里德曼最初的印象不谋而合。当然，一家之言无法盖棺定论，但她很快又从其他人口中获得了同样的保证，这些人包括曾在史密森尼博物馆任美国艺术档案总监的艺术史学家、抽象表现主义专家斯蒂芬·波卡利，和英国国家美术馆 20 世纪美国艺术展的前任策展人、沃思堡现代美术馆总监 E.A. 卡尔明。各路专家纷纷前往诺德勒画廊。罗斯科的儿子克里斯托弗对这幅画赞赏有加，专家们更是赞不绝口。那位神秘收藏家不愿透露姓名，这倒也并非什么稀奇之事。艺术界的水本就深得很，很多人选择隐姓埋名，售卖凭证也往往含糊不清。格拉菲拉倒确实拿出了一份有签字的声明，证明她经合法授权出售这些画作，而弗里德曼的调查团队无法证明她的行为有不当之处。再加上有专家的意见作为后盾，弗里德曼终于决定，将这幅画在诺德勒画廊出售。

那批藏品开始一幅接一幅地出现。罗萨尔斯说，这些画的拥有者打算把它们全部卖掉。弗里德曼感到十分激动。每幅画都通过了严格检验，但她表示，需要深入了解这些画的背景。"匿名者"和"X 先生"不行。弗里德曼记不清是谁告诉给她一个名字，可能是她自己的研究员。这个名字是"阿方索·奥索里奥"。奥索里奥本身就是一名抽象表现主义画家，也符合时间特征，并与那些艺术家有交往。如果是他的话，这个故事是合理的。罗萨尔斯表示，她会去向画主人确认一下。

罗萨尔斯后来对弗里德曼说，奥索里奥确实与这些画有关。就在奥索里奥的名字出现不久之后，一位名叫杰克·勒维的买家准备出两百万美元买下一幅杰克逊·波洛克的画作。他要求国际艺术研究基金会（International Foundation for Art Research，IFAR）对这幅画进行检查，画作的真伪将决定他是否进行交易。弗里德曼爽快地同意了。她认为，这幅画毫无问题。

但 IFAR 却并不像她这样肯定。这家机构的报告显示，画作来源的说法不合理。奥索里奥不可能是经手人。IFAR 擅长调查艺术品来源，而由于这方面的漏洞，这一机构表示无法肯定这幅画是真品。交易就这样被取消了。

弗里德曼把调查报告拿给专家看。他们表示，这就是波洛克的真迹。IFAR 的说法不合理，他们建议不要理睬。IFAR 对画作本身没有实质性研究，只是凭奥索里奥是否参与就下了结论。看看那份报告吧：没有人对那幅画是不是波洛克的真迹或者画本身的品质表示任何疑问。不错，一些评审人员确实表示他们无法下定论，但大部分的质疑都集中在来源上。弗里德曼被专家们说服了，她自己出资，与一位加拿大的大收藏家戴维·米尔维什共同买下了这幅波洛克作品。她很有信心，愿意承担金钱损失的风险。米尔维什也读过了 IFAR 的报告，他与弗里德曼意见一致。

但奥索里奥到底是怎么回事？弗里德曼去问了罗萨尔斯。后者说，奥索里奥确实参与了交易，但不是真正的经手人，只是交流之中出现了误会。

很快，又出现了一个名字。这回极有可能是诺德勒画廊的内部人员提出的：戴维·赫伯特。他是一名杰出的艺术品商人，与很多画家有私交，与 X 先生一样是未公开的同性恋者：简直是完美的一环。罗萨尔斯证实了这个发现。是的，戴维·赫伯特是那个经手人。

这件事看上去说得通。卡尔明深入研究了一番，发现所有线索都对得上。赫伯特在正确的时间出现在了正确的地点。他们都认为这下找到了整个故事中丢失的那一环。

与此同时，画作的销售在持续进行。诺德勒画廊从这些销售中获利不菲。曾在诺德勒画廊工作，并于 1997 年离职开办自己画廊的朱利安·维斯曼也赚了不少钱——弗里德曼和诺德勒画廊都不知道，罗萨尔斯也通过他出售画作。诺德勒画廊共赢利超过 6370 万美元，维斯曼获利超过 1700 万。罗萨尔斯的收入也与日俱增。仅在 2006 到 2008 年间，她就靠出售画作获取了大约 1400 万美元的利润。从 1994 年到 2008 年，她共售出了 63 幅画作，其中 40 幅通过诺德勒画廊售出，23 幅通过维斯曼的画廊售出。罗萨尔斯声称，她自己只拿了佣金的一部分，其余都转交给了客户。

弗里德曼尽管一直在尽力挖掘更多信息，却在不停走入死胡同。她问罗萨尔斯，能不能前往墨西哥见见这位 X 先生？她为一名助手买好了机票，并把他送上了飞机。罗萨尔斯表示，自己受了冒犯。弗里德曼怎能如此背信弃义？不，不可能让他们会面。

2009 年，就在罗萨尔斯正式成为美国公民后不久，致力于研究罗伯特·马瑟韦尔作品的代达罗斯基金会（Dedalus Foundation）发布了一份关于罗萨尔斯经手的马瑟韦尔画作的报告。这家机构的专家原本宣称那些画作是真品，但随着越来越多的画作出现在市场上，他们开始发出怀疑的声音。这份报告直接指出，代达罗斯基金会不再为这些画担保。他们认为，这些画不是罗伯特·马瑟韦尔的作品。在同一年，美国联邦调查局开始对一些有问题的画进行调查。这项调查进行了很久。但在 2012 年，美国国税局刑事调查处的特工埃里克·琼克被任命调查此事，他很快就有效地挖到了问题的根源。

最终，罗萨尔斯仅被指控逃税。被指控犯有同样罪名的罪犯很多，其中就包括芝加哥黑帮教父阿尔·卡彭。罗萨尔斯被指控没有在纳税申报单上披露格拉菲拉·罗萨尔斯美术有限责任公司的全部销售收入，并瞒报自己的整体收入。此外，她还没有报告过自己在马德里储蓄银行的一个海外账户——美国法律规定，海外账户如果存款超过 1 万美元，就要上报。实际上，大部分卖画收入都存入了这个海外账户。在 2006 年到 2008 年间，罗萨尔斯实际收入 1474 万美元，但她向美国政府瞒报了至少 1250 万美元。罗萨尔斯立即被逮捕了。

法律诉讼接踵而来。皮埃尔·拉格朗日曾在 2007 年以 1700 万美元从诺德勒画廊购买了一幅波洛克的画作，现在要求退款。他声称，经一名法医学专家鉴定，这幅画是赝品。弗里德曼被解雇了，诺德勒画廊关门停业。但安·弗里德曼仍然不为所动：她仍然坚信那些画都是真品。"我很有信心，有一天，我会重获清白，他们才会是被嘲笑的，"她对我说，"当时我全心全意地相信那些画是真的。"

直到这时，令人震惊的消息终于传来。格拉菲拉·罗萨尔斯坦白了一切。她承认，自己与博甘迪诺及其兄弟，以及一位居住在纽约皇后区的华裔老画师钱培琛（Pei-Shen Qian）合作，用赝品充当真品出售。所谓抽象表现主义大师之作全部出自钱培琛的手笔，每一幅都是不折不扣的赝品。

罗萨尔斯后来承认，她自始至终都知道自己的行为是诈骗。她"早在当时就知道自己出售的画作都是赝品，无一出自她所宣称的画家之手"。

▼

　　为什么这么多在艺术界鼎鼎大名的人士会被这样一个骗局蒙蔽了这么多年？为什么没有一个人能识破这些慢慢融入知名藏品之列的赝品呢？

　　骗局到了"得寸"这一步，受害者已经对骗子的计划投入了越来越多的时间与资源；而到了"进尺"这一步，骗局也就到了收获之日，目标会完全、彻底、不可挽回地被骗子控制。格拉菲拉·罗萨尔斯给安·弗里德曼送去越来越多的画，却不对弗里德曼质疑的模糊来源做更多解释，并让她把这些画全部卖掉，获取更多利润，而罗萨尔斯本人则计划悄然从舞台退场，让弗里德曼和诺德勒画廊面对一切后果（当然，在这个例子里，计划出了点问题，罗萨尔斯没能及时抽身）。让目标在付出却无回报的情况下再次付出——比如弗里德曼在反复询问画作来源却得不到答案的情况下无视各种危险信号，继续卖出这些画——看上去很难，但实际上简单得多。一旦"得寸"开始，骗子建议目标增加投入，那么"进尺"——骗局的终点，也就无法避免了。而我们一旦陷进骗局，就无法自拔。

　　1976 年 6 月 3 日晚上，位于爱达荷州东部的提顿大坝（Teton Dam）的工作人员在进行一项常规检查时发现了两处较小的泄漏点，分别在坝趾下游 1300 英尺和 1500 英尺处。清水正以每分钟 60 加仑 [①] 和每分钟 40 加仑的速度从这两个泄漏点渗出。检查员对此感

---

① 美制 1 加仑约合 3.78 升。——编者注

到担忧，并把情况上报。但管理人员认为，这两处泄漏无关紧要。此外，直到第二天晚上 9 点，也没有更多的泄漏报告出现。

但在第三天早上 7 点左右，一些来自吉本斯与里德公司的建筑商发现有水从一边的坝肩上流出来。7 点 45 分，美国农垦局的几名测量员来到了现场。此时，在坝趾处又发生了一处泄漏。很快，在这处泄漏点的上方不远处，又一处泄漏点出现了。测量员立即向上级发出警报。8 点 15 分左右，大坝的建筑工程师罗伯特·罗比森与现场工程师彼得·阿伯利已经获知险情。两人于 9 点到达现场。此时坝肩再次发生泄漏，这次水已经进入了堤防的填石带。两名工程师下令将泄漏的水及时疏走。

10 点半时，整个大坝的下游面已经变成了深色，那是水流喷洒的结果。突然间，大坝发出了一声震耳欲聋的巨响，像是崩塌或爆炸的声音。罗比森事后回忆说，那是一声"怒吼"。接下来，他们听到了瀑布，而且是大瀑布的声响。大量的水倾泻而下，冲走了堤防的填充料。很快，两辆推土机被部署到了现场，试图将土石推进迅速扩大的溃口。罗比森向溃口里张望，发现那是一个长达 30 或 40 英尺、直径 6 英尺的大洞，直通堤防内部。"水流浑浊不堪，"他回忆道，"从坝肩上大约 15 到 20 英尺处的大洞中倾泻而出。"推土机只工作了大约 20 分钟，就因为土壤过于湿滑无法继续了。很快，两辆推土机接连从大坝上翻倒，坠入下游的河水中。

这时，水面上开始出现漩涡。仿佛恐怖电影中的慢动作，漩涡开始缓缓扩散，范围越来越宽，扩散速度也越来越快。他们试图倾倒土石阻止漩涡形成，但一切都无济于事。然后，塌方终于出现了。大坝顶部溃塌了。11 点 57 分，正午之前 3 分钟，大坝决口了。从那天早晨的泄漏到整个大坝轰然倒塌，只不过 5 个小时。

提顿大坝事故是美国历史上损失最大的工程事故之一。大坝的建造费用是 8560 万美元。在那 5 个小时内，仅事故现场的直接损失就达到了建造费的一半，4000 万美元。但损失远不止于此。提顿河与蛇河沿岸绵延 80 英里，直到亚美利加福尔斯水库，面积达 300 平方英里的土地都被洪水淹没。事故造成 11 人死亡，2.5 万人无家可归。仅在雷克斯堡与舒格城两个城镇，就有大约 1.6 万 ~ 2 万头牲畜被湍急的水流卷走 —— 水流强度与密西西比河洪峰到来时相仿。超过 10 万英亩耕地被洪水淹没，而洪水丝毫没有减退的迹象。到 1977 年 3 月 16 日，损失据估计已经超过 2.5 亿美元，但对事故的索赔金额达到了 4 亿美元 —— 这还不算大坝本身的损失。最终，约有 3 亿美元的索赔得到了补偿，而有人估计整个事故造成的全部损失高达 20 亿美元。也就是说，溃坝事故造成的损失是大坝本身造价的 23 倍。

到底是哪里出了问题，这一事故是否原本可以避免呢？1976 年 8 月，美国国会众议院就提顿大坝事故成立了一个调查委员会。国会议员里奥·瑞安被任命为委员会主席，并开始就事故启动听证会。一些关键性证据由此浮出水面。有人对大坝的选址、本身结构以及建造过程提出了质疑。蒙大拿州立大学的地质学家罗伯特·克里（Robert Curry）指出，1961 年，美国农垦局对建造大坝的调研报告中几乎没有提到渗透性问题，而当地地质材料的高渗透性与大坝的崩塌有很大关系。在他看来，大坝选址的根据至少"不够充分"。美国地质勘探局的地质学家哈罗德·普洛斯卡（Harold Proska）则直言，大坝建在了一块"年轻且不稳定"的土地上。他强调，早在 1973 年 1 月，即溃坝事故的三年前，美国地质勘探局就向美国农垦局发出了一份备忘录，指出"提顿大坝项目的安全问题迫在眉睫"。然而此时,建设工作已经启动,那份备忘录被扔在了一边。大坝的设计与建筑负责人哈罗德·亚瑟(Harold Arthur)承认,当时"填充岩体裂缝或潜在裂缝"的过程中出现了问题。但这些问题被认为不足以暂缓建造过程。

调查委员会主席瑞安提出了一个理论,来解释人们在面对问题的情况下仍然推进行动时的想法。他称之为"动量理论"(momentum theory)。他认为一旦建设开始,就没有任何事情能使其停下来——"在开始建设大坝后,即便在建设过程中出现了危险,农垦局也会倾向于继续建设工作。"亚瑟坚决否认这一观点。他指出,无论是提顿大坝还是其他项目,安全问题永远被放在第一位考虑。但当瑞安进一步质询时,亚瑟承认了一件事:在农垦局历史上,从未有破土动工后又停工的先例出现。

提顿大坝事故似乎与骗局的世界毫无交集,但有一个关键问题却是相通的:一旦我们对某事投入过多,就会当局者迷,即使我们将为此付出代价。那些事后看来是危险信号的事情,往往在当时被我们认为无足轻重,因为我们已经投入了过多的资源——金钱、时间、名誉等等。无论我们面对的是艺术品,还是那种会导致多人丧命、造成数十亿财产损失并让当地环境状况倒退数十年的严重事故。人们一般会认为,这样庞大的基础社会项目造成危害的可能性也是同样巨大的,因此,安全的重要性不言而喻。那些人为什么就不明白这一点呢?他们为什么对危险信号视而不见?他们之所以这样,其原因和得寸进尺能屡屡得逞的原因如出一辙:投入过多会让我们当局者迷,让我们一直保持投入,直到一切崩塌的那一刻。无论这种崩塌是实际意义上的(大坝)还是比喻意义上的(画廊)。

提顿大坝事故和罗萨尔斯艺术品欺诈案的受害者似乎早就应该

发现问题。看看 IFAR 和代达罗斯基金会的报告，想想那位神秘的 X 先生，如果还意识不到自己面对的是个骗子，那一定是脑筋出了问题；看看那些地质学报告和警告信，早该终止大坝的建设了。就算安·弗里德曼没能在一开始就识破骗局，至少也该在画作不断出现的时候发现有什么不对了。因为那些危险信号一直出现，红灯闪个不停。难道这些人都看不见吗？还真是这样。他们投入的越多，看到的就越少。

20 世纪 80 年代早期，保罗·斯洛维奇和理查德·塞勒对人们在做出买进卖出、投资和撤资等决定时的种种不可理喻的举动进行了研究。在旁观者眼中，这些行为是完全不合逻辑的。比如，一家人在暴风雪中驱车 60 英里，只为了去看一场他们本来就不太喜欢的篮球赛，这是为什么呢？斯洛维奇指出，这和提顿大坝的事故原因如出一辙。这家人为买票花了钱。如果票是免费的，也许他们就会踏踏实实待在家里，不会在路上花几个小时受罪了。但买票花的钱让球票的分量变重了。他们不得不开上三小时的车，因为他们已经投入太多。提顿大坝的建造者也是一样：如果为建设计划开绿灯的不是他们，那么他们见到那些警告时自然就会喊停。但一旦破土动工，大坝的分量就骤然增加了。一名参议员在田纳西 - 汤比格比水道（Tennessee-Tombigbee Waterway）项目的讨论过程中曾说："终止一项已耗资 11 亿美元的项目，是挥霍纳税者税金的可耻行为。"塞勒称这种现象为"沉没成本谬论"（sunk-cost fallacy）。

沉没成本谬论让我们有一种持续的、强烈的意愿，去相信那些已经发生了重大变化的事情，只因我们已经对这些事投入了太多资源。从理论上讲，我们应该只关心新增的投入，那些已经投入的东西不再重要，不管是时间、金钱、精力还是别的什么，都追不回来了。只有在有新证据证明这些投入有价值的情况下，我们才应该坚持下去。如果我们在开工建设后发现信息发生了变化，就应该放弃那个大坝。没错，资金是投出去了，但如果我们的所见准确的话，那么我们就是在加速冲向灾难，为什么还要继续投资呢？同样，如果我们发现那个收藏家和我们一开始想的不一样，就应该结束与他的关系。没错，之前从他那里得到的画已经卖掉了。但如果我们的所见准确的话，那么我们的名誉就会遭到更加严重的打击。为什么就不能承认自己是错误的，在不可避免的丑闻到来之前就抽身而去呢？

可惜，我们的思维从来不会这样工作。我们对一件事的投入越多、越长，沉没成本就越可能会蒙蔽我们的理智和知觉。并不是我们忽视了危险信号，而是这些信号对我们来说根本就不存在。也许它们就在我们眼前，但我们真的看不到任何危险。在一项关于无意识盲点的著名实验中，丹尼尔·西蒙斯（Daniel Simons）和克里斯托弗·查布利斯（Christopher Chabris）要求参与者记下在一场篮球赛中某几个球员之间互相传球的次数。结果大多数人都没有发现有一头由工作人员扮演、捶打着自己胸口的大猩猩混进了球场。他们过于专注，结果对如此明显的场景视而不见。在得寸进尺这一步，我们也会犯同样的错误：在本该转身逃跑的时候，我们却对危险视而不见，反而越陷越深，直到身败名裂。在没有投入也没有先入为主的想法的旁观者眼里，大猩猩就在那儿，一清二楚。但对于已经投入很多并身处骗局之中的人来说，大猩猩就是隐形的。

1985 年，哈尔·亚克斯（Hal Arkes）和凯瑟琳·布卢默（Catherine Blumer）发布了十项实验的系列报告，展示了沉没成本谬论在实际中的效应，并发掘了那些看上去毫无道理的行为背后的原因。把所有的危险信号和错误都清楚地展示出来会怎么样呢？沉没成本谬论在现实场景中意味着什么呢？这就等于把大坝可能出现事故的每一样证据都摆在农垦局局长的面前，并指出潜在的危险性，或者是把所有的证据和文件摆在安·弗里德曼的面前，指出格拉菲拉·罗萨尔斯可能在说谎，然后看看局长和弗里德曼的行为是否会有什么改变。研究者们从一个典型的行为经济学问题入手，开始进行试验。参与者被告知他们获得了两张滑雪之旅的门票，一张在密歇根，价值 100 美元，另一张在威斯康星，价值 50 美元。他们同时被告知，去威斯康星很可能会更好玩。但可惜的是，这两张门票的日期是同一个周末，而且都不能退票。参与者会留下哪张呢？结果，超过一半的人选择去更贵的那一场，尽管他们知道，去另一场会更好玩。尽管没有人真的花了钱，票都是广播推广活动的礼品，结果也是一样的。

亚克斯和布卢默还获得了俄亥俄州立大学剧院的帮助。他们去询问剧院是否愿意向一些随机选择的季票购买者出售打折季票，以帮助他们进行一项实验。剧院很痛快地答应了这项请求，并把它当成了一项促销项目。在那个演出季，一些季票购买者拿到的是通常价格的季票，15 美元一张，另一些人得到了 2 美元的折扣，还有一些人则获得了 7 美元的折扣。不同价格的季票颜色也不同。这样一来，在每场演出后，就能知道每种票各有多少张被使用了。

亚克斯和布卢默把 1982—1983 年演出季中被使用的票据数量制成了表格。那些花更多钱买票的人是不是来看了更多的演出呢？事实证明，确实如此。在买票后的半年时间里，那些花全价购票的人比用折扣价购票的人来剧场的次数多得多。他们平均在每 5 场演出中就要出现 4.1 次，而另外两组人则只出现了 3.3 次。

如果实验中的钱变成几百万美元，结果会怎样呢？答案是，没有什么不同。在另一项实验中，参与者被要求想象自己是一家航空公司的总裁。这家公司已经花费了 1000 万美元来研制一种能够躲避雷达探测的飞机，结果在项目只剩 10% 就要完成时，却发现竞争对手已经推出了一种性能更强的机型。然而，参与者仍然大力建议公司继续完成自己的项目，而不是把剩下的经费用在其他项目上。足有 85% 的人建议把研发工作进行到底。此外，不但坚持继续投资，他们还认为这个项目能够成功赢利的可能性高达 41%——这比毫无利益关系的旁观者给出的可能性要高得多。研究者又设计了一种情景，让参与者给别的公司或者一项尚未启动的项目提意见。结果，对成为第三方观察者的他们来说，一意孤行的愚蠢与失败的可能性就变得非常明显了。但在身处局中的当事人眼中，成功的概率却高得多。

亚克斯和布卢默在一次次的实验中重复观察到了这种效应，他们甚至还对经济系的学生们进行了类似的测试。这些学生已经对沉没成本谬论有所了解，然而他们的测试结果却和那些对此一无所知的参与者没有明显不同。在两名心理学家看来，结果已经很清楚了：止损意味着承认错误，而承认错误的心理成本太高了。"要一个人承认自己的投资都被浪费了，这是一件很令人反感的事。"他们写道，"要避免承认这件事，就要持续表现出自己认为之前的投资是合理的。而表现这种信念的最佳方式就是继续投入更多。"实际上，在另一项与此无关的实验中，西北大学的心理学家巴里·斯托（Barry Staw）发现，直接告诉人们某项投资决定是错误的，并不足以让人收回这项决定。经济系的学生们在发现一项投资是坏主意后，选择持续投资的人比采取其他措施的人要多得多。

　　问题是，和大多数谬误一样，沉没成本背后的心理活动——无视一连串的损失，继续等待成功——并不总是非理性的。在类似的效应中，人们在等待一个终极目标时会承受稳定的小损失——比如已经等了一个小时公交车的人不愿叫出租车，因为公交车随时可能会来。而事实上，公交车也真的会来。我们愿意承担越来越大的风险，只为获得更大的回报，比如在一个正有需求的地方建设大坝——带来数十亿美元的经济效益，或者为一笔艺术遗产寻找买家——让你成为一大批抽象表现主义重要画作的发现者。唯一的问题是，我们看不到事情的真实面貌，因此低估了风险，又高估了成功的可能性。我们在骗局中的时间越长，投入越多，甚至是损失越多，我们就越会坚持相信我们最终会获得成功：在欲擒故纵这个阶段，我们损失惨重，看上去应该及早退场了。但是我们却仍然出现在了"得寸"阶段，再度付出，"进尺"阶段也就毫无困难地进行了。

　　我们不但对风险视而不见，还会觉得在事后看来，过去的事情无比美好。1897 年，尚未成为最高法院大法官的奥利弗·温德尔（Oliver Wendell）在《哈佛法律评论》（*Harvard Law Review*）中写道："人们的本性如此。如果你长时间地喜爱或者使用属于自己的某样东西，无论这样东西是财物还是某种想法，它都会扎根在你的身上。你会切齿痛恨想要把它夺走的行为，并试图保护自己，无论你是如何得到这样东西的。人类最深刻的本能，是法律所需的最正当的理由。"这就是塞勒于 1980 年首先提出的"禀赋效应"的写照。我们的行为、思想、财产和信念是属于我们的，因此，它们就会在我们对其进行投入后焕发出一种此前不曾有过的光彩。沉没成本谬论会让我们讨厌发现问题，并不愿离开自己选择的道路。而禀赋效应则会夸大现状——也就是我们已经在做的事——让它们拥有过分积极的光明色彩。它会让我们更想保持现状。一旦那些来源不明的画挂到了你家墙上，它们就会显得更加真实——弗里德曼本人就买了两幅，并把它们永久性地悬挂在自己家一进门的走廊上。你的眼光当然不会错了，看看它们多美。毕竟，实践才是检验真理的唯一标准。

1991 年，丹尼尔·卡内曼、理查德·塞勒和杰克·尼奇（Jack Knetsch）共同举出了一个很有说服力的案例：他们的一位同事，也是一位经济学家，在多年前曾购买了几箱波尔多红酒——他是法国红酒爱好者。当时每瓶酒价值 10 美元，正好在他愿意承受的范围内。他有一个原则，就是尽量不买超过 30 美元的酒。不过，随着时间过去，他这几箱酒大大升值了。现在，每瓶酒在拍卖会上的价格已经超过了 200 美元。很多买家来找这位朋友，出高价想购买他手中的红酒。他拒绝了这些人——但他同时也拒绝以当下的"天价"再买入更多的红酒。他不会因为拥有更多红酒而获得更大的快感——他根本不相信红酒值这个价。行为经济学家们认为，他同时身受禀赋效应和现状偏见（status quo bias）的影响——对他来说，自己拥有的红酒价值超过了 200 美元，这仅仅因为它们是属于他的，而完全相同的红酒完全不值得购买；同时，他又想保持原状，不买也不卖，只是继续拥有就好。

从实验角度看，禀赋效应被研究得很透彻。实验反复显示，如果某人缺乏某样东西——比如一支笔或是一个马克杯，类似实验经常使用这两样东西——他们愿意为购买这样东西付出的钱要少于拥有这些东西的人为其定的售价。比如卡内曼和塞勒诸多实验中的一个。在这个实验里，参与者会得到一系列价格，从 0.25 美元到 9.25 美元。然后，参与者要回答三个问题中的一个：参与者得到了一个马克杯，然后被询问是否愿意以某种价格卖出这个杯子（"出售者"）；参与者没有得到马克杯，而是被询问是否愿意以某种价格购买一个杯子（"购买者"）；参与者被询问，是愿意得到一个马克杯还是某种数目的金钱（"选择者"）。客观上看，出售者和选择者的立场是完全一样的：他们能自己选择价格，以及是得到杯子还是保留金钱。然而，研究者发现，选择者的实际行为却更像购买者。如果给出的钱少于平均 3.12 美元，他们就愿意选马克杯（购买者平均愿意花 2.87 美元购买）。超过这个数，他们就会选择钱了。而出售者则不愿以少于 7.12 美元的价格售出杯子。一旦我们拥有了某样东西，它的价值就会因为这种拥有而水涨船高。我们不再以客观的眼光看待这样东西，而是以一种下注后的赌徒的眼光看待它。

儿童也会本能地做出同样的事情：在他们眼中，自己拥有的玩具比缺少的更有价值。这与"这山望着那山高"正好相反。理性让我们更享受自己拥有的东西。因此，这些东西在我们心中的价值也就提高了。

现状偏见只会让事情变得更糟。我们喜欢事情本来的样子。孩子们已经知道他们手里的玩具很好玩了，为什么要冒险换成别的可能不好玩的新玩具呢？新的道路总是不确定的，而我们所在的道路已经为我们所熟悉。问问那些推出新口味可乐的商人吧，他们准会告诉你人们对现状有多么依赖。从玩具到选举（"现任者效应"），还有靠着惯性继续的工作和感情，现状都无比诱人。英国作家塞缪尔·约翰逊（Samuel Johnson）曾说过："每个人都有什么事也不做的能力。"而一旦进入了骗局的最后阶段，我们的投资就会让我们无法对此前的证据进行客观判断，我们会对"欲擒故纵"视而不见，并顺利进入"得寸"阶段，因为我们拒绝承认自己可能是错的。我们坚持一意孤行，尽管越来越多的证据表明，我们应该做出改变了。因此，骗局的成功也就顺理成章了："进尺"顺利无阻，而我们则被骗得体无完肤。

在对类似效应的一项早期研究中，威廉·萨缪尔森（William Samuelson）和理查德·泽克豪瑟（Richard Zeckhauser）让参与者扮演普通人、管理者、政策制定者等角色。在一个情景中，约500名经济系学生要假装自己对投资一无所知（虽然他们实际上对金融知识所知甚多，并对市场兴趣浓厚），却从亲戚那里得到了一笔丰厚的遗产。他们该如何用这笔钱投资呢？完全凭自己决定的人做出的选择，与那些被告知遗产中的一部分已经被投资到某公司的人完全不同。单独来看，这家公司并不是特别好的投资选择。不过，一旦已经有不少资金被投进去，很多人就选择继续向这家公司投资了。

在信息明显不利于现状时，类似的情形仍然出现了。这次，学生们被要求想象自己是一家地区航空公司的高管，要决定在两年之中，每一年的航班租赁次数和飞机类型。实验设计者表示，他们可以在第二年改变策略，而不用担心付出任何成本。在做出每一年的决策之前，学生们都会收到一份对当年经济状况的预测。这份预测可能是积极的（稳定的机票价格和充足的客源）或是消极的（价格战和客源紧张）。部分学生会收到积极的首年预测和消极的次年预测，而其他学生则会收到两份差不多的预测。

从理性角度来看，得到积极预测的决策者应该选择更多飞机的租赁配置，而得到消极预测的决策者则应该选择更少的配置。如果预测情况发生了对调，前者就应该选择更少的配置，后者相反。然而，学生们却没有这样做。在第一种情况下，64% 的学生一开始就选择了更多的配置，50% 的学生在第二年仍然坚持这种配置。在这种情况下，共有 79% 的人第二年没有改变选择，保持了现状（无论选择了哪种配置）。在第二种情况下，57% 的人在第一年选择了更少的配置，43% 的人在第二年也没有改选更多的，尽管这意味着他们丧失了增加利润的机会。在这种情况下，86% 的人在情形发生变化、产生了新信息的情况下，仍然维持了第一年的选择。换句话说，情况已经发生了明显的变化，现状却并未因此改变。萨缪尔森和泽克豪瑟继续在真实生活中验证这种效应，研究对象首先是哈佛大学雇员健康计划的默认选项，然后是教师保险与养老金协会的退休计划。在这两个案例中，现状保持不变的情况非常明显。尽管出现了更新、更好的方案，但人们仍然会坚持自己熟悉的方案。两人指出："人们保持现状的原因可能是为了方便、习惯或惯性、（公司或政府的）政策或规矩，也可能是出于恐惧或天生的保守性格，或是简单思考的结果。"无论出于何种原因，他们都会有一种不顾一切保持现状的强烈偏见。而当他们被告知原因，被要求做出改变时，"大多数人很容易就相信了这种行为模式（包括其原因），但看上去对自己也可能是这种偏见的持有者却毫无察觉（并且还有点儿难以置信）"。

在骗局中，现状对骗子有利，对目标无情。这涉及一个人的眼光。比如，安·弗里德曼会想，我已经把我自己的名誉和这些画绑在了一起。我出售这些画，自己也购买了两幅，并把它们挂出来展览。显然，我很相信这些画，别人也都知道这一点。如果我现在半途而废，那成什么样子？再说，也没有理由担心。我们在一条道路上投入时间越长，感觉就越好。骗我一天，是骗子的错。但骗我几个月、几年、几十年，那就完全不同了。我没有那么蠢，不可能被蒙蔽这么久。这种想法正是我们在"得寸"阶段更易受骗的原因：我们会不停付出，以证明自己是"客观"的。而当我们终于意识到出了问题——如果有这么一天的话——"进尺"的工作早已完成，骗局也已接近尾声了。

我们一旦身陷骗局，就很容易去做阻力最少的选择。那会让我们觉得自己已经做的事是正确的，并让我们不再需要努力前进。随着我们越陷越深，从心理上挣脱甚至意识到我们需要挣脱也就越来越难。似乎一切都在与这种欲望作对。

还记得德马拉在"卡尤加"号上瞒天过海的故事吗？即便消息传来，证明他是冒牌货而不是医生，船长还是拒绝相信这一切。他认为另一位西尔医生才是骗子。他觉得自己不可能被德马拉的谎言蒙蔽。在分别时，他对德马拉说，随时欢迎他回来继续做随船医生。他对德马拉的医术放一百二十个心。

同时，我们会告诉自己，一旦发现危险信号，我们能随时抽身而去。我想走就走。这是我的选择，我的生活，一切都在我的掌握之中。我之所以一直没有离开，是因为没有出现危险信号，因此也没有理由停下我正在做的事。只要我想，只要有好的理由，我随时都能改变主意。毕竟，我很聪明，很成功，很有怀疑精神。

可惜的是，这种自信不过是错觉。对自己能控制何时离开的自信，是对自己能控制那些力所不及的事情的自信的一种表现——通称为"控制错觉"（illusion of control）。我们不断付出，直到倾家荡产，成为"得寸进尺"的受害者，就是因为我们永远无法及时退出。我们总觉得局势在自己控制之下，因此我们永远意识不到什么时候应该止损并逃离骗局。

1975 年，心理学家埃伦·兰格（Ellen Langer）进行了一项简单的实验：让参与者抛硬币，并猜测哪一面向上。不过，那枚硬币被做过手脚，兰格精心设计了实验顺序。一些参与者一开始就能做出大量正确猜测；一些则在大多数情况下都猜错，直到最后才开始猜对；而还有一些人猜对猜错的概率差不多。在各种情况下，每种猜测的数量都一样，不同的只是它们出现的顺序。

猜硬币几乎是纯靠运气的，除非硬币被做过手脚，猜对的概率无限趋近 50%。你无法控制结果，也不能改进技巧。没有人擅长或不擅长猜硬币。不是正就是反，就这么简单。然而，人们却不这么看。那些一开始就总能猜对的人宣称自己就是善于预测。他们认为这是一种技能而非运气，并宣称如果勤加练习，他们还能更进一步。兰格问他们之前猜对过多少次，结果他们给出的数字远远高于实际。兰格便把这种倾向称为控制错觉：我们认为自己能控制状况，尽管这是不可能的——即使在脑海深处，我们知道自己面对的不过是全凭运气的局面。正如兰格为她的论文起的标题：《正面是我赢，反面是概率》（"Heads, I Win; Tails, It's Chance"）。

在获得成功时，我们会过高地估计自身，而不是外部因素的作用。而当出现问题，我们总会迫不及待地怪罪命运。多项研究发现，教师会把学生的进步归功于自己，却把持续表现不佳的原因归咎于学生自身。投资行为也一样：如果我们选的股票上涨了，我们就会认为是自己眼光独到；如果下跌了，全怪市场不好。

而我们越深陷某事，无论是骗局还是没那么恶性的情况，这种错觉就会越强。兰格在一项研究中设计了一项完全由运气决定的彩票游戏。她发现，人们对这项游戏了解得越多，就越相信自己能赢，以至于宁愿保留自己手中的彩票，也不愿去换一张客观中奖率更高的彩票。此外，如果参与者进一步熟悉某种纯靠运气的任务并加以练习，他们对成功完成任务的信心就会大大增强——尽管该任务依靠运气的本质没有任何变化。比如，在一个掷骰子游戏中，如果掷出骰子的是他们自己而非别人，这些人就会认为自己多少能控制掷出的点数。而最可怕的一点在于，你试图仔细思考，却只会让自己已有的信念更加极端化。兰格发现，在进行"理性"思考后，最初的乐观情绪只会进一步加强。人们会认为自己真的就是这么出色。换句话说，如果安·弗里德曼当时能停下来，仔细想想自己出售抽象表现主义画作获得的巨大商业成功，她只会更坚信自己是一名出色的画廊总监、一位品味绝佳的鉴赏者，而不是一场惊天骗局的潜在受害者。因此，她只会一路走进"得寸"阶段，卖出更多的画作，直到"进尺"让她身败名裂，欲诉无门。

这种错觉不仅出现在赌博中。在对该效应进行的一次经典实验中，几名临床心理医生被要求对一份性格剖析图给出基于信心的判断。他们获得了一份包括四个部分的报告。这份报告是根据真实临床案例得来的。在读完每一个部分后，医生们要就病人的性格回答一系列问题，比如病人的行为模式、兴趣、对重大事件的典型反应等等。此外，他们还要根据自信程度对自己给出的回答打分。读过每一个部分后，关于这一案例的背景信息也就相应增加了。医生们了解得越多，对自己回答的信心也就越强，然而他们回答的准确率却没有变化。实际上，除了两名医生之外，所有人都表现出了越来越强的自信。他们的自信程度从第一阶段的 33% 上升到了最后一个阶段的 53%，回答准确率却一直保持在不到 28% 的水平（由于是五选一的选择题，所以其实全凭运气也能达到 20% 的准确率）。

为什么控制错觉会如此顽固？其实，它对我们的健康与成功往往能起到积极作用。这种错觉能帮助我们应对压力，让我们在遇到挫折时坚持下去而不是放弃。具有控制感的人疾病痊愈的速度也比较快，无论是生理还是心理上。和其他的乐观偏见一样，控制错觉也能给我们带来积极情绪的力量。

不幸的是，毫无根据的控制错觉会起到完全相反的作用，导致更加失控的糟糕表现。一项研究观察了伦敦四家银行的 107 名交易员，发现那些控制错觉最强的人表现最差。这一点从这些交易员的主管对他们的评价以及他们获得的薪水中就可以看出。另一项研究发现，人们越是感觉到自己有控制力，进行多样化投资的策略就越差。第三项研究表明，金融分析专家的控制错觉越强，对市场预测的信心就越强——同时也越不准确。

至于那种觉得自己随时可以脱身的想法，其实也是错觉。我们投入越多，就越难退出。对随时脱身的希望让我们觉得自己真能做到这一点，但其实我们早就切断了自己的退路。我们在事情早已脱离控制的时候还坚信一切尽在掌握中。这种想法让我们产生自信，而这种自信其实毫无道理。

弗里德曼后来对我说，如果发现了任何危险信号，她一定会立即叫停。她从未感觉到——一次也没有，直到一切已经太迟。她全心全意地相信那些画。如果画有问题，她绝不会放任不管。但是，即便在法律诉讼开始后，她还是深信不疑。她坚称没有出现过任何危险信号，她没有任何理由去怀疑，这些画本身就足以说明问题，它们都是百分之百的真品。

弗里德曼永远记得那一天：那天早晨，她的律师打电话来告诉她，格拉菲拉·罗萨尔斯坦白了一切，所有的画都是赝品。弗里德曼震惊得说不出话。她挂掉了电话。不，这不可能，那些画都是真的，她心里知道这一点。如果是假的，她会知道的，她会感觉到的，她会看出来的。然而她无法控制的是罗萨尔斯的坦白。到最后，事实不容置疑：这些年来，所有的画，那些大师手笔，都不过是一个谎言。"得寸进尺"早已完成，而她甚至都没意识到自己身处骗局之中。

在她生日前一天的晚上，安·弗里德曼独自坐在位于圣路易斯的酒店房间的床上。她来参加圣路易斯华盛顿大学的校友会。她像往常一样，住在丽思卡尔顿酒店。她望着自己的手机。至少从1995年以来，格拉菲拉每一年都准时向她发来生日祝福，从无例外。她每一年都会送来一样生日礼物——低调脱俗，从不浮夸，但总是含义隽永。弗里德曼知道自己不该打电话，她的律师就此警告过她多次了。但她难以控制自己。她们需要谈一谈。

在第一声铃响后，格拉菲拉就接起了电话。安没想到真能听到她的声音。她知道，格拉菲拉也被警告要远离她。毕竟两人是一场刑事诉讼的关系人。

"你毁了我。"安只有这一句话可说，"我要你知道，你毁了我的全部人生。我是那么相信你，你却毁了我。"格拉菲拉没有回答。她断断续续、含糊不清地说了什么，听上去像是在道歉。也许吧。但安觉得自己听到了哭泣的声音。然后，电话断线了。

第九章

逃之夭夭与斩草除根

美名胜过世间一切珠宝。

——苏格拉底

1915 年夏天，一个闷热的下午，苏迪·惠特克和米洛·F. 刘易斯来到了艾奥瓦州乡下的一座农场。这里位于州首府得梅因西南方不远处的麦迪逊县。哈策尔夫人看着他们从远处走来。两人衣着体面，一看面相就是正派人。但他们跑到乡下来做什么呢？这对男女不是本地人——稍一打量就能明白这一点。

两人对哈策尔夫人说，他们是为了她的利益而来。但能否先给我们喝点水？您看，我们走了这么远的路，天气又热得要命。

哈策尔夫人把两名客人请进屋，坐在简陋的客厅里。她把在地里干活的两个儿子奥斯卡和坎菲尔德叫了回来。一家人坐在一起，等着两个陌生人发话。他们带来了一个惊人的消息。他们对哈策尔夫人说，在 16 世纪末期——具体地说，是 1596 年 1 月 28 日——在巴拿马的迪奥斯港，著名的弗朗西斯·德雷克（Francis Drake）爵士死在了自己的战船"反抗者"号上。他们特别强调，这可是传说中的弗朗西斯·德雷克，那位效忠伊丽莎白女王的大海盗。

但他们还知道一个绝大多数历史学家闻所未闻的秘密。德雷克虽然早已死去，却有一样东西保留至今——他的巨额财富。多年的海盗生涯和精心的隐藏，让这笔财富的数目超过了大多数人的想象。但这还没完，两人继续说，德雷克有个继承人。历史记载他并无子嗣，但这不过个谣言，为的是保护一个惊天秘密：这名效忠于王室的海盗有个私生子，而这个孩子的生母不是他人，正是女王陛下本人。

由于非法身份以及丑闻的关系，这名继承人自然得不到属于他的遗产。但几个世纪以来，争夺这笔财富的斗争却从未停止。任何为这场即将迎来高潮与结局的法律纠纷提供必要资金支持的人，都会收到数倍于其投资的回报，以作为当前继承人的谢礼。"您为帮助争取这笔财富投入的每一块钱，"两人继续说，"都会变成一百块，回到您的手里。"一旦烦琐的手续办完，所有的回报都会立即到位。

两名陌生人从白天说到晚上，还没有一点停下来的意思。两人描述的细节越多，那份财宝就显得越诱人。哈策尔夫人看了看两个儿子，儿子们默默点头。她对奥斯卡说，到阁楼上去，把那个锡盒子拿下来。盒子里是一家人的全部积蓄：6000 美元。他们把所有的钱都给了这两个陌生人——他们遇到了天赐良机，这时候可不能小气。米洛写下了一张收据，两人反复担保后扬长而去。他们保证，法律程序一有新进展，就来通知哈策尔一家。

故事到这里本该结束了。这只不过是又一个老掉牙的骗局——用并不存在的巨额遗产吸引毫无戒心的笨蛋上钩——如果惠特克和刘易斯在选择目标的时候更谨慎一点的话。但是，他们在骗局最基本的阶段，也就是料敌机先这一步就走错了。他们应该擦亮眼睛，发挥一切本领，去评估他们的潜在目标，可他们太心急了。不错，他们是把女主人骗得团团转，但她并非孤身一人。随便哪个骗术好手都会告诉你，你必须骗过见证骗局的每一个人。

奥斯卡·梅里尔·哈策尔是一个精明的推销员。虽然长着一个强硬的方下巴和一对有些突出的眼睛，但他能讨得大多数客户的欢心。他和兄弟一起在农场工作多年，在故乡艾奥瓦州以及伊利诺伊、威斯康星、内布拉斯加和南北达科塔州推销各种设备和种子，然后进入了县警局。他对销售手段再了解不过。他越想这事就越觉得蹊跷。这所谓"德雷克的宝藏"一定有问题。

第二天早晨，奥斯卡动身去了苏城。路程不近，足有 200 英里，但离他家最近的图书馆就在那里。他找的就是图书馆。奥斯卡在那里坐了好几个小时，在书架中寻找关于德雷克的一切书籍、文章和记录。他得搞清楚这是怎么一回事。很快，他的疑心就得到了证明。德雷克根本没有直系继承人，也没有什么财宝。他去世时几乎身无长物，唯一的一点财产留给了一位表亲。奥斯卡知道这些就足够了。

他发动了自己的法律关系网。身为副警长的奥斯卡认识不少人。他要找到那两个骗走他家钱的家伙。没费多少周章，他就把目标锁定在了得梅因市。他发现，惠特克和刘易斯就住在那里。运气不坏，那就在他回家的路上。奥斯卡登上了下一班火车。

到处打听一番，再加上一点运气，奥斯卡就顺利地找到了惠特克女士和刘易斯先生。两人正给一位神魂颠倒的五金商人讲述秘宝的故事。他们看到奥斯卡后，先是大吃一惊，随即开始急切地解释起来。和之前的受害者面对面，这可是他们拼命想避免的局面。

"我们正想给你写信，告诉你们关于遗产的事呢。"惠特克匆忙说。

奥斯卡直接打断了她："遗产的事我一清二楚。"他建议三人找个僻静的地方好好聊聊。

没用多久，两名骗子就坦白了一切。他们告诉奥斯卡，在两个月的时间里，他们在艾奥瓦骗到了 6.5 万美元。他们发誓说自己没有恶意，如果他能高抬贵手——

故事在这里发生了有趣的变化。奥斯卡大笑起来。他说，你们真是两个土包子。他了解了"德雷克的宝藏"的历史，发现惠特克和刘易斯对这个故事的价值根本一无所知。"这是个没人用过的好点子，"他对两人说，"你们却只顾捡几粒芝麻。"他不想把钱要回来。"我的老娘还相信你们的鬼话。我遇见的每一个上了你们当的人都没起疑心。"他们骗到几万美元就心满意足了，而只要方法得当，这个骗局明明可以获得上百万美元的利润。

"德雷克骗局"并不新鲜。德雷克死后不久，就有人在英格兰利用他的名声骗人。在美国，至少从 1835 年起就有人这么干了。在 19 世纪 80 年代，美国驻英国大使罗伯特·托德·林肯甚至签发了一份声明，警告有意向的投资者，所谓分得遗产的许诺一文不值，财宝也根本不存在。但这个骗局的天才之处也正在于此：随便你怎么警告，财宝的诱惑力就是那么大，这种警告反而显得它真实无比。不过，奥斯卡·哈策尔这次打算让这个骗局更上一层楼。

不久之后，奥斯卡建立了"弗朗西斯·德雷克爵士协会"，并出任会长。他的法律背景让这个组织显得合法可靠，很快就有数十万美元入账。在接下来的 15 年中，他欺骗了来自全球各大洲的 7 万多名投资者。在其中 9 年的时间里，他在伦敦操控一切，对投资者声称这是因为要进行"近距离操作"（但实际上他只是需要一个海外账户）。他很早就甩掉了惠特克和刘易斯——他说他们是"一对贪污捐款、中饱私囊的骗子"——他利用这个组织获取了超过200万美元，其中超过一半落入了他自己的口袋。他曾骗过整个城镇的人，很多人在不见分毫回报的情况下还多次投资。他的故事太有说服力，这些人相信最后的回报会无比惊人，即使等上多年也心甘情愿。

比骗局本身更令人称奇的是它的结局。在受骗多年后，尽管一分钱的投资回报也没见到，但几乎每一个受害者都自始至终对奥斯卡·哈策尔深信不疑。到最后，这7万名受害者中，几乎没有一个人去报警，而且几乎所有人都否认曾被骗。哈策尔最后被捕时，很容易就交出了7.8万美元的保释金和辩护费。这笔钱也是被他骗的人们出的。在漫长的诉讼过程中，他们一直相信哈策尔是被冤枉的，并又筹集了35万美元，为他请律师。

▼

名誉是我们最重要的东西。它不仅意味着他人如何看待我们，还决定着他人将如何对待我们。他们会信任我们吗？愿意和我们打交道吗？他们是否认为我们负责、可靠、受欢迎、有效率？在中世纪欧洲，fama这个词有两重含义：一是人们对其他人行为的评价，二是名誉。两种含义用同一个词表示的现象揭示了一个基本真理：我们的名誉实际上取决于他人怎么说。金钱上的损失往往是骗局中微不足道的部分。实际上，很多骗子的目标根本不是金钱。最大的伤害在于名誉的受损——他人会用什么眼光看我们，这种眼光又将如何影响我们的未来。

骗子利用甚至是主动制造的正是这种对名誉的重视感。我们从错觉中惊醒，终于清楚地看到自己被骗以后，对名誉的爱惜足以让我们对此缄口不言。在"得寸进尺"之后，我们已经被骗得两手空空，骗子则盆满钵满，准备溜之大吉。但要怎么做才能逃脱法网，找个新目标继续行骗呢？在逃之夭夭阶段，骗子只有一个目标：骗局已经完成，尽快摆脱目标。骗子最不想见到的就是有人大声诉苦，引来他人的注意。"逃之夭夭"往往是骗局的最后一步，骗子在得手后顺利消失。不过，有些时候猎物也许不会就此罢休。在这种情况下，就得额外再加一步了：斩草除根，也就是骗子有意拖延司法机构的介入，以防受害者将案件报官。

人类是狭鼻类动物的一员，这是远古时期猿猴中的一种群居型灵长目动物。和我们的灵长目祖先一样，为了满足基本生存需要，我们依赖群居的生活方式：如果没有相互间的保护与支持，我们就无法长期生存。但这种生活方式需要付出代价。我们会相互争斗，在食物链中取代他人或者被取代。我们会说谎、欺骗、偷窃、争吵、背叛，我们会在背后捅刀子，无论是字面意义还是比喻。英国政治哲学家托马斯·霍布斯（Thomas Hobbes）说得好：生命本来就是肮脏、野蛮、短暂的。因此，我们必须设计制度，约束彼此，以保持社会群体的功能，才能成功地躲避天敌，生存繁衍。

人类以外的灵长目动物用梳理行为来承担维护群体状态的任务。猿猴通过互相触碰、爱抚和抓虱子来让彼此明白，它们珍惜它们之间的关系。梳理行为是最有效的团结手段。身体上的触碰会释放内啡肽，而内啡肽会让我们感到愉快、温暖、幸福。我们为这种触碰付出的时间表明，我们非常重视保持彼此间的关系。实际上，灵长目动物之间的梳理行为越频繁，其群居规模就会越大。牛津大学的人类学与进化心理学家罗宾·邓巴（Robin Dunbar）研究灵长目动物的社交行为长达40余年。他发现，梳理行为的时长与大脑新皮质（我们大脑中负责高级功能的部分）的大小是社会群体规模的决定性因素。

　　大脑新皮质的大小也显示出一些非常有趣的特征。在非人类社会群体中，个体能维持的稳定关系的数目上限只有80。而在人类中，这一数目有了质的飞跃，平均数目几乎翻倍，达到了150——也就是所谓"邓巴数字"。按照推测，社会群体规模的飞跃也应该伴随着梳理行为时长的飞跃。我们的狭鼻类同胞把清醒时间的五分之一用在了相互梳毛上。按理说，人类应该花费更多时间，才能与其社会群体的较大规模相匹配。然而，邓巴却发现，事实并非如此。我们花在类似梳理行为上的时间大约同样是清醒时间的五分之一。这是什么原因呢？

　　简单来说，是因为语言的存在。我们并不需要完全依赖梳理行为去保持社会联系并结成大规模的群体，以应对生存的压力。我们有语言。梳理行为显示的是相互之间的付出与信任，在梳理者与被梳理者之间营造出一种相互责任感。同样，我们的语言（当然，也要与行为结合）也能传达出这种信息。当我们交谈时，我们不仅是在互相梳毛——我正在投入这次谈话，我能为你做这些事，能够这样帮助你，还在分享关于他人的消息，比如谁做了什么，说了什么。换句话说，语言让我们建立了自己的名誉，分享了关于他人的信息，并由此构建起他人的名誉。这就是传闲话最基本的前提。闲话本身并没有任何负面意义。闲话的意义就在于我们能够通过互动来分享相关的社交信息，而正是这种信息让我们的社会更流畅地运作。"简而言之，闲话让我们所知的人类社会成为可能。"邓巴如是说。同时，因为闲话，逃之夭夭往往能成为骗局最简单的步骤——斩草除根也是如此，尽管很少需要这一步。

通过传闲话，我们了解了他人是如何表现的，尽管我们并没有在场直接见证。从某种意义上说，我们通过闲话拥有了千里眼和顺风耳，能够掌握整个社交网络的动向，让我们的人际关系远远超过那 150 个和我们成为朋友的人。我们能够了解谁的表现好，谁的表现坏，谁是高尚的，谁是虚伪的，该去相信谁，需要畏惧谁，离谁远一点，和谁拉近距离。了解这些事实以后，我们就能惩罚那些偏离行为规范的人了——比如那些胆敢质疑德雷克宝藏的真实性并"危害"整个事业的人。哈策尔在料敌机先时对这一点再清楚不过。

这个世界其实并非充满了谎言、欺骗与偷窃，生命也不是肮脏、野蛮和短暂的，因为我们知道，别人会知道我们做了什么，而我们会因此付出代价。我们在乎别人的想法——他们的想法会影响我们未来的利益。如果没有了社会信息的传播，没有了闲话，如果不能对何种行为可被接受、何种行为该被制裁达成一致，整个社会就会很快陷入混沌，只剩人与人之间赤裸裸的利益争夺。

1997 年，邓巴和他的同事们做了一件我们从小就被教育不要去做的事：偷听他人谈话。在大学的食堂里、酒吧里和火车上，他们小心地（我们希望如此）坐在正在交谈的人身旁。他们特别关注了朋友之间放松的、非正式的谈话。每隔 30 秒，偷听者就会记下谈话的大致主题，并将其归类为"技术 / 指导性"（比如解释选举流程或者汽车发动机工作原理）、"工作 / 学业"（比如抱怨某门课程或是会议）、"体育 / 休闲"（"那场尼克斯的比赛烂透了……"）等等。

　　研究者们对记录下来的谈话主题进行分析时发现了一个惊人一致的模式：无论交谈者是谁，谈话在哪里发生，交谈者的年龄、性别和职业是怎样的，每场谈话中超过 65% 的内容都与社交有关——谈论他人的行为，分析自己的功过。也就是说，包括工作、学习、运动、文化、艺术和音乐的所有话题加在一起，也不过占据我们日常对话三分之一的内容。而剩下那三分之二，则都与他人或是我们自己的名誉有关。在一些文化中，这一比例还要更高。研究者记录了墨西哥齐纳坎坦（Zinacantan）的印第安人群中近 2000 段谈话内容，结果发现其中 78% 的谈话都以社交为主题。

　　1994 年，经济学家（以及未来的诺贝尔奖得主）埃莉诺·奥斯特罗姆（Elinor Ostrom）设计了一个实验，让参与者坐在电脑前，针对两个不同的市场进行选择性投资。他们在做出选择时，可以在电脑上看到其他人的选择，但看不到做出选择的人是谁。一个市场能保证持续稳定的回报，而另一个市场的回报则取决于投资者的数量。如果参与者只能选一个的话，他们会向哪个市场投资呢？

　　这是一个典型的共同利益困境，这种潜在的利益冲突正是奥斯特罗姆的研究对象。（这一困境得名于在公共草场上牧羊的问题。如果只有一只羊在吃草，不会产生任何问题。但如果每个人都有一只羊，并放任这只羊去吃草，那么草很快就会被吃完，所有人的利益都会受损。）如果每人都向第二个市场投资，所有人的利益就会最大化，每个人都会赚很多钱；但如果有人选择了稳定的可靠回报，那么这份回报就会高于不被青睐的第二个市场的回报。奥斯特罗姆发现，当参与者完全自己做主时，他们会对其他身份不明的投资者持怀疑态度。于是，很多人就会选择第一个回报稳定的市场。这样做的结果就是，每个人最后平均赚到的钱仅为全部投资第二市场所获回报的五分之一。换句话说，选择独立获取回报、不相信他人的人太多，导致那些相信团结力量的人反而赚得更少。

奥斯特罗姆随即对实验规则做出了调整。在实验进行过程中，她让所有人暂停并聚在一起稍事休息。于是，参与者就面对面地看到了彼此。他们不再是和一群身份不明的人共同参与实验了。现在，他们能够把自己在电脑屏幕上看到的投资动向与眼前的一个个人联系起来。参与者回到各自电脑前之后，所有人的合作性变强了很多。现在，平均回报已经达到了最大可能性的80%。引发这一重大变化的只是那次短暂的社交会面。在奥斯特罗姆的研究中，最后的一招让整体表现又上了一个台阶：可以要求"背叛者"，也就是选择第一个市场的人，被实验负责人处以罚金。

经济学家罗伯特·阿克谢罗德（Robert Axelrod）发现，在无交流游戏中——也就是参与者彼此不认识，也无法利用对彼此的了解——最佳策略就是"以眼还眼"。首先，你在走第一步的时候就要展现出合作的姿态。然后，你要重复搭档的行为。如果对方也合作了，你就要予以报答；如果对方背叛了你，那么你也以眼还眼。这样一来，如果双方在一开始就合作，就能很快形成合作性均衡的态势。从某种意义上说，这是从一开始就建立了自己的名誉。当然，这一策略只有在能够反复进行游戏的情况下才有效，比如在奥斯特罗姆的投资游戏中。否则，参与者必须在一开始就拥有名誉——如此一来，游戏就不能匿名进行。幸运的是，在现实世界中，没有什么是匿名的。

名誉是条捷径。它能让我们在从未见过某人的情况下预测他会如何表现，并对这种表现做出反应。著名的囚徒困境就是一个很好的例子：如果两名囚徒合作，也就是都保持沉默，他们就都会被释放；但如果其中一名背叛了对方，坦白了一切，而另一名保持沉默，那么这个沉默的人就会遭到最严厉的处罚。解决这个困境的一个方法是让两名囚徒交流，但这个困境的重点恰恰就在于不允许交流——如果两人约定好不互相揭发，两个人就都能无罪释放，但他们没有这个机会。该怎么做？

如果我们已经拥有了某种名誉，这种名誉就会代替我们进行交流。如果我们之前从未告发过任何人，那这次我们很可能也不会坦白。如果我们早有不可靠的名誉，那这次其他人就不太可能相信我们。在一项研究中，凯瑟琳·廷斯利（Catherine Tinsley）和她的同事们发现，一个出了名地争强好胜的人在一场谈判中表现得比其他人都差。他的这种名誉广为人知，于是人们都防备着他，结果都无法和他达成协议。他人对我们的了解会影响他们对我们采取的行动。

奥斯卡·哈策尔从一开始就把逃之夭夭设计到了整套骗局里，确保这个骗局不需要斩草除根：想参与德雷克宝藏计划，其中一步便是保持沉默，以免煮熟的鸭子飞走。你根本不会泄密，因为这会影响到他人的行为，最终让你得不到钱。如果你以善于保守秘密闻名，你就能一直留下了。而如果他人认为你是个大嘴巴，他们就会向上面揭发你，让你一分钱也得不到。

但这种防患于未然的设计并不是必要的。我们通常不需要外部诱因；保证骗子能够逃之夭夭的就是我们自己。我们想让他人认为我们好，害怕他人认为我们不行。安·弗里德曼希望被看作艺术世界德高望重的掌门人，而不是受骗上当的可怜虫。于是她说服自己，不可能有什么骗局，即使这个骗局就在她的眼皮下发生了。如果这个骗局不是以如此戏剧性的方式被揭穿，那么很多正控告画廊和弗里德曼的买家到现在可能还会保持低调，只在暗地里要求退款。没有人想被看成一个容易得手的目标。（实际上，不是所有受害买家都起诉了。起诉的人也没有一个愿意接受我的采访。他们不想公开自己的身份。）

不管人们怎么说，几乎没人会不在乎名誉扫地的后果。我们总说自己不在乎他人怎么想，但事到临头就会发现，绝大多数人都是在乎的。我们自己就是骗子成功逃之夭夭的最佳机会：我们不想让他人知道自己被骗了。因此，骗子需要斩草除根的情况才会如此少见——我们只盼一切悄然过去，谁还会想要大张旗鼓地打官司呢？

我们的名誉是建立在我们的行为之上的。我们通过与我们希望获得的名誉相符的行为，逐渐建立名誉。如果我们想被畏惧，就要频繁地严厉惩罚他人；如果我们想被爱，就要不断地慷慨奉献；如果我们想被看成言而有信的人，就要言出必践——就像把 5 万美金还给卡彭先生的维克多·拉斯蒂格。

英国萨里大学的社会心理学家尼古拉斯·艾姆勒（Nicholas Emler）对建立名誉的过程与闲话进行研究后指出，做出与某种形象一致的行为，是我们社会身份的重要组成部分。他认为："关于个人的真实性细节——特别是与他人关系的历史——会被人们拼凑起来，并借鉴其他人的意见。但名誉同时也是一种关于缺点与美德、长处与短处的判断，其根据是不断由社会产生并逐渐累积的证据模式。"

我们想被看成某种人，于是我们就按照这种人的行为模式来行动。在对谈判学的研究中，纽约大学的社会心理学家谢莉·柴肯（Shelly Chaiken）频繁发现，人们会采取与某种特定名誉相一致的谈判策略，而采取何种策略取决于他们希望他人如何回应，以及希望达到何种目的。比如，他们如果想要得到更大的让步，就会扮演强硬谈判者的角色。在另一项独立研究中，研究者们发现，人们往往会预先规划好自己在某种情形下如何行动，以给人留下某种特定印象，并以此建立期望中的名誉。比如，他们会遵循类似"展现友好，让对方觉得自己在做出让步"的法则：如果给对方留下了这种印象，他们之后就会对其他人宣传自己是个公道的人，大家就会对自己有更好的印象。

不过，在以上所有案例中，无论具体行为是什么，有一件事是共通的：有人在看着。我们私下的行为如何并不重要，重要的是他人看到我们的行为并将其告知其他人——也就是邓巴所说的"闲话通道"（gossip pipeline）。匿名的慈善捐献者相对是少数，而且这种人也往往很容易被发现真身。比如某人早已因为在某些地方慷慨捐资不留姓名而名声在外，那么根据捐献类型和数额，很容易猜出是谁捐的钱。艾姆勒写道："社会身份是集体确定并赋予的，而不是由个人决定的。"

我们不仅在乎以何种方式行动，更在乎让他人看见我们的行动。在一项研究中，艾姆勒和朱莉·佩尔（Julie Pehl）让一些学生想象自己处于某种或好或坏的情况之中，他们与这些事件的发生可能有关也可能无关。比如，他们靠运气赢得了某项比赛或是通过刻苦学习获得了奖学金，驾车出了事故或者被诬告偷窃。其中一些人被告知有熟人见证了这些事情，另一些人则没有被告知是否被人发现。现在的问题是，他们是否愿意把这些事与其他人（包括密友和普通熟人）分享？他们愿意花多大力气去宣传这些事？

对于那些没有被人见证的事，人们更愿意花大力气去宣扬那些对他们形象有利的事，而不太愿意宣扬负面事件。他们只愿意把坏消息告诉好友和家人，而想把好消息告诉全世界。但如果有见证人就不同了：他们愿意花大力气去解释负面事件——这样他们才能为自己辩护。他们认为见证人会很快把事情散播出去，因此，必须压过这些见证人的声音，做一些"斩草除根"的工作。

我们在公开场合与私下的表现也是不同的。2010 年，心理学家马克·沃特利（Mark Whatley）与同事们召集了一组学生参与实验，并对他们说这是关于艺术评估的实验。他们到达实验场所后，很快又进来一名学生（实际上是实验助手），大家开始观看不同画作的幻灯片并做出回应。在播放过六幅画作后，研究者打开了灯，让大家休息三分钟，放松眼睛。

休息结束后，所有学生都回到房间里。实验助手有时会拿着两包巧克力豆回来，对众人解释说，这些是从自动贩卖机上买的，想分给大家吃。有时这位助手会空着手回来。学生们看完幻灯片后会被带到不同的房间中，各自私下填写一份问卷。几分钟后，研究者会进来，告诉他们一名学生（即实验助手）不得不提前离开去工作——她整晚都在有意无意地提起工作要迟到的事。但是，她留下了一些慈善捐款的表格，希望大家传阅并填写。随后研究者会离开房间，让学生们填写假的问卷和真的慈善捐款表格。

沃特利发现，决定某人是否捐款以及数额多少的因素有两个。一半学生的捐款承诺是私下进行的，也就是说，捐款是匿名的，直接捐给慈善机构"为儿童奔跑"。另一半学生的承诺是公开的，也就是说，学生要写下自己的姓名和地址，在信封上写明该机构地址，并指定那位离开的实验助手亲启。这一点对行为的影响很大。公开捐款的人数更多，而且每人平均捐献的额度也要高得多：3.98

美元。而私下捐款的平均额度只有 1.87 美元。

第二个影响因素是那些巧克力豆。得到巧克力豆的人会更愿意通过捐款来回报：这些人平均捐款数为 3.45 美元，没得到巧克力豆的人则平均只捐出了 2.32 美元。

沃特利总结道，在公众中的名誉是非常重要的。我们非常在意他人是如何看待我们的。如果我们认为他人在看，那么我们的行为比起无人注意时就会有所不同。我们还注重礼尚往来：如果我们为他人做了好事，那么我们就会期待对方也知恩图报。同样，我们也会善待那些对我们好的人（比如捐款给送我们糖果的人）。

我 20 岁出头的时候，刚刚搬到纽约，正与一个男孩恋爱。他是我的大学校友，和我一样刚刚毕业。一天晚上，我们在华盛顿广场公园散步。

"不好意思！"一名看上去情绪低落的男人朝我们走过来。他衣着整洁，穿着薄外套、休闲衬衫和宽松长裤。"抱歉打扰你们了，"他面带惊慌地继续说，"但我急需一点钱去坐火车。我忘带钱包了，现在回不去新泽西的家了。我的家人都在等着我呢。拜托了，多少钱都可以。"身为一名世故的纽约客，我抬起一边眉毛，怀疑地看着他。"钱我会还给你们的，"他接着说，"把你们的地址给我，我一到家就把钱给你们寄回来。"我还是半信半疑，但我的约会对象掏出钱包，给了他一张十美元的钞票。"不用还了。"他对那男人说。

这位可怜的、错过火车的先生对情况的把握真是准确。两个人在约会，也许是刚认识不久。男的还在想着建立好印象。走近他，提出请求，他准会大方答应。他不想让那女孩认为他冷漠无情，更不想被看成小气鬼。他讲的故事也无懈可击。他是个从新泽西来的生意人，有家有业，只想求一点小小的帮助，不求全部票价。此外，他还打了包票：他会还钱的。他不是在乞讨，只求解一时燃眉之急。谁能拒绝呢？

是啊，谁能拒绝呢？那天晚上，我心中充满了内疚。我为什么如此怀疑人性呢？如果是我丢了钱包，身无分文，没有电话，无法回家，难道我不希望有人来帮我一把吗？当时，我就住在离华盛顿广场不远的地方。第二天晚上，我又回到广场，坐在长椅上，想看看会发生什么。不出所料，我听见了那个熟悉的声音："不好意思，抱歉打扰了……"我站起身来离开了那里，心中的愧疚荡然无存。

因为名誉，很多骗局永远不为人知。因为名誉，逃之夭夭才成了骗局中最简单的部分，而斩草除根更是几乎不需要出场。德雷克的骗局延续了数十年——实际上有数百年了——就是因为人们羞于在被骗后说出真相。我们的老朋友弗雷德·德马拉一次又一次地逃脱了被起诉的命运。人们被骗后甚至不愿与他产生任何联系，更别说公开起诉他，让公众知道自己的身份了。加拿大海军只有一个要求：安静地走吧——走开，别声张，永远不要回来。那些修道院甚至不希望罗伯特·克赖顿在书里提到德马拉在那里生活的日子。一些修士还给他写信，哀求他不要提到自己的名字。他们不想让上帝子民的美名被那个丧尽天良的混蛋骗子玷污。

沃伦·巴菲特（Warren Buffett）说得好："建立名誉需要 20 年，毁掉名誉只需要 5 分钟。"

从某种意义上说，公共名誉能激发我们最好的一面。良好的名誉会让慈善事业募集更多资金，让有价值的事业得到更多支持。用心理学家伯特·布朗（Bert Brown）的话来说，名誉甚至会让人

"不惜砍掉鼻子以保全脸面"。1977 年，布朗在研究中发现，为了给旁观者留下好印象，人们愿意付出巨大的代价：我甘愿牺牲自己——当然是在公开场合——来向他人证明我有多么崇高。在骗子手中，这种心理则会为一些不那么光明正大的目的服务，尽管这种情况并非我们的过错。那个丢了钱包的害羞男人得到了 10 美元，或者哈策尔逍遥法外，继续行骗，都是例子。

　　名誉也有消极影响：为我们带来好处的公众同样会给我们造成巨大的压力。有时这种压力太重，让我们难以抵抗，会迫使我们转变做法。比如，一位从事科研工作的科学家或一名笔耕不辍的记者，只要努力工作便会获得回报。科学家发表论文，记者的报道登上了《纽约客》。他们十分激动，感到自己正走向成功，光明的未来在眼前展开。科研成果会带来诸多好处，新闻报道也实现了突破进展，奖杯奖金、同事的艳羡接连而至。这些好事掩盖了他们的缺点和对自己能力的怀疑——对自己是否能很快再次取得同样成功的怀疑。

　　然而，光环很快褪去，下一篇论文、下一篇报道、下一本书在哪里？除非继续产出，否则很快你就会淡出公众视线，计划中的光明未来永远也不会来临。你不但要继续产出；而且要在公众把你忘记之前快速取得成果，你的水平还要越来越高。只取得第一阶段的成功还远远不够。当时你只是个新人，而现在你是老手了。整个世界在用越来越严厉的语气喊着"成王败寇"，而这当然对潜心做学问没什么好处。成果、成果、成果，要么产出成果，要么销声匿迹。

　　那么你该怎么办呢？你花了那么长时间才获得了第一次成功，但现在你已经名声在外，没有那么多时间留给你继续潜心创作了。

面对这种局面，大多数人只好叹一口气，承认自己不过是昙花一现。你将不得不继续蹒跚前行，希望在付出努力并得到幸运女神眷顾的情况下，自己能够再次获得成功。是的，镁光灯将不再闪烁。是的，你的同事们也许会超过你。但你将尽心竭力，终有一日会东山再起。

但是，有些人在这种压力下会犯错。这些人曾不可一世，沉溺于赞美与奉承的回忆里。因此，他们会开始寻求其他途径来获得荣誉。对乔纳·莱勒丑闻的一个解释——实际上是他自己提出的——就是他的压力太大了。因此，他开始重复自己之前的作品，而不是产出新作。然后，他开始抄袭他人，继而杜撰事实，以追求更精彩的故事效果。当然，之后的事大家都知道了。马克·豪瑟（Marc Hauser）和戴德里克·斯塔佩尔也一样。他们是近年来身份最高的学术欺诈涉案者。一开始，他们不过是小小地改动了一个数据。然后，他们为了保住由此得来的名誉，发表最新、最具突破性的科研成果，而不只是依靠以往成就过活，大家都知道他们会怎样做了。

逃之夭夭和斩草除根阶段的核心——名誉的压力，在最强大的时候，甚至可以让普通人也变成骗子：那种让人不敢公开自己被骗经历的力量，有时能让这些人再去欺骗他人。

在最近几十年间，学术界发生了翻天覆地的变化。以前，学术职位对发表论文的数量要求不高。当时的学术研究节奏没有那么快，有些人甚至因为学位论文出色就获得了职位邀请，但现在不一样了。就连入门职位申请人的简历都厚得吓人，论文动辄数十篇，大部分还都是第一作者，发表在顶级期刊上。在遍地精英的学术界，出头是越来越难了。

近年来，还有一项变化不容忽视，那就是论文撤稿现象。这通常是骗子出现在学术领域内的信号。每年大约有 140 万篇学术论文发表，其中大约 500 篇会被撤稿，其中三分之二的撤稿原因是作者有意误导或数据遭篡改。撤稿数目还在逐年上升。据网站"撤稿监察"（Retraction Watch）统计，仅在最近两年，就有超过 110 篇科学论文因为同一个原因被撤稿：在至少 6 个独立案例中，论文作者都操纵了同行评议制度，以使论文得以发表。涉案的出版机构包括 Elsevier、Springer、Taylor & Francis、SAGE、Wiley 等，简直是科研领域的顶级出版商俱乐部。

从 2010 年开始，台湾屏东教育大学的研究员陈震远（Peter Chen）开始了井喷式的学术论文发表。他的多年研究似乎终于结出了累累硕果——《震动与控制期刊》（*Journal of Vibration and Control*）上的论文就是证明。在此后的 4 年间，他在这家刊物上发表了超过 60 篇论文。但是，这些论文评审者的电子邮件地址却都是假的。实际上，这些所谓评审者全都是陈震远本人——SAGE 的调查发现，他虚构了 130 个"假定的与伪造的"身份，构成了一个"同行评议和引用圈子"，其中一些论文甚至都没有把他列为作者。陈震远使用化名发表论文，可能是为了增加他自己名下论文的被引用次数。

陈震远差一点就成功了。但是，在 2013 年 5 月，一名作者向《震动与控制期刊》提交了一篇论文，却收到了两封电子邮件。这两封邮件的发信人声称自己是这篇论文的评审者。这非常奇怪，因为评审者绝不会直接联系论文作者。这两封邮件的地址看上去很可疑：它们都使用了谷歌邮箱，而不是各学术机构自己的邮箱。杂志主编阿里·纳费将这一事件报告给了出版商。SAGE 的编辑随即向评审者发去了电子邮件，这次是直接向其所在机构发送的。其中一名科学家很快给出了回复。他说，自己从没发出过类似邮件，而且自己研究的根本不是这个领域。这一发现引发了一场持续 14 个月的调查，涉及 SAGE 编辑部、法务部和发行部的超过 20 名员工。最终，调查人员发现了 130 个可疑的邮箱地址，SAGE 宣布撤回 60 篇论文——这是世界科研历史上规模最大的撤稿事件之一。

网络空间中的类似罪行十分猖獗。英国历史学家奥兰多·费吉斯（Orlando Figes）承认使用假身份账户在亚马逊网站上杜撰书评，赞扬自己的作品，诋毁竞争对手的。这种行为往往还预示着其他的越界行为。费吉斯后来被指控在其研究斯大林时代的历史著作《告密者们》（The Whisperers）中出现"不准确叙述"和"事实性错误"。该书的俄语译本随即被下架。很快，关于他早先著作失实的指控也浮出水面。名誉就像个不断索取的情妇，她让你成为一个任人予取予求的目标，愿意尽一切可能促成逃之夭夭的成功——她也可以让你本人甘愿与骗子同流合污。

骗子并非天生铁石心肠，对他人命运毫不关心。只不过对骗子来说，我们不是值得关心的人类个体。我们是目标，而不是一个有血有肉的人。对骗子来说，我们永远只是一个数字——是一连串"工作"中的一个。一些心理学家称之为"可识别受害者效应"（identifiable-victim effect）：人们会对独立的个体更为仁慈慷慨。比如，在无国界医生组织（Doctors Without Borders）和一名来自埃塞俄比亚、身患疟疾的 8 岁女孩安妮可之间，你可能会为后者捐出更多的钱。这其实不合理——前者比后者需要的资金更多，而且其影响力也更大。但面对一个我们看得见摸得着的受害者，这种情感上的诉求是非常强烈的。1987 年，得克萨斯州一个名叫杰西卡的女婴坠入深井，结果收到了超过 70 万美元捐款。伊拉克战争中受伤的男孩阿里·阿巴斯，在几天内就收到了 27.5 万英镑捐款。就连被困在太平洋上的一艘船上的一条狗都收到了 5 万美元救助金。如果在我们面前的是实实在在的名字和面孔，我们就会更加关心，更易动情，更富同情心。这种情感很难抗拒，就连特蕾莎修女都说过："面对芸芸众生，我将无动于衷。而面对单独一个人，我会伸出援手。"骗子正是对这个原理进行了反向应用。他必须把我们看成芸芸众生。这样一来，他在逃之夭夭和斩草除根阶段就不会感到内疚，从而让我们深陷困境，让司法机构也无计可施。

2005 年，心理学家黛博拉·斯莫（Deborah Small）、乔治·洛温斯坦和保罗·斯洛维奇决定试一试他们能否利用逻辑的力量打破可识别受害者效应。通过四项实地测试，他们系统性地向参与者解释了他们在看到个体受害者和所谓"统计学受害者"时大脑中都在想什么。然后，他们统计了各个参与者向慈善机构或个体受害者捐款的数额，结果与他们的期望大相径庭。人们确实不再向个体受害者捐那么多钱了——但他们也没把多出来的钱捐给更需要钱的"统计学受害者"。他们只是没那么慷慨了。如何阐述这种效应——人们是通常会给个体受害者更多还是给统计学受害者更少，这一点并不重要。就算在介绍受害者的同时列出数据——这个女孩名叫安妮可，她身患疟疾，该国 67% 的人口，也就是 6140 万人都患有此病——捐款数额还是会减少。

罗萨尔斯之所以成功行骗多年，原因之一就是她对其行为给他人造成的名誉损失毫不关心。哈策尔的骗局持续了数十年，原因之一就是他骗了成千上万个人——他骗的是人群，而不是具体的某个人。为骗人找借口很容易，被骗的人也是同谋。常言说得好，真正诚实的人永远不会受骗。当然，这句话并不正确，但这种找借口的行为却值得深思。正是这一点让骗子得以将骗局进行到底，在精心安排的逃之夭夭和斩草除根（如果需要的话）后扬长而去。也正是这一点，让骗子得以一次又一次地故技重施，每次获得成功之后又能很快重新开始。

但我们在自己眼中可不是统计数据。我们以自己为中心看待世界，认为自己在他人眼中也一样重要，意识不到他人其实不会像我们自己一样关心我们。因此，我们极端重视名誉。我们认为他人会在意我们的一举一动、一言一行，在意我们的每一个微不足道的过错。正因如此，我们对名誉的爱惜才让骗局得以反复成功，让逃之夭夭和斩草除根达到目的。我们保持沉默，于是历史一再重演。同样的骗子，同样的受害者，同样的手法。这一切都不会消失的原因就是我们对美好世界以及我们自身理想形象的信仰。

第十章
最古老的行当

骗子与无赖统治世界。流氓才是主宰。

——保罗·奥斯特（Paul Auster），美国小说家

比比·帕滕（Bebe Patten）看上去光彩夺目：颀长优雅的身躯包裹在一袭白色丝绸长袍下，发间点缀着几朵玫瑰花。她师出名门——她还年轻，还叫比比·哈里森时，曾在国际四方福音会受过艾米修女的教诲。现在，站在成千上万虔诚教众面前，她觉得自己超越了导师。她说，她栽下了一棵树。"阿门。"众人回应道。她说，他们将收获果实。"阿门。"众人回应道。她在替上帝做事，拯救罪人。就算为这拯救贴上一份价签也不为过。

台下，她的丈夫正忙着收集善款。她是在加州的奥克兰遇到卡尔·托马斯·帕滕（Carl Thomas Patten）的——他的名字简称为"C. 托马斯"，他开玩笑说，那个 C 代表的是"现金"（cash）。卡尔身高超过 6 英尺，体重 218 磅①。他让周围的大多数人显得瘦小，就算比他高的人也没他壮。他对衣着的品味不凡，比比很欣赏这种

---

① 1 磅约合 0.45 千克。——编者注

男人。他喜欢穿手工做的牛仔靴——只穿最好的，永远头戴宽边牛
仔帽，颈间系着真丝领带。卡尔还腰缠万贯，这一点也很让比比喜
欢。他的父亲曾是田纳西州的一名私酒商。虽然卡尔因为在地下室
酿酒而被开除，连高中都没读完，但他总是有本事逢凶化吉。他甚
至还说服法官暂缓了对他的两年刑期——那是因为他将被窃的汽车
运出州境。他一开口，人们就洗耳恭听。比比想，这个田纳西男孩
能成为一个完美的福音传教士。

不久之后，卡尔就在基本传教协会获得了一个牧师的职位。从
那之后，一切越发顺利。十年的培灵会让他们募集了一大笔捐款，
其中大部分进了他们自己的腰包，而不是像他们声称的那样，被
用于支付教会的各种开支。现在，他们终于决定要在哪里安营扎
寨了。

此时距他们 1944 年初次来到艾尔姆塔伯纳克尔已经有六年之
久。这里在奥克兰算不上什么富有魅力的街区。他们开始时在当地
教堂的一座小小的讲坛前布道，信徒连最前面几排的长椅都坐不
满。但他们坚持宣扬信仰，至真至善。信徒们听到了召唤——也可
能是读到了卡尔在各大报纸上登载的广告：每周五六千美元的广告
费，换来的是铺天盖地的"身穿白衣的女孩唱诗班！音乐！奇迹！
祝福！治愈！"。几周之内，蜂拥而来的信徒就挤破了教堂的大门。
两人随即把活动场所搬到了奥克兰市女子俱乐部。很快，那里也不
够大了。下一步，他们来到了有 8000 个座位的奥克兰体育场。不
到 5 个月，他们就募集到了 3.5 万美元。他们又把讲坛搬到了城市
俱乐部。这里的人真是太虔诚了，帕滕夫妇对此深感满意。就是这
里了，他们将在此安家。

比比的布道采用五旬节派的传统方式。在她和信众经过"与魔

鬼筋疲力尽而激动人心的战斗"之后，轮到卡尔出场收钱了。他与上帝有着密切的关系，而上帝总能告诉他当天能募集到多少捐款，一分不差。1959年，作家伯纳德·泰普尔在《纽约客》上撰文回忆道，帕滕的嗓音会在空旷的讲堂中回荡。"好了，兄弟姐妹们，上帝说，因为他的工作，今天我们会收到5245美元55美分。上帝从不出错。"他继续说："上帝说会有这么多钱，就一定会有这么多钱。这就是事实。有多少人同意，阿门？"很多人一起说了"阿门"。"哈利路亚，以他的伟名！这不是个小数目，但信不信由你，兄弟姐妹们，你们之中有三个人会向上帝敞开心扉，每人捐出1000美元。这太好了，不是吗？大家说阿门！"阿门。"有多少人相信上帝说的话，相信有三个人将各自捐出1000美元？举起手来。"不少人举了手。"那么，谁先来？后排有人愿意吗？"一个人胆怯地举起了手。"为他祝福吧，兄弟姐妹们。他举起了手。是利利安兄弟。赞美上帝，天使在唱歌！这太好了，不是吗？现在还有两个人将在今天感受到圣灵的降临，只剩两个人了……"这个过程就这样继续着。如果过程中遇到了阻力，上帝的愤怒就会降临。"上帝在两分钟内就会狠狠惩罚你们！怒火就要降临了……"

现在他们买下了这个布道场，只花了25万美元。帕滕夫妇对教众说，这是大家共有的教堂。"这里永远属于大家。直到耶稣降临，直到门上的铰链生锈脱落。"比比这样唱道。不过，当然，地契上要写帕滕夫妇的名字。

两人随后又收购了一所学校，并计划建设一座礼拜堂（但没有真正动工）。生活顺利美好，教徒团结忠诚。帕滕家银行账户的存款达到了六位数，接近100万。比比的服装由专为明星服务的好莱坞设计师艾德里安制作。卡尔的靴子则是限量200双的定制款，售价 200 美元。他们的车库里有四辆凯迪拉克、两辆帕卡德①、一辆林肯、一辆克莱斯勒和一辆奥兹莫比尔②。这就是传道的回报。

一个月后，比比又一次站在众人面前。她不再穿着那件白色长袍，而是换上了蓝色百褶裙和紧身学生运动衫，胸前印着代表帕滕宗教学院的金色字母 P 纹章，颈间的金色十字架分外显眼。她这次面对的不是教众，而是法庭的旁听席。不过，这里同样也人满为患，连过道上都站满了人。这是在 1950 年 2 月，C. 托马斯被指控犯有重大盗窃、欺诈、挪用公款、以虚假理由获取财物等罪行（出于某种原因，比比没有受到指控）。在四个半月的时间里，检方巨细靡遗地调查了帕滕夫妇利用职权榨取教徒钱财的事实。报告显示，近 70 万美元的巨款被他们私下挥霍一空。两人不仅生活奢靡，托马斯还有赌博的恶习。一名赌场老板做证说，他欠赌场 4000 美元，托马斯只是耸耸肩说："我犯了个小错误。"他们甚至变卖了教堂的地产，而他们曾对教徒说，那座教堂会永远存在。

帕滕夫妇积极地为自己辩护。"是大家自愿捐献给我的。"托马斯抗议道，"我得为精神的机器涂上润滑油，才能让它运转。"他坚称自己没强取过他人一分钱，宣称自己恪守宗教改革前出售赎罪券之后神职人员所崇尚的克己精神。每一分钱都来自自愿捐献。"上帝站在我们一边！"比比大声附和，"哈利路亚！阿门！"

就连在法庭上，众人齐呼"阿门"的声音也震耳欲聋。他们的教众，至少其中一部分人，此时仍然保持忠诚。

托马斯向陪审团的方向大声呵斥："你们把目光从耶稣身上转

---

① 美国豪华汽车制造商，现已倒闭。——译者注
② 美国豪华汽车品牌，现已停产。——译者注

开，就只有走向堕落！有多少人跟我一起说阿门?”阿门，阿门。

庭审接近尾声时，助理检察官宣读了对比比的性格调查:“是她负责发动感情攻势，布下陷阱……”比比这时开始向法庭发泄怒火，她举起了一枝玫瑰。“这是反对我们的人坟墓上生长的一朵花，”她喊道，“这朵花来自那个女人的棺材!”——那个胆敢批评帕滕的教会，并用退会表达抗议的女人——“现在她再也无法改变上帝的话了。她今晚就在地狱中祈祷吧!”她继续向任何胆敢质疑她合法性的人发出死亡诅咒。“主啊，让他们去死吧，无论这些人有多么卑微。就当是个警告，显示你和我们站在一起!”她离开法庭时，众人还在齐呼“阿门”。信徒是不会抛弃她的。

不过，司法系统并不站在她这一边。全部指控被判成立。

▼

C.托马斯和比比的忠实信徒似乎是最笨的笨蛋。他们是纯粹的傻瓜，证据摆在面前还不承认自己被骗。如果他们面对所有不利证据，仍然选择相信帕滕夫妇的虔诚，那么就随他们吧。这纯属活该:如果你有意忽视证据，就要为此付出代价。但帕滕夫妇的骗局并不寻常。它可以说是骗局之王——正因为有这种骗局的存在，世间的骗局才得以生生不息，再多专家的揭露和受害者的现身说法都是枉然。它是针对信仰的骗局，利用的是我们最深刻也最简单的信仰:世界运行的方式与生命存在的原因。我们渴望信仰，渴望相信一切都有意义，这种渴望意味着相信一切并非毫无意义地发生，而是万事皆有其因。这种渴望意味着我们的所作所为会导致改变，无论这种改变有多么微小。这种渴望意味着我们自身是重要的，眼前一切纷扰背后总有真理的存在。在这种渴望之下，我们很容易被蒙蔽。骗局之所以具有永恒的诱惑力，其原因和几乎所有人类社会都会自发产生宗教信仰并无不同。人类总需要相信点儿什么。

"当人们想要去相信某件事时，他们是很难被劝阻的。"2010年7月，戴维·苏利文（David Sullivan）——朋友都叫他苏利——面对联邦俱乐部中聚精会神的观众说道。那是他首次就自己的独特职业发表公开演讲：他是一名邪教卧底。在过去二十年中，苏利文从一名文化人类学者变成了一名私人调查员。他打入美国各地的邪教组织内部，学习这些组织的黑话、习俗和行为方式，乃至他们的世界观。只有成为"真正的信徒"，他才能与这些组织的成员展开对话，并劝说他们脱离苦海。他与执法机构密切合作，奉受害者家人的嘱托跟随这些成员，试图解救脆弱的受害者，瓦解能量巨大的邪教组织。他获得了极大的成功。很多邪教专门招募年轻而无助的女性，他就派出自己培训出的同事珍妮弗·斯托尔维（Jennifer Stalvey）。珍妮弗对我说，她与戴维合作的三年卧底生涯中，只遇到过一次失败。一名女子多年前加入邪教，至今仍未退出。在这些年中，苏利文和斯托尔维树敌无数。

当然，帕滕夫妇没有建立什么邪教，但他们使用的虚假传道方式却在很多方面与苏利文最痛恨的手法不谋而合：利用我们对信仰的需要，为其个人谋取私利，这也是一切骗局最根本的标志。他很清楚帕滕夫妇那群信徒的奉献精神。实际上，他曾谈到和这些信徒类似的人群。那些人声称自己正在捐款"资助建造新教堂，以及在乌干达和危地马拉的传教活动"。这和帕滕夫妇反复要求那些轻信的教众捐助的项目一模一样。无论是吸引人成为信徒，还是加入某个计划或是有问题的组织，利用目标的善心、让他们觉得自己正在改变世界都是个引人上钩的好方法。让他们觉得自己是某个宏伟整体的一部分吧。让他们觉得只要参与进来，自己就能成为更好的人。

斯托尔维对这种手法了如指掌。在开始时，总会有一段充满希望和归属感的日子，让你觉得自己融入了一个团体，一个拥有崇高目标的组织，这让你自己的生命也充满了意义。"开始的时候只是做做瑜伽，然后是帮助非洲儿童，放弃个人财物乃至家庭……这种过程非常迷人。"她回忆起那些已经过去了十多年的日子，"开始的时候总是非常美好。那里面也有一些真实的东西——心理学家、神学家，这些真正具有智慧的人吸引你加入。然后你会感到一些基本的呵护与支持，人们热忱奉献。"所有的骗局，至少是邪教，都要以某种现实为基础。这些骗局与合法活动的区别就在于这种现实是如何被利用的。如果控制者操弄现实的手法足够高超，即使有再多不利证据，人们也会持续追随他们，否则就是彻底否定了一种无比重要的、自我保护的现实。

"他们是如此深信不疑。"苏利文在谈论邪教信徒时说，他必须费尽九牛二虎之力，才能让他们对自己信仰正当性的确信产生动摇，"我得向他们证明，他们捐献的钱都被用到购置房产、包养情妇或者洛杉矶的奢靡生活中去了。至于所谓援助孤儿院，实际上是去拉斯维加斯赌钱了。"除了情妇这一点以外，帕滕夫妇所设的骗局——同时也是他们的信徒拒绝承认的事实——和邪教的敛财手法如出一辙，这不足为奇。但苏利文反复强调，证据在信徒眼中往往毫无作用。如果你把证据摆在那些已经上当的人面前，他们会说："不，这不可能。我了解他，他是为上帝效忠的。这不可能。"尽管苏利文已经无数次看到这种令人哭笑不得的场面，他仍然对此感到困扰。"直到今天，这种固执有时仍然会阻碍我的工作。"精心植入的信仰几乎是无法被动摇的。

想一想这本书里的故事吧。比如蒂埃里·提利，他编造了一个虚构的世界，让一个贵族家庭深陷其中 10 年之久。比如奥斯卡·哈策尔，他编造的德雷克宝藏故事如此深入人心，再多的指控也无法动摇其追随者的信念。比如波亚斯的"酋长"，编造了一个唾手可得的王国，让倒霉的信徒在新世界的诱惑下远渡重洋，至死方休。比如格拉菲拉·罗萨尔斯，虚构了一个家庭、一段历史、一个世界，欺骗艺术品收藏界长达 20 年。所有骗子都一样，都是利用我们对信仰的深切渴望，以各种手段达到其个人目的。声嘶力竭的传教士、哗众取宠的宗教领袖和邪教头目其实是骗子最极端的形式：他们并非利用微不足道的信仰，而是攻击存在的根本意义。"我们坚信自己拥有自由意志，"斯托尔维指出，"但很多时候我们并没有。人人都有弱点。我们希望自己能与更伟大的人或事物产生联系——我有精神信仰，而有人能帮助我成为更好的人。邪教组织就这样比普通骗子更上了一层楼。"

2014 年，苏利文因为肝癌复发突然离世。这个噩耗让所有熟识他的人猝不及防。（当然，阴谋论几乎瞬间就出现了：他是否成了某个愤怒邪教复仇的牺牲品呢？）在去世前的几个月里，他一直在准备与记者约书亚·杰里 – 夏皮罗（Joshua Jelly-Schapiro）合作写一本回忆录。2015 年冬天，在纽约西村的一条僻静的街道上，一家灯光昏暗的酒吧里，乔什 ① 与我聊着苏利文的工作、思想以及他对信仰和欺骗的看法。"他一定很乐意与你聊天，"乔什对我说，"邪

---

① 约书亚的昵称。——编者注

教是骗局的终极形式，他正是这么想的。"苏利文认为，信仰的对象并不重要。他曾说："无论是毗湿奴、耶稣还是迅速发财的新方法，对我来说都一样。"骗子的技巧和他们利用的基本心理是相同的。"受害者受操纵的程度不易察觉，但是相当之深，他们为此付出了昂贵的代价，有时是生命。"

这一切往往还发生在最聪明的人身上（苏利文说过，邪教最爱招募的对象就是年轻、聪明、自以为精于世故、人情练达的人）。至于发生的原因，就是人类天生就想为无意义的事物创造出意义，从怀疑之上找到信仰。"我们所有人都有一个重要的共同点，"苏利文说，"我们都深切渴求着信仰，渴求能够感觉到某种更高层次的存在关怀着世间的一切，甚至影响我们的人生。我们渴望拥有明确、理性的世界观：我们做的每件事都有原因，一切发生在人们身上的坏事——人们死亡，孩子患上白血病——背后都有原因。这时，某个宗教导师就会站出来说：'我知道是因为什么。'"这其实是所有骗局背后的根源，从最微小的骗局到最深刻的骗局，概莫能外。

正是我们对信仰和意义的需要（去他的逻辑！）给全世界的骗子提供了动力，尽管他们的形态随着时代发生了不少改变。苏利文开玩笑说，以前的骗子鹤立鸡群，太好分辨了。在 20 世纪 60 年代迷信活动的高峰期，你甚至能顺着通灵的熏香味找到附近的"大师"。但在现代世界里，这些人已经变得更加老谋深算、深藏不露。他们西装革履，主持的团契退修会看起来越来越像遵纪守法的自助活动了。比如"里程碑"（Landmark）组织，杰里 – 夏皮罗告诉我说，苏利文认为这个组织很像邪教，或者说一场骗局。它的宣传手法与邪教一般无二，其中很多手段"不怎么正当"：摧残人们的自我意识，并逐渐改变人们对世界的感知。"它们建立的基础都是所谓意义和团体，这些是人人都想要的东西。"

因此，苏利文认为邪教是一种格外令人愤怒的骗局，比大多数骗局更令人气愤，因为邪教是利用了人们追寻意义这一正当需求。人人都需要信念，人人都需要意义，人人都需要从支离破碎的现实中找到符合情理的故事，从混乱中看出清晰的意义，从杂乱无章的图案中整理出起承转合的条理。这种需求很自然，很好理解，也值得肯定。人生在世，难道不该去找寻真相、辨明存在的本义吗？以宗教为手段的骗子利用的就是我们这种心理弱点。正因为这种心理非常自然而隐秘，所以它也格外令人难以抗拒。我们几乎在不知不觉间就被人玩弄于股掌之间了。

那么，从某种意义上说，如果能够抵御一切骗局的最高形式——邪教的诱惑，我们也就差不多能明白该如何避免被其他各种形式的骗局诱惑了。苏利文和斯托尔维拆穿了一个又一个邪教，每次都能全身而退。换个角度看，他们也是一种骗子：骗过了邪教的骗子。他们骗得对方相信他们真的是上钩的猎物。苏利文对自己的秘密手段秘而不宣，表示那是行业机密，但他反复强调，抵御洗脑和操控的关键就是要有强大而坚定不移的自我意识。无论如何都要知道自己是谁，无论如何都要坚定保持这一观念，而这并不容易。苏利文花了好几年时间才找到一个合适的女性卧底。他说，斯托尔维是个非同寻常的女子。"很难找到适合安插进邪教的人。这种人必须有非常强大的自我意识，"他说，"要做到这一点很难。如今的邪教会用极为高超的心理学技巧来控制你。"

斯托尔维在和我们聊天时详细介绍了老师教给她的东西。她说，最重要的一点就是保持客观，用逻辑压制感情。你知道，感情是会受到操控的——骗局无论大小，都会着重控制感情。这是料敌机先和动之以情阶段的目的。而一旦被感情冲昏了头，你的理智就很容易缺席。"一定要注意细节。"她告诉我。只有这样，你才能牢牢抓住客观现实，而不会受困于主观心理。这些细节本身可能是骇人听闻的——斯托尔维曾见证过体罚、虐待，甚至让孩子们用头撞墙，以体验极端耻辱。"无论怎样，你必须保证自己在感受的同时进行观察。"

当然，大多数骗局不涉及如此极端的控制，但所有骗局都非常依赖感情机制。要保证自己一开始就不上当，就要对自己有足够的了解，辨明并控制自己的情绪反应。什么样的事情会刺激我做出怎样的反应？我能否及早发现，牢牢把握住细节和逻辑，从而进行抵抗？斯坦福大学的心理学家罗德里克·克莱默指出，我们在花言巧语面前给自己打预防针的方法就是自我意识，也就是苏利文所说的"核心自我"（core self）。你要知道自己容易相信哪种人，什么样的事情（无论好坏）容易打动你，并努力保持清醒，对自己的行为有所认识，以防落入圈套。简而言之，要像斯托尔维说，锻炼观察和发现细节的技巧，以防骗局发生在你自己身上。

斯托尔维和苏利文的另一个关键武器就是设定底线。"在打入邪教之前，我就会决定自己的底线在哪里，绝不跨越雷池一步，无论是身体上还是感情上。"斯托尔维说。她会告诉信得过的人自己的底线在哪里。如果她距离底线太近，这些人就会及时拉她一把。当然，现实中的骗局不会这么泾渭分明：骗局结束之前，你往往无法知道自己被骗了。有时即使骗局结束，你也仍然被蒙在鼓里。但这一原则仍然有效：永远要知道底线在哪里，知道哪些界线是不能越过的。有太多骗局能成功，是因为骗子在受害者头脑发热的瞬间将其推过了底线。弗兰克·诺夫利特在赚钱的诱惑面前违背了自己的原则，借出了钱。威廉·富兰克林·米勒的受害者在他失踪后反而加大了投资，争取挽回损失。西尔维娅·米切尔的猎物在她的注视之下交出了自己的积蓄，很快又后悔了，但已追悔莫及。原则其实很简单。首先要了解自己，然后在冒险之前问自己：我愿意冒多大的风险？我愿意承担多大的损失？我愿意在这条路上走多远？还要记住，决不能让他人告诉你："再来一次，就一次……"

当然，底线原则是否有效不但取决于何时退出，更取决于如何退出。如果你设置了底线，却没有配套办法来执行，这条底线也就如同一辆没有刹车的汽车，失去了存在的意义。斯托尔维总是知道该如何摆脱困局。她知道要给谁打电话，知道让谁在她失联后来解救她。在其他潜在骗局，或者任何让你感觉自己的底线受到挑战的局面中，这一点仍然有效。克莱默强调，要想避免成为骗局的受害者，就要让自己保持尊严，坦然从危险的交流中脱身。我们往往因为不知该如何脱身，感觉不告而别会让他人失望，让自己丢脸，从而一步步踏入陷阱，在意识到自己其实早该脱身时，一切已经太迟。

斯托尔维表示，最后也是最根本的一件武器就是知识。"知道自己现在的经历意味着什么，这非常有用。"她说，"就像军队里的魔鬼训练，如果你知道自己将面对 15 个小时艰苦卓绝的身心考验，你就能做好准备迎接它。"在深入一个新的邪教之前，她会保证自己在初入虎穴时就尽可能多地了解这个组织的历史、目标与手法。这样一来，她就不会在危险来临时措手不及。当然，她的行动是有意策划的，因此她的经历也具有独特性。一般人在不知自己身陷骗局的时候是无法去了解它的，但我们可以从大体上认识到骗局的类型、手段、方法和技巧。比如那些了解过"祖母骗局"①的老人，再被这种骗局蒙蔽的可能性就微乎其微。这样我们就可以及时识破骗局，而不会上当受骗了。

当然，没有什么方法是万无一失的，长时间的斗智斗勇也让人精疲力竭。斯托尔维目前正转型成为一名全职摄影师。三年的卧底生涯和一次长达八个月的卧底经历让她身心俱疲。"我实在受够了。那不是我想要的生活。"她告诉我。就连以此为终身事业的苏利文也曾一度想要放弃。他说过："人人都有崩溃的时候。我经过专业训练，经历了无数次考验。我会利用技巧避免自己心态失常。"但即便是这样，他也险些崩溃。

他还记得那个下午，仿佛就在昨天。他记得那冰冷的地面、沙沙作响的树叶、透过房门从训练室传来的微弱谈话声。他当时匍匐在地上，用灌木丛做掩护，急切地对着电池即将耗尽的手机说着话。手机那一边是一名律师，他这次卧底行动的雇主。"他属于九型人格中的第三种——成就型人格。他是个目标明确的律师。"苏利文这样评价对方，"他绝不容忍失败。"而他当时拼命想向这个律师传达一条急迫的信息：他必须逃走。"我再也受不了了。我想他们打算杀了我。我的身份暴露了。"他苦苦哀求。在过去几天里，他没有睡觉，也没有进食。他经历了一段极端耻辱的考验，被迫在墙角站立，没有食物和水，连厕所也不能去，还要被人称作"肛门长在嘴上的东西"；他住的旅馆房间被搜查，车也被砸了；他经历了从未有过的饥渴和疲倦。这一切让他感到自己快被杀死了，或至少也会身受重伤。他的搭档已经设法逃走了（他的恐惧事出有因：

---

① 专门打给老人，声称其孙子/孙女出了事需要帮助的电话骗局。——编者注

这次逃脱是他安排的）。他现在只想赶紧逃跑，趁还来得及。

那个律师毫不犹豫地说："身份暴露是什么意思？我们花钱雇你是为什么？快给我滚回去。"

苏利文说："你不明白，我已经到极限了。我实在坚持不住了。"

可律师比他更坚决："听我说，苏利文，听着。你必须回去。你还没获得重生呢。"

就在这时，手机电量耗尽了。苏利文准备再次进入那个没有窗子的房间，他邪教卧底的生涯到头了。"我知道自己这次麻烦大了。"

不过他也明白，比包括邪教领袖在内的任何人都明白，这些骗局到底为什么具有这么大的魔力，而且他操控信仰的本领也不输任何人。（他曾开玩笑说："我应该创立自己的邪教。"杰里－夏皮罗回忆道："他了解那些人。他很有魄力，也很有魅力，是个讲故事的高手。他对力量型人格非常了解。"）因此，苏利文伴随着邪教领袖挑选的音乐——电影《2001：太空漫游》（*2001: A Space Odyssey*）的主题曲回到那个房间时，一个计划正在他脑海中酝酿。

当天的命令一如往常：先对外部世界释放一把负能量（今天的主题：对父母的愤怒），然后由领袖发出救赎的信息。在这次活动中，苏利文大显身手。他大喊大叫，乱捶乱打，痛哭流涕。到最后，他的双手已经肿胀、破裂——他后来必须因此入院治疗——喉咙也沙哑不堪。然后，到了救赎的时间。在房间前方的舞台上，领袖拿起了麦克风。他对信徒们说，你们无论多么卑贱，仍然是有希望的——通过他，通过这个活动，通过这种训练。你们只需要携起领袖的手，就能一起走向新生。"非常感人。"苏利文回忆道。此外，现场还有一个罹患喉癌，再也无法歌唱的病人，通过奇迹中的奇迹，再次唱出了优美的歌声。

　　就在这时，苏利文从座位上一跃而起。"是的，是的，我明白——我明白您的意思，我感受到了！"他尖叫道，"噢，先生啊，我能试一试表达出我的心声吗？"领袖充满仁慈地低头看着他："当然可以，肛门长在嘴上的东西。"于是，苏利文接过了麦克风，并在他人来得及伸手阻拦前跃上了舞台。他用尽全身力气开始大声歌唱——他描述为"引吭高歌"，唱的是一首非常应景的歌曲：《不可能的梦想》。"当时房间里没有人不落泪。要敢于实现不可能的梦想，去和不可能打败的敌人战斗，去承受无法承受的痛苦——我做到了。他们都哭了。"苏利文回忆道，"领袖眼含热泪地拥抱了我。我们一起高歌，声音越来越大，后来都跑调了，大家胡乱嚷着。我就这样获得了救赎。突然之间，我就变得可靠了。我毕业了，获得了重生。我有了新的名字。终于不用再被称作'肛门长在嘴上的东西'了，这种感觉真好。"他不仅获得了重生，还超越了救赎。在这次活动的尾声，领袖和他的助手"天使"们（苏利文叫他们"盖世太保"）把他带到了一个隐秘的房间里。在那里，他们告诉他，他不但顺利毕业了，还获得了培训其他信徒的机会。"他们觉得我能给下一批人洗脑。"

　　苏利文就这样在信仰游戏中反客为主了。他对其中的把戏心知肚明，用领袖的手段还施彼身，而且还把感染力放大了好几倍。他知道故事的力量，也知道该如何讲好故事。既然他能从灵魂深处说出这些话，谁还能不相信他是个真正的信徒呢？

▼

　　戴维·苏利文绝非虔诚信徒。他致力于解救的人倒配得上这个称号。但按杰里－夏皮罗的话说，他是一个不折不扣的探索者。他重视精神生活，希望发现真相。他曾与印第安苏族人共同生活，向该族医生虚心求教。他还研究过佛学，也曾在 20 世纪 60 年代参与过政治运动。他一直孜孜不倦地探索精神生活的深度与可能性。"他被那些东西吸引住了。"杰里－夏皮罗说，"他不是个刻薄、世俗的怀疑论者。他最见不得有人通过控制他人的精神谋利。他痛恨这一点。"因此，宗教骗子的花言巧语总让他义愤填膺。他明白信仰的力量：信仰是我们感知世界的基础，绝不应该被用来谋取私利。

无意义的生活是最可怕的。这种生活令人沮丧、抑郁、泄气、迷失、心烦意乱。没有人想让自己的生活变得像在卡夫卡的小说里。当生活出现了这样的时刻，当我们心生迷惘，我们会在震惊之余竭尽所能去做出解释，尽力找出意义来。就连约瑟夫·K[①]也无法忍受自己莫名其妙地被捕与受审。他觉得一定是因为自己做了什么，并试图在这些与他所遇到的并无关联的事件中找出一些意义来。

人类早在学会制作工具、耕种和写作之前，就已经开始讲述故事了，而且他们所讲的并非一般的故事，而是含有深意的故事。那个男人捕获了野兽，并非因为他身强体健，而是受到了上天眷顾，狩猎之神在对他微笑。河里水产丰富，也不是因为天气或自然循环的原因，而是因为精灵、神明、统治者或者是河流之主的乐善好施。纵观人类历史，在一个个不同的社会与团体之间，各种类型的

---

① 卡夫卡小说《审判》的主人公。——译者注

宗教信仰总是自发产生。任何无法立即解释的事终究会在宗教中找到答案。人们就是不能接受没有原因的事情，而人们的解释往往会涉及比自身更伟大的存在——一股更强大的伟力，一位不可言说但又能解释一切的神明。

关于现代科学有个流行的说法："上帝就在知识的缝隙里。"当越多谜团被可理解的现象所解释，我们的世界也就变得越来越不神圣了。而知识的缝隙——那些我们尚无法解释的空白——就成了神秘力量的栖身之所。这个栖身之所越来越小，但它将永远存在。只要有尚待解释的事物，而我们又一时无法解释它，信仰就不会消失。

难怪宗教的世界中总会出现骗局。实际上，笃信宗教的人总是容易成为骗局的牺牲品。从相信宗教奇迹到相信骗子口中的奇迹，这两者之间的界线太容易被跨越。宗教最适合做骗局的土壤，像帕滕夫妇这样的人不愁没有活干。教徒已经做好了来什么就信什么的准备。只要用对方法，以神乎其神的方式解读生活中的意义，教徒就会给予骗子全部信任。

苏格兰的亚当·吉福德（Adam Gifford）勋爵 1887 年去世时留下了一份很不寻常的遗产。他希望用自己的遗产在苏格兰各大学中创办讲座，"推广传播最广义的自然神学，也就是关于上帝的知识"。从一开始，受邀成为演讲者就是一种至高的荣耀。因此，当美国心理学之父威廉·詹姆斯（William James）得知自己被选为演讲者时，立即欣然同意了。

在 1901 到 1902 年间，詹姆斯做出了吉福德讲座历史上最有名的一次巡回演讲。这是一次令人精疲力竭的经历。在首轮演讲后，詹姆斯一度精神崩溃，不得不将第二轮演讲推迟到一年后进行。他曾试图直接取消次轮演讲，但并未成功。但这两次演讲的结果却成为他最重要的著作——《宗教经验之种种：人性之研究》（*Varieties of Religious Experience: A Study in Human Nature*）一书的基础。

在这本书中，詹姆斯不仅研究了宗教的起源，还列出了在当时的宗教人士和科研工作者眼中不可想象的种种现象：灵媒、迷信和神秘主义。对他来说，这些和宗教都一脉相承。詹姆斯绝非无神论者。他和戴维·苏利文一样，是一名追寻真理的有信仰者，但他同时也是一名科学工作者。对他来说，这种表面上的矛盾其实很好解释。如果你希望拥有信仰，那你就不会只相信宗教。你会相信一切神秘现象，只要有事实为证。你不会只相信显而易见的东西。你会相信证据引领你去发现的东西。如果你愿意接受宗教，那么你也应该愿意去接受那些与宗教一样难以解释的事物。

人们在这本著作的大胆论述前退缩了。他们说，宗教是纯洁的，是值得信仰的；通灵之说则是垃圾，真正的宗教不承认这些玄学。尽管詹姆斯德高望重，但英国哲学家和心理学家，曾因对宗教教义的看法过于自由而放弃神职，并曾在威廉·詹姆斯之前受邀进行过吉福德讲座的詹姆斯·沃德（James Ward）拒绝对这本书发表评论。他说，关于通灵的研究"玷污"了这本书。他是当时思想最开放的人物，但他也认为詹姆斯的学说越界了。

但在詹姆斯看来，根本不存在什么界线。"人人都知道，宗教真正的生命力来源于人性中某种神秘的层面。"他在写给伊丽莎白·格伦道尔·伊万斯（Elizabeth Glendower Evans）的信中这样写道。后者曾是他在哈佛大学的学生，后来成了他研究通灵现象的助手。那种"神秘的层面"正是一切信仰的基础。问题在于，哪些信仰被认为是可以接受的，哪些又是应该摒弃的呢？

这个问题往往需要通过主观判断来作答——而这种主观判断可能是正当的，也可能被居心不轨的人利用。詹姆斯在最后一场演讲中指出，每个人都可以有——实际上几乎人人都有——自己的"格外信条"（over-belief），它也是这个人身上"最有趣、最具价值的东西"。我们都不可避免会发展出各自的格外信条，这种心理是普遍存在的。"这个我们由我们自己的意识边缘外的自我这一边起点的，进而与之在这个自我的那一边交接的上帝，必须是统治一切的世界统治者：这个信仰当然是个不小的格外信条。可是，这个虽然是格外信条，但是几乎人人的宗教都有的信条。"詹姆斯写道，"大多数人自以为这是依某一种方式根据于我们的哲学，可是其实哲学自身是由这个信仰维持。"

万事皆关乎信仰，问题在于信仰的程度。詹姆斯在书中写道："我把这事说得这样直率，因为学术界的思想潮流是与我逆向的。我觉得像一个假如他不情愿开着的门被关锁，就必须赶快把背搁在门里头的人，虽然零碎的超自然主义，在现代流行的时尚看起来，是多么受不了。我相信对这个主义加以坦白的考虑并对于它所有的一切形而上学的关系加以完备的讨论，会证明它是满足最大多数的合理要求的假设。"

换句话说，我们所有人从本质和本能上说，都需要相信点儿什么。不同之处仅在于我们在哪里画一条线，区分"正当"和"不正当"的信仰。某人眼里的骗子可能是他人眼里的宗教领袖。

我们并不需要担心这一点。这很正常，实际上，就应该是这样的。詹姆斯在著作结尾写道："关于人性的事实，没有什么比人愿意为一个机会而活着这件事更可以代表人性。如古纳（Edmund Gurney）所说的，机会的有无，就是使一种主要是舍弃之生活与一种主要是希望之生活所以不同之点。"[1]

苏利文反复强调,没有人会明知是邪教却仍然加入。在他们眼里,他们加入的不过是一个能给他们以意义的组织。"人们会加入推行和平与自由、拯救动物或是帮助孤儿的组织,但没有人会有意加入邪教组织。"没有人会有意信奉虚假的信仰。我们信奉的都是我们认为最真实的东西。没人会希望被骗。我们希望变成比之前的自己更好的人。

骗子无论水平高低,都会给我们一些意义。我们会受骗,是因为我们相信,如果骗子描述的一切真的实现,会让我们的生活变得更好。他们让我们感受到了目标、价值和方向。这就是信仰的真正力量所在。信仰给我们希望。如果我们总是怀疑一切,总是吝于付出信任,总是不愿接受各种可能性,我们也就陷入了绝望。为了获得更好的人生,我们必须用开放的心态面对各种形式的信仰。因此,行骗才得以成为最古老的职业。就算其他所有职业都不复存在,骗子也不会消亡。

归根结底,骗子利用的是希望,因为你希望自己更快乐、更健康、更富有,希望自己能被爱、被接受,希望自己更好看、更年轻、更聪明,希望自己成为一个更深刻、更满足的人——希望那个到达彼岸的自己会比现在的这个自己更加优秀。

---

① 此三处引文出自商务印书馆 2002 年版《宗教经验之种种》,唐钺译。——译者注

作者附注

引　言

引言和其他章节中所有关于费迪南德·沃尔多·德马拉的传记《伪装大师》的记述，主要有四个来源：罗伯特·克赖顿的著作《伪装大师》和《无赖与道路》(*The Rascal and the Road*)，对克赖顿家人的采访，以及由克赖顿家人慷慨提供的几大盒精心整理过的信件、剪报和笔记。其中包括德马拉的来信、与欺诈受害者的通信和数百件原版历史记录，时间跨度从 20 世纪 50 年代到 70 年代，并且有很多材料都没有被克赖顿的作品记录。

书中引用的关于欺诈的数据来源于美国退休人员协会和美国联邦贸易委员会在 2011 到 2014 年间进行的数次调查。关于骗子的历史信息来源于《纽约时报》1898 年的一篇文章《古老骗局的复兴》("An Old Swindle Revived")，以及戴维·莫勒关于骗子黑话与习惯的伟大著作《大骗子》。本书中还多次引用了莫勒的著作。

第一章　骗与被骗

除了德马拉的故事，本章及之后各章中的大量心理学实验都可以通过作者与主题搜索到。本章及之后各章的所有参考资料都可以在网页 www.mariakonnikova.com/books 上找到。《石板》杂志记者的故事是根据其自述写成的。关于精神变态者的叙述和数据来源于罗伯特·黑尔的研究，以及他的著作《良知泯灭》（*Without Conscience: The Disturbing World of the Psychopaths Among Us*）和《穿西装的蛇》（*Snakes in Suits: When Psychopaths Go to Work*）。詹姆斯·法隆的叙述出自他的著作《天生变态狂》和 2014 年发表在《大西洋月刊》（*The Atlantic*）上的文章《一名非暴力精神变态者的生活》（"Life as a Nonviolent Psychopath"）。调查数据来源于美国退休人员协会、联邦贸易委员会和投资者保护基金会（Investor Protection Trust）。

本章提到的骗局故事来源另有作者本人在 2013 年到 2015 年间对迈克尔·舍默、普利特·巴拉拉、杰森·埃尔南德斯、罗宾·劳埃德、蕾妮、莉安·滕·布林科和其他匿名消息源的采访。其余关于骗局的内容皆来源于各种新闻报道。

第二章　料敌机先

西尔维娅·米切尔的故事来自法庭记录与文件和新闻报道。德马拉的故事仍然来自序中介绍过的消息源。其他骗局的故事来源于作者本人在 2013 到 2015 年间对桑迪普·马丹、莫兰·瑟夫以及匿名消息源的采访。其余骗局来源于大量新闻报道。

第三章　动之以情

萨曼莎·阿佐帕尔迪的故事是根据数年间国际新闻消息汇编

的。琼和阿里克西斯的故事源于作者在 2014 年的采访。其余骗局来自新闻报道。

第四章　请君入瓮

马修·布朗的故事来自新闻报道与作者在 2015 年的两次采访。采访对象声称自己与布朗从童年期就相识了——但他们的背景故事十分可疑，作者怀疑他们其实就是布朗本人扮演的。一次采访通过 Skype 视频通话进行，对方把面目隐藏在太阳镜后。另一次采访则通过一系列电子邮件进行，对方的自我介绍也难以自圆其说。波亚斯酋长的故事来源于多部著作与新闻报道。尼日利亚王子和卡茜·查德威克，以及本书提到的诸多早年间的骗子的故事都来自杰伊·罗伯特·纳什的著作《骗子与欺诈客》。这部重要的作品记录了许多原创的骗局手法。关于格拉菲拉·罗萨尔斯的所有信息都来源于作者对安·弗里德曼、罗萨尔斯的辩护律师、弗里德曼的律师的采访，以及多份法庭文件。鲁迪·库尼亚万的故事来自作者在 2014 年对威尔夫·贾格尔、迈克尔·伊冈和杰森·埃尔南德斯的采访，以及法庭录音和笔记。本章还包括作者于 2013 到 2014 年间通过对阿波罗·罗宾斯和泰勒·阿尔特曼的采访所了解的骗局。其他骗局来源于新闻报道，包括赫伯特·布里安（Herbert Brean）于 1954 年 4 月 12 日出版的《生活》杂志中曝光马文·休伊特的文章《骗子博士马文·休伊特》["Marvin Hewitt, Ph(ony) D"]。

第五章　完美故事

保罗·弗兰普顿的故事来自英国、美国以及阿根廷的西语媒体的新闻报道，还有北卡罗来纳大学教堂山分校的文件记录。蒂埃里·提利的故事来自英国和法国的新闻报道。戴夫和黛比的故事来自作者于 2013 年进行的采访。月球生物的故事来自当时的新闻报道，以及马修·古德曼（Matthew Goodman）的著作《日与月》（*The Sun and the Moon*）。

第六章　取信于人

威廉·富兰克林·米勒的骗局取材于当年的报纸，主要是《纽约时报》。本章其余骗局亦来源于新闻报道，拉斯蒂格和卡彭的故事来自《骗子与欺诈客》一书。本章还引用了西蒙·洛弗尔对自己赌博和骗术技巧的讲述，以及查尔斯·麦凯的著作《大癫狂》。

第七章　欲擒故纵

弗兰克·诺夫利特的故事主要出自他于 1924 年出版的自传《诺夫利特》（*Norfleet*）。其余的骗局故事来源于新闻报道。

第八章　得寸进尺

格拉菲拉·罗萨尔斯和安·弗里德曼的故事源于作者于 2014 到 2015 年对安·弗里德曼、她的律师卢克·奈卡斯、格拉菲拉·罗萨尔斯与吉米·安德雷德的律师，以及包括 IFAR 主席莎伦·弗莱彻在内的一些艺术专家的大量采访，以及相关笔记和法庭文件。提顿大坝的故事来自美国国会与官方对这起灾难的报告。

第九章　逃之夭夭与斩草除根

奥斯卡·哈策尔的故事来自《骗子与欺诈客》和新闻报道。其他关于欺诈的故事源于新闻报道和作者在 2014 年对伊万·奥兰斯基的采访。本章涉及的心理学研究中补充了作者 2014 年对罗宾·邓巴的采访内容。

第十章　最古老的行当

比比和 C. 托马斯·帕滕的故事取材自历史文件和伯纳德·泰普尔在 1959 年 1 月 17 日出版的《纽约客》中《总有人会上当》（"Somebody Is Going to Get It"）一文，以及《骗子与欺诈客》一书。戴维·苏利文的故事取材于他于 2010 年在联邦俱乐部的演讲，以及作者在 2015 年对约书亚·杰里－夏皮罗和珍妮弗·斯托尔维的采访。本章还引用了威廉·詹姆斯的著作《宗教经验之种种》的内容。

致　谢

写作这本书的念头诞生于一个秋日的夜晚。当时我正在观看大卫·马梅（David Mamet）导演的电影《赌馆》（*House of Games*）。马梅对骗子的迷恋让我陷入了沉思：为什么没人写一本书，讲讲为什么骗局会屡屡得逞，为什么我们之中最聪明的人也无力抵御骗子的诡计？于是就有了这本书。因此，我要感谢马梅给了我灵感——如果您想要聊聊骗子的手法，记得告诉我。

不计其数的人帮我让这本书成为现实。我对那些慷慨地献出时间与热情、与我分享关于骗局经验的人深怀感激。可惜不是每个故事都被收入成书，但所有故事都对本书做出了贡献。对那些不愿透露姓名的消息源，我想说：谢谢你们，我不会说出你们的名字，但我对你们每一个人都心存感激。那些不介意透露姓名的人是：泰勒·阿尔特曼、克里斯蒂·阿希旺登、彼得·布劳、莫兰·瑟夫、迈克尔·伊冈、利比娜·马丹·菲利安、莎伦·弗莱彻、亚当·格兰特、南希·豪尔－邓肯、凯文·哈特奈特、杰森·埃尔南德斯、威尔夫·贾格尔、戴维·邝、吉姆·莱德贝特、罗宾·劳埃德、桑迪普·马丹、乔什·曼恩、艾德·莫什尔、伊万·奥兰斯基、肯·派雷尼、蕾妮·迈克尔·舍默、布伦达·西蒙森－默霍、布莱恩·斯卡拉托斯、珍妮弗·斯托尔维、克里斯汀·苏佩斯以及卡尔·齐默。还有一些要特别感谢的人：莎拉和珍·克赖顿，谢谢你们与我分享关于《伪装大师》的数十年来的珍贵材料，并告诉我德马拉在你们幼年时期行骗的故事；普利特·巴拉拉，谢谢你花时间帮我了解欺诈的世界；安·弗里德曼，谢谢你如此宽容而优雅地让我进入你的世界；阿波罗·罗宾斯，谢谢你教我关于魔术障眼法的知识；乔什·杰里－夏皮罗，谢谢你和我分享与戴维·苏利文共事的回忆；卢克·奈卡斯，谢谢你一直为我在欺诈的法律雷区中做向导。谢谢所有花时间为我提供线索的人们，我对你们每一个人深表感谢。

　　我还要感谢幕后英雄们，出色的编辑团队：我的经纪人塞斯·费什曼，谢谢你一直以来对我的支持，你永远知道该如何激发一名作者的热情；丽贝卡·加德纳、威尔·罗伯茨、安迪·基弗和格纳特公司的其他人，你们太棒了；温蒂·伍尔夫，耐心又勤勉的编辑，她深刻的建议让这本书成了现在的模样；乔治亚·博德纳、凯特·格里格斯、尼古拉斯·勒夫琴科、丹尼尔·拉金、杰森·拉米雷兹、克里斯汀·马特森和维京出版公司其他许多成员为本书的出版付出了很多；可爱的珍妮·罗德，我在坎农格特出版社的编辑，她的见解总是一语中的；坎农格特的编辑团队，他们一开始就信任这本书，特别是杰米·宾格、珍妮·陶德和安娜·弗雷姆；如果没有那么多帮助我成长的编辑，特别是埃莉诺·巴克霍恩、崔什·霍尔、吉姆·莱德贝特和亚伦·莱迪卡，这本书也不会成功出版。

　　当我拼命赶在截稿期限之前完成原稿时，《纽约客》的朋友们给了我极大的帮助。他们帮助我成功完稿，并提供了许多编辑和写作方面的宝贵建议。我还要对尼克·汤普森和约翰·班尼特深表感谢，谢谢你们花了那么多时间帮我成为一个更好的作者。乔什·罗斯曼，谢谢你至关重要的核查和审稿工作，让我的书更加真实可信。最后，当然还要多谢戴维·雷姆尼克，你一直相信我总有一天会成为作家。

我很幸运，曾得过不少明师的指教。但我要特别感谢凯瑟琳·瓦兹，你从我踏入写作班的那一天起就相信我的能力，尽管我当时只是一个困惑的 18 岁女孩；史蒂芬·平克，你教会了我很多知识，并一直激发我的灵感；沃尔特·米舍尔，你与我促膝长谈，分享智慧，谈论艺术，启发我的思想。

最后，我要把最衷心的谢意留给那些忍受我最久却仍然决定留下陪伴我的人，那些陪我吃饭喝酒、听我无病呻吟的朋友。尽管我常常不那么好相处，他们还是会在我偶尔闭关数周时亲自送来热茶。能做你们的朋友，我非常幸运。还要感谢我了不起的家人们，永远支持我的每一个决定。当然，还有我的丈夫杰夫，如果没有你的爱与支持，这一切都不可能发生。我爱你。

图书在版编目（CIP）数据

操纵大师 / (美) 玛丽亚·康妮科娃著 ; 孙鹏译
. -- 北京 : 九州出版社, 2023.9（2025.8重印）
ISBN 978-7-5225-1941-8

Ⅰ.①操… Ⅱ.①玛… ②孙… Ⅲ.①诈骗—社会心
理学 Ⅳ.①C913.8

中国国家版本馆CIP数据核字(2023)第117785号

本书简体中文版权归属于银杏树下（上海）图书有限责任公司
著作权合同登记号：图字：01-2023-2803

操纵大师

作　　者	［美］玛丽亚·康妮科娃 著　　孙鹏 译
责任编辑	王　佶
出版发行	九州出版社
地　　址	北京市西城区阜外大街甲 35 号（100037）
发行电话	（010）68992190/3/5/6
网　　址	www.jiuzhoupress.com
印　　刷	小森印刷（天津）有限公司
开　　本	889 毫米 × 1194 毫米　　32 开
印　　张	11
字　　数	266 千字
版　　次	2023 年 9 月第 1 版
印　　次	2025 年 8 月第 3 次印刷
书　　号	ISBN 978-7-5225-1941-8
定　　价	52.00 元